中国金融四十人论坛
CHINA FINANCE 40 FORUM

致力于夯实中国金融学术基础，探究金融领域前沿课题，引领金融理念突破与创新，推动中国金融改革与发展。

2021·径山报告

大国金融的使命

金融服务新发展格局的实践路径

《径山报告》课题组 著

肖钢 | 陆铭 | 丁志杰 | 徐奇渊 | 朱隽 | 联袂打造

图书在版编目（CIP）数据

大国金融的使命：金融服务新发展格局的实践路径 /《径山报告》课题组著. -- 北京：中信出版社, 2022.5
ISBN 978-7-5217-4125-4

Ⅰ.①大… Ⅱ.①径… Ⅲ.①金融－商业服务－研究－中国 Ⅳ.① F832

中国版本图书馆 CIP 数据核字（2022）第 043931 号

大国金融的使命：金融服务新发展格局的实践路径
著者：　《径山报告》课题组
出版发行：中信出版集团股份有限公司
　　　　　（北京市朝阳区惠新东街甲 4 号富盛大厦 2 座　邮编　100029）
承印者：　宝蕾元仁浩（天津）印刷有限公司

开本：787mm×1092mm 1/16　　印张：22.25　　字数：240 千字
版次：2022 年 5 月第 1 版　　　　印次：2022 年 5 月第 1 次印刷
书号：ISBN 978-7-5217-4125-4
定价：79.00 元

版权所有·侵权必究
如有印刷、装订问题，本公司负责调换。
服务热线：400-600-8099
投稿邮箱：author@citicpub.com

中国金融四十人论坛书系
CHINA FINANCE 40 FORUM BOOKS

"中国金融四十人论坛书系"专注于宏观经济和金融领域，着力金融政策研究，力图引领金融理念突破与创新，打造高端、权威、兼具学术品质与政策价值的智库书系品牌。

中国金融四十人论坛是一家非营利性金融专业智库平台，专注于经济金融领域的政策研究与交流。论坛正式成员由40位40岁上下的金融精锐组成。论坛致力于以前瞻视野和探索精神，夯实中国金融学术基础，研究金融领域前沿课题，推动中国金融业改革与发展。

自2009年以来，"中国金融四十人论坛书系"及旗下"新金融书系""浦山书系"已出版160余部专著。凭借深入、严谨、前沿的研究成果，该书系已经在金融业积累了良好口碑，并形成了广泛的影响力。

中国金融四十人论坛《径山报告》项目介绍

中国金融四十人论坛于2017年初正式启动《径山报告》项目，每年针对经济金融领域的重大话题，邀请学界、政界与业界专家进行研究、辩论，提出相应的政策建议。《2021·径山报告》由中国金融四十人论坛资深研究员肖钢牵头，邀请学术素养深厚、专业经验丰富的专家承担课题研究工作。

《2021·径山报告》主题为"新发展格局下中国金融再出发"，分为一个综合报告和四个分报告，从新发展格局下金融业的新使命和新挑战、金融服务城市群建设、打造全球人民币金融资产配置中心、推动人民币国际化、发挥人民币在"一带一路"建设中的作用等方面对金融更好服务双循环新发展格局展开研究并提出政策建议。此报告于2021年11月定稿并交付出版，根据报告主题定名为《大国金融的使命：金融服务新发展格局的实践路径》。

径山，位于杭州城西北，以山明、水秀、茶佳闻名于世。《径山报告》项目选择以"径山"命名，寓意"品茶论道悟开放"，让中国金融实践走向世界。

中国金融四十人论坛《2021·径山报告》课题组

综合报告：肖　钢　石锦建　张　驰
分报告一：陆　铭　钟辉勇　李杰伟　郑怡林
分报告二：丁志杰　田　园　丁　玥　严　灏　李　沅
分报告三：徐奇渊　杨盼盼　熊爱宗　栾　稀　杨悦珉
　　　　　祝修业　盛中明
分报告四：朱　隽　樊石磊　徐　昕

目 录

推荐序一 刘世锦 · i

推荐序二 刘元春 · vii

01 新发展格局下金融业的新使命和新挑战

金融业的新使命与新挑战 · 006

金融服务城市群建设 · 042

打造全球人民币金融资产配置中心 · 048

推动人民币国际化的再思考 · 056

充分发挥人民币在"一带一路"建设中的作用 · 063

02 金融服务双循环背景下的城市群建设

新发展格局下城市群建设的意义和发展方向 · 079

中国城市群和都市圈发展的若干理论问题 · 087

当前城市群和都市圈建设面临的具体问题与挑战 ·098

新发展格局下金融服务城市群建设的政策建议 ·109

附 录 ·123

03

打造全球人民币金融资产配置中心

打造全球人民币金融资产配置中心具有重要
　现实意义 ·132

打造全球人民币金融资产配置中心已经具备
　三大关键性基础 ·134

当前我国打造全球人民币金融资产配置中心的
　优势与机遇 ·151

当前我国打造全球人民币金融资产配置中心的
　困难与挑战 ·162

政策建议与配套措施 ·177

04

推动人民币国际化的再思考

新发展格局下人民币国际化成本收益的再思考 ·191

货币国际化难题 ·209

加强离岸与在岸市场互动融合推动人民币国际化 ·229

健康、可持续推动人民币国际化 ·256

05

充分发挥人民币在"一带一路"建设中的作用

新形势下"一带一路"建设亟须扩大人民币的
　　使用 ·267

扩大人民币贸易计价结算 ·275

扩大人民币在投融资中的使用 ·294

在"一带一路"包容和可持续发展中扩大人民币的
　　使用 ·308

参考文献 ·317

推荐序一

过去几年,《径山报告》围绕我国经济金融发展重要而紧迫的问题展开了研究,从金融开放、金融改革、金融创新到"十四五"时期经济金融新格局,提出了许多兼具理论创新和实践价值的政策建议。由《2021·径山报告》的研究成果而形成的《大国金融的使命:金融服务新发展格局的实践路径》一书,立足于新发展格局,围绕都市圈和城市群建设、人民币国际化两条线索,从更深层面理解金融服务实体经济的内涵与使命,对我国金融发展的战略和路径进行了全面、务实的探索。

进入 2022 年,经济增长在三重压力下减速、俄乌战争、奥密克戎病毒冲击不期而至,我国经济被笼罩在更大的不确定性迷雾之中。这些事件的短期和中长期影响多重而复杂,有些可能带来长期的结构性改变。挑战不仅来自事实本身,还来自对同一事实的认识分歧乃至冲突。但经济仍然是重要的,当务之急是我国经济能够尽快重返稳定增长的轨道。对此,人们往往首先诉诸宏观政策。无疑,包括货币政策、财政政策在内的宏观政策可以力度再大一些,有效性再高一些,在经济下滑之际起到托底提升的作用。但经验表明,仅仅如此是不够的,甚至不是主要方面。稳增长的着眼点和立足点，要转到发掘释放中速增长期的结构性潜能。

所谓结构性潜能，就是中国作为一个后发经济体，在消费结构、技术结构、产业结构升级和城市化进程方面所具有的增长潜能，也可以说，是人均收入从一万美元到三四万美元的潜能。需要纠正把中国的经济增长主要寄托于宽松的宏观政策而忽略结构性潜能的倾向。如果一定要排个顺序，那么结构性潜能是第一位的，宏观政策是第二位或第三位的。我们认为，在房地产、基建、出口等高速增长期的主要结构性潜能逐步减弱或消退后，"十四五"乃至更长一个时期，就要着力发掘释放与中速增长期相配套的"1+3+2"结构性潜能。

在这一结构性潜能框架中，"1"指以都市圈、城市群发展为龙头，为下一步我国的中速高质量发展打开地理和动能上的空间。今后相当长一个时期，这个空间能够提供我国经济的大部分增长动能。"3"指实体经济方面，补上我国经济循环过程中基础产业效率不高、中等收入群体规模不大、基础研发能力不强的三大短板。"2"指以数字经济和绿色发展为两翼。简单地说，"1+3+2"结构性潜能就是一个龙头引领、补足三大短板、两个翅膀赋能。

通过发掘结构性潜能，一方面，要争取可以达到的增长速度；另一方面，更为重要、难度更大的是实现并坚持高质量发展。这样做在国际比较意义上，从长期看，才真正可能实现国家经济总量和人均收入水平的快速增长。这一点在 2021 年经济增速分别按不变价人民币、现价人民币和现价美元计算的差异中已经得到明确显示。

2021 年 GDP 总量按不变价人民币计算增长 8.1%，按现价人民币计算增长 12.8%，按现价美元计算则增长 20%。如按现价美元计算，GDP 总量 2020 年为 14.7 万亿美元，2021 年为 17.7 万亿美元，增加 3 万亿美元。这 3 万元亿美元中，大约 2 万亿美元是由于现价人民币增长，1 万亿美元是由于汇率升值。从 2020 年到 2021 年，人民币对美元汇率由 6.9 升值到 6.45，升幅约 7%。

按照已有发展规划，到 2035 年，我国人均收入要达到中等发达国家的水平，也就是 3 万美元以上。如果按人民币不变价计算，即使人均收入翻一番，在此期间年均增速要达到 4.7% 以上难度相当大，但并不意味着已定目标无法实现。其中一个重要因素是汇率变动。根据日本、德国的历史经验，其人均收入在达到一万美元后的 16 年间，都经历了经济中速增长和汇率快速升值的过程，按现价美元计算的人均收入水平大幅上升，其中汇率升值的贡献显著大于实际增长贡献。

汇率变动是一个复杂问题，从长期看，最重要的变量是劳动生产率，而劳动生产率和全要素生产率是高质量发展的核心指标。由此引出的启示是，我们需要保持可争取的、不盲目追高的、符合现阶段潜在增长率的增速，更重要、难度更大的是坚持高质量发展不动摇，其内涵包括宏观基本稳定、微观有活力、结构持续转型升级。假设年均实际增速为 5% 左右，人民币现价与不变价差额和汇率升值之和上升 5%，到 2035 年人均收入达到中等发达国家的目标是有可能实现的。

无论是保持必要增速，还是坚持高质量发展，今后都必须把更多的注意力和精力放到通过深化改革开放激发结构性潜能上。

在逻辑层面，我们可以区分出三种增长率，一是技术可能性意义上的潜在增长率，二是既有体制架构内可实现的增长率，三是宏观政策约束下可实现的增长率。实际增长率是以上三种增长率的叠加。这些年来，技术可能性意义上的潜在增长率逐步下降，但在"十四五"期间仍可达到5%~5.5%。近些年宏观政策的度总体上把握得较好，尤其是在新冠肺炎疫情防控期间，基本上满足了经济救助、恢复和发展需要，也没有搞大水漫灌，不存在政策过紧而压制增长率的情况。这样，关注的重点就要转到技术可能性意义上的潜在增长率和既有体制架构内可实现的增长率之间的缺口上。下一步需要在包括金融领域在内的诸多方面，推出一批具有扩张效应的深化改革开放、促进创新的政策举措，放松不当体制政策对增长潜能的约束，使之成为稳增长的重要力量。

从这个角度看，《2021·径山报告》对新发展阶段金融格局的观察分析视角颇具战略性、前瞻性，所提出的政策建议和解决方案也有较强的针对性和可操作性。报告将加快推进都市圈和城市群建设作为重要战略支点，提出金融业要进一步优化资源配置，聚焦于更多的新增长极，特别是在城市基础设施、绿色与智慧城市建设、先进制造业、科创中心建设、养老服务、财富管理、外来人口市民化等领域提高资金供给质量和效率，更好满足经济发展过程中对化解地方债务风险、全要素生产率提升、高质量就业和产业结构转型升级等方面的金融需求。其中有关市民化特殊国债、城市群一体化基金等的建议，在进一步研究的基础上有可能落到实处。

报告以较大篇幅论述了人民币国际化在推动国内国际双循环

方面的重要作用。正如报告所说，在新发展格局下，通过促进全球生产要素集聚支持我国实体经济发展的金融需求日益增多，人民币将逐步成为我国国际金融业务活动的核心要素。这一定位不仅有利于推动金融改革，也有利于我国在高水平开放中实现金融安全。报告提出打造全球人民币金融资产配置中心的目标，并由此完善国内金融体系，推进金融开放；分析了人民币国际化的成本收益和结构性约束，建议加强离岸和在岸市场的统筹部署；着眼于服务"一带一路"建设，对在绿色金融、普惠金融和债务可持续等领域扩大人民币使用进行了深入探讨。这些观点和建议将助力于我国金融体系更高水平的对外开放。

从国际比较的意义上看，我国正在跨入高收入国家门槛，今后一些年，还要力争相继跨上进入发达国家行列和达到中等发达国家人均收入水平两个大的台阶。在这个过程中，金融如何更好地为实体经济服务，如何有效支持经济社会环境高质量可持续发展，将会面临大量以往未曾遇到的问题和挑战。《径山报告》正是面对这些问题和挑战开展研究的，力求给予有启发性、前瞻性的答案。期待并相信这一研究项目将形成更多高水准成果，带动相关研究的深入，在我国金融体系改革开放、创新发展中起到积极的引导带动作用。

刘世锦
中国金融四十人论坛学术顾问、
第十三届全国政协经济委员会副主任

推荐序二

由中国金融四十人论坛资深研究员肖钢牵头的《2021·径山报告》已经完成。本次报告延续《径山报告》一贯的特点，选择了当前经济金融领域的战略问题进行研究。值得重点说明的是，2021年的战略主题是近4年《径山报告》主题中分量最重、难度最大的。因为"加快构建以国内大循环为主体、国内国际双循环相互促进的新发展格局"是《中共中央关于制定国民经济和社会发展第十四个五年规划和二〇三五年远景目标的建议》提出的一项关系我国发展全局的重大战略任务，是我国根据新时期面临的新挑战、新任务和新目标而提出的承前启后、引领未来的战略思想。中国金融的发展战略、改革举措如何"把握新发展阶段，贯彻新发展理念，构建新发展格局"是当前金融领域最为核心的问题，这一问题比我们以往提出的"金融开放模式""现代金融体系""金融服务实体经济""超大金融市场规模"更具有战略性和复杂性。

世界大国的经济史都表明，在市场经济体系下任何大国的成长都必须经历由弱到强、由外向内的必然调整。大国崛起最为关键的标志就是构建出安全、可控、富有弹性和韧性、以内为主、控制世界经济关键环节的经济体系。大国战略必须从"以外促内"转向"以内促外",从简单的外向型战略转向以内循环为主体的战略。因此,中国以往按照外向型战略而进行的金融体系建设必须进行全面的转向:一是金融体系必须以"内循环的高效畅通"作为落脚点,二是金融开放模式和金融的国际竞争力的培养必须以"国内超大市场规模"、超大金融体系以及综合国力对于全球金融资源的配置能力和定价能力为基础。比如,历史表明,货币国际化水平并不是简单取决于贸易依存度、投资依存度、对外投资比重的,而主要取决于主权国是否摆脱经济依附转型成为世界强国,以及其经济发展的动力、金融定价的权力和对各种政治军事风险的控制力。一国在全球产业链中的定价权和风险控制能力,在很大程度上决定了该国货币的国际地位。然而,要塑造一国在全球产业链中的定价权和风险控制能力,就必须充分利用一个大国的国内市场,"国内大循环"决定国内消费市场、投资市场和金融市场的规模和结构,它不仅创造了内部人民币需求,还创造了国外经济主体的人民币需求。更为重要的是,国内金融市场是形成人民币国际化的内生定价体系。外循环引致的本国货币的需求只是货币国际化的实现手段和运行场景之一,难以具有可持续性。内外部循环的协调推进是强国经济和强国货币的必要基础。

　　正是从这个角度出发,本书的选题十分具有战略性和时代性。在总论中充分分析了金融业的新使命与新挑战,指出在新发展格局下,金融服务实体经济的内涵、方式都将发生深刻变化,如何优化资源配置、疏通经济循环堵点、提升金融服务效能都面临重大考验。这就迫切要求金融机构拥抱新机遇、承担新使命、直面新挑战。这就需要以结构导向的金融服务提质增效，提升金融服务创新驱动的能力和效率，化解各类"卡脖子"和瓶颈问题，全面发展养老金融以应对老龄化带来的加速金融脱媒和资金跨期协调困局等问题，有效发展绿色金融以满足实现碳达峰、碳中和所需要的巨量投资，增强财富管理功能以解决居民个人和家庭部门在跨越中等收入陷阱之后对财富管理和资产保值增值的强烈需求，推动中国金融新型国际化以助力新开放平台和新竞争力的打造，同时在兼顾发展与安全的基础上，将中国内外部金融安全上升到战略性地位。上述这些领域都是《2021·径山报告》重点研究的领域。

值得注意的是，《2021·径山报告》将"金融服务双循环背景下的城市群建设"作为一个十分重要的内容进行了深入系统的研究，这是同类研究严重忽视的一个重大问题。报告提出的"发行'市民化特殊国债'""金融助力全国统一的建设用地指标和补充耕地指标交易市场""让金融市场为地方政府债务风险定价""设立城市群一体化基金"等举措都具有很好的启发性和借鉴意义。

百年大变局进入加速演变期，大国金融如何构建是一个十分宏大的前沿课题，只有真正领会清楚当前和未来新发展格局演变的规律，洞悉未来技术冲击下金融业态发展的规律，把握世界动荡期的利益格局演进模式，以及我国民族复兴的战略目标与战略规划，我们才能真正设计出大国金融的框架和实施路径，抓住构建适应新发展格局的新金融体系面临的主要矛盾，找到破解矛盾的有效方法。因此，本期《2021·径山报告》在很大意义上也是一次抛砖引玉之举，未来一定会有更多的团队致力于新发展格局下大国金融的研究。

刘元春
中国金融四十人论坛成员、
中国人民大学副校长

01

新发展格局下
金融业的新使命和新挑战

加快构建以国内大循环为主体、国内国际双循环相互促进的新发展格局，是以习近平同志为核心的党中央根据我国发展阶段、发展环境、发展条件变化做出的重大战略抉择。新发展阶段指明了我国发展的历史方位，新发展理念明确了我国现代化建设的指导原则，新发展格局揭示了我国发展的实施路径。不同于市场和资源"两头在外"的发展模式，构建新发展格局必须注重经济循环的畅通，在强化扩大内需对经济发展主体作用的同时，必须促进国内国际双循环。

在新的发展阶段，若要提升金融服务新发展格局的能力，就需要进一步健全现代金融体系。对内更多依靠我国超大规模市场优势，顺应经济发展客观规律，加快城市群、都市圈建设，进一步优化经济发展的空间布局，集聚更多的新增长极。对外要进一步扩大开放，加快人民币国际化，促进人民币跨境大循环，构建更高水平开放型经济新体制，通过扩大货币的自由使用和内外循环，服务实体经济实现高质量发展和高水平开放。

改革开放40多年来，中国经历了人类历史上最大规模的经济增长，年均GDP（国内生产总值）增速超过9%，占世界经济的比重从1978年的1.8%上升到2020年的17%。在这场史无前例的经济增长过程中，金融的改革、开放和发展是中国经济奇迹的重要组成部分，发挥了不可替代的作用，取得了巨大成就。

金融业为实体经济提供了充足的资金来源。截至2020年末，社会融资规模存量达285万亿元，为2020年名义GDP的280.3%，是2002年社会融资规模的19.2倍。2002—2020年，社会融资规模存量年均增速达17.8%，比同期名义GDP增速高出5.3个百分点（见图1.1）。中国现代金融体系基本建成，为实体经济提供的金融工具、产品与服务日趋丰富。资产规模最大的当数银行体系，2020年末我国银行业金融机构本外币资产合计319.7万亿元。从其他金融门类看，截至2020年末，信托业资产规模为20.5万亿元，证券业资产规模为10.2万亿元，保险业资产规模为23.3万亿元，公募基金规模为19.9万亿元，私募基金规模为近16万亿元。改革开放以来，中国金融体系保持了总体稳定，为实体经济发展提供了良好的金融环境。

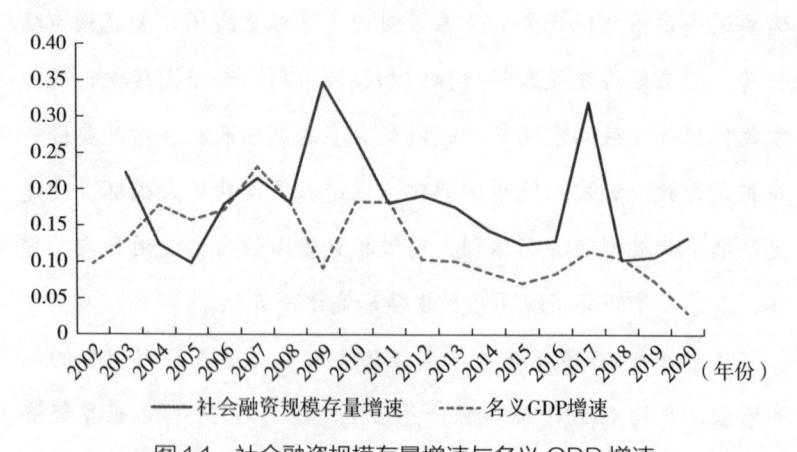

图1.1 社会融资规模存量增速与名义GDP增速

资料来源：Wind，作者计算。

近年来，我国发展面临的内外部环境均发生了深刻变化。从国内形势看，经过40多年的发展，我国的经济实力、科技实力、综合国力和人民生活水平跃上新的台阶，第一个百年奋斗目标已经实现，全面建成小康社会取得伟大历史性成就，进入向第二个百年目标进军的新阶段。在新发展理念的指引下，我国经济进入高质量发展阶段，质量变革、效率变革、动力变革正推动着我国经济结构优化、效率提升和动能转换，坚持以供给侧结构性改革为主线，深入实施扩大内需战略，我国对外贸易依存度从2006年的64.2%下降到2019年的31.8%。与此同时，我国发展不平衡、不充分问题依然突出，重点领域、关键环节改革任务仍然艰巨，基础研究水平和技术创新能力仍有待提高，城乡、区域、行业、个体收入差距较大。从国际形势看，当今世界正在经历百年未有之大变局，新一轮科技革命和产业革命迅猛发展，国际力量对比深刻调整，逆全球化加剧，单边主义、保护主义、民粹主义在一些国家兴起，国际环境日趋复杂，不稳定性、不确定性因素显著增加，新冠肺炎疫情影响广泛深远，世界经济陷入持续低迷，传统国际循环明显弱化，经济全球化遭遇逆流，中美博弈长期性和复杂性越发明显。在这种背景下，金融业必须适应新形势、新阶段的需求，不断健全具有高度适应性、竞争力、普惠性的现代金融体系，对金融业的使命进行再定位，在支持国内大循环为主体、国内国际双循环相互促进中发挥更大作用，聚焦重点再出发。

金融业的新使命与新挑战

新发展格局下,金融服务实体经济的内涵和方式都将发生深刻变化,如何优化资源配置、疏通制约经济循环的堵点、提升金融服务效能,都面临重大考验,这就迫切要求金融机构拥抱新机遇、承担新使命、直面新挑战。

一、注重金融服务提质增效

在新发展阶段,金融业面临高速发展向高质量发展的转变。进入21世纪后,虽然中国金融业对实体经济的支持力度不断加大,但其带动经济增长的效率却呈现下降趋势。我们测算发现,单位新增信贷所拉动的名义GDP增长从2006年之前的1.40元下降到2019年的0.40元,在2020年新冠肺炎疫情的冲击下进一步下降到0.15元,低于2009年全球金融危机冲击下的0.28元(见图1.2)。即便剔除金融机构对信贷资源的占用(即金融机构之间的相互拆借),金融拉动经济增长的效率依旧呈现下降趋势。此外,融资拉动经济增长效率的下降与中国经济发展阶段密切相关。过去一段时间,城镇化和工业化的高速发展与加入世界贸易组织带来的参与全球分工等效应相互叠加,为中国经济带来了巨大的投资机遇,进而带来了强劲的信贷需求。但随着我国人均GDP超过1万美元,经济增长速度换挡,投资对经济增长的拉动作用逐步下降，资源和环境约束趋紧，生产要素的供给成本上升，产业转型升级难度加大，债务风险不断累积，贫富差距越来越大，居民消费需求增长放缓，导致信贷投放和社会融资拉动经济增长的效率降低。因此，新发展格局下金融服务实体经济必须逐步从注重总量增长转到注重结构优化，引导资金流入有效率的行业与企业中。

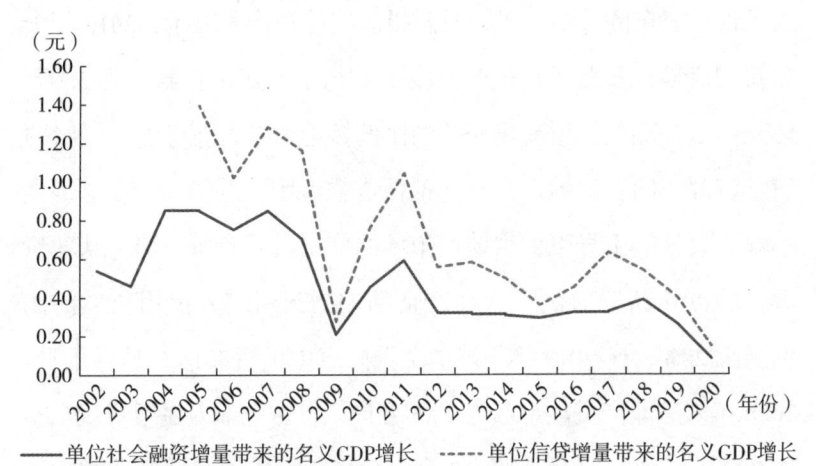

图1.2 单位社会融资增量、单位信贷增量带来的名义GDP增长
资料来源：Wind，作者计算。

总体而言，我国金融供给结构仍有较大优化空间。近年来，尽管资本市场改革和直接融资比重提升取得了明显进展，但间接融资占比仍然过高。以社会融资规模存量口径计算，截至2020年末，人民币贷款、外币贷款、委托贷款、信托贷款四项之和（以下简称信贷类社会融资）占存量融资的比例达67.1%，占剔除政府债券后的社会融资规模的比例则超过80%（见图1.3）。从增量看，2020年信贷类社会融资增量占剔除政府债券后的社会融资增

量比例高达73.9%。此外，间接融资的产业与部门结构也亟待优化。房地产占用了较多信贷资源，特别是房地产价格持续上涨，抵押品放大融资规模，进一步加剧了信贷资源错配，导致整体经济效率持续下降。国际清算银行的研究显示，房地产价格每上涨10%，全要素生产率会因扭曲的资金分配效应而下降0.6%。中国人民银行公布的《金融机构贷款投向统计报告》显示，2016年全国新增房地产贷款（房地产开发贷款与个人购房贷款）为5.7万亿元，占全部人民币新增贷款的比例接近45%，意味着近一半的信贷资源流向了房地产开发与抵押贷款市场。近年来，在"房住不炒"政策的引导下，房地产市场的信贷占用有所下降。从增量看，2020年新增人民币房地产贷款占全部新增人民币贷款的比例降至27%，比2019年下降7个百分点（见图1.4）；从存量看，2020年末房地产贷款余额为49.6万亿元，占全部人民币贷款余额的28.7%，比2019年下降0.3个百分点。考虑到房地产业增加值仅占2020年GDP的7.3%（房地产业与建筑业增加值之和占比为14.5%），房地产领域所占用的信贷比例依然不合理。

与之相对应，工业企业所获得的信贷支持则相对有限。2020年工业企业新增本外币中长期贷款约为1.84万亿元，占新增本外币非金融企业中长期贷款的21%，占新增本外币各项贷款的9.3%。2020年末，工业企业本外币中长期贷款余额为11.01万亿元，占本外币非金融企业中长期贷款的16.7%，占本外币各项贷款的6.2%，远低于工业增加值占GDP的比重（2020年为30.8%）。金融服务制造业的强度系数（制造业增加值÷金融业增加值）从

2010年的5.1下降至2020年的3.2，低于德国、日本的水平。

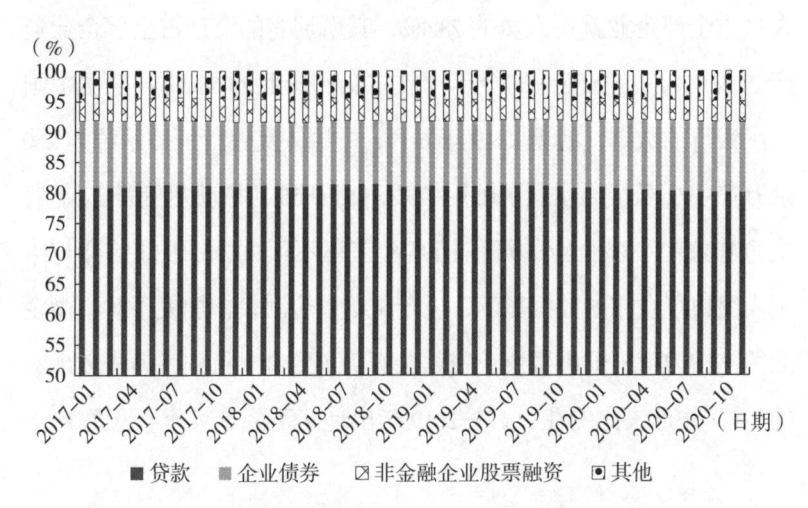

图1.3　剔除政府债券后的社会融资规模存量结构

资料来源：中国人民银行，作者计算。

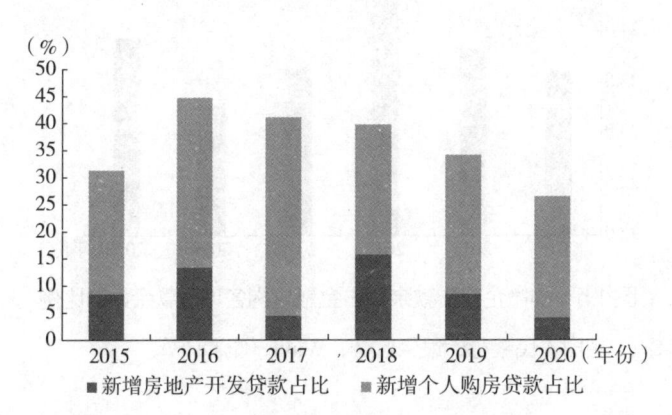

图1.4　新增人民币房地产贷款占新增人民币贷款总额的比例

资料来源：中国人民银行，作者计算。

间接融资结构问题的另一个表现是，中小微企业获得的信贷支持仍然有限。国家统计局发布的第四次全国经济普查系列报告显示，截至2018年末，中小微企业法人单位共1807万家，吸纳就业人员占全部企业就业人员的78.4%，其所拥有的资产占全部企业资产的77.1%，其所创造的全年营收占全部企业的68.2%。根据中国人民银行的数据，截至2019年6月，中国人民银行征信系统为260余万户中小微企业建立了信用档案，其中55万户获得信贷支持[①]，这意味着中小微企业的征信档案覆盖率不到20%。银保监会与中国人民银行发布的数据显示，近年来尽管金融机构加大了对小微企业的支持力度，但小微企业贷款余额仍不到金融机构各项贷款余额的1/4，并且该比例在2017—2019年出现了下降趋势[②]（见图1.5）。

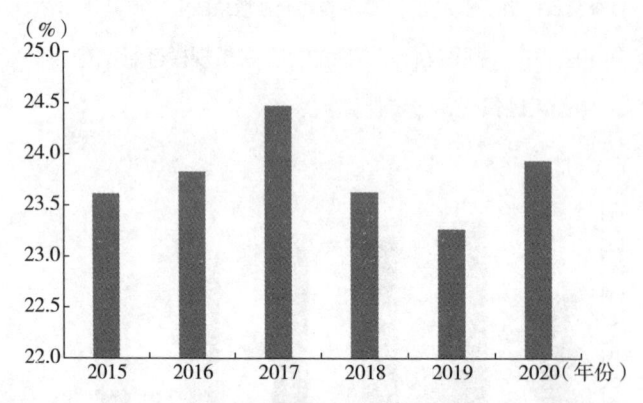

图1.5 小微企业贷款余额占金融机构各项贷款余额的比例

资料来源：中国人民银行，银保监会，Wind，作者计算。

---

① 资料来源：新浪财经，央行：55万户中小微企业获信贷支持 贷款余额11万亿，参见https://finance.sina.com.cn/china/gncj/2019-06-14/doc-ihvhiqay5627979.shtml。
② 需要说明的是，国家统计局只公布了中小微企业的就业、营收、资产情况，而银保监会只公布了小微企业贷款余额，两个口径不一致。中国人民银行征信系统的数据是针对中小微企业的，但没有时间序列数据。已有研究在讨论这个问题时均将国家统计局中小微企业的就业数据与银保监会小微企业的贷款数据进行对比。

上述金融资源错配问题内生于金融机构的风险偏好判断。事实上，所有制属性与行业属性并不能对风险进行精准刻画。金融资源配置的扭曲不仅会拖累整体经济效率，更有可能引发系统性风险。因此，金融机构必须提高识别风险和应对风险的能力。

一方面，着力深化要素市场化配置改革，充分发挥金融市场为企业风险精准定价的作用，破除"国企信仰""城投信仰"等依靠隐性担保判断企业风险的思维，更好地了解实体企业的业务模式与经营环境，让有潜力、有能力的企业以合理的成本获得资金，避免低效企业过度占用金融资源。银行应进一步提高服务中小微企业的能力，探索利用大数据、人工智能、云计算、区块链等科技手段准确识别企业风险。对于直接融资市场而言，提升效率则要求证券承销机构、评级机构提升自身业务能力。以信用债市场为例，在2019年发行的7 367只具有债项评级的信用债券中，有4 187只获得AAA评级，占比达57%[①]，获得AA-、AA、AA+与AAA评级的债券共6 622只，占总数的90%。而近年来债券市场却屡屡发生高评级债券与主体出现违约的案例，降低了评级的公信力。截至2021年4月，已有100只获得AA-及以上评级的债券发生违约（其中获得AAA评级的债券有8只），占违约债券数量的11.6%[②]。可见，金融机构必须增强自身的风险控制能力，改变对外部评级的过度依赖。

另一方面，深入推进金融体制机制改革，完善公司治理与内

---

① 资料来源：Wind数据库信用债研究专题统计。
② 资料来源：Wind数据库信用债研究专题统计。

控，增强金融机构处置不良资产的效率与能力，畅通金融体系的循环。近年来，银行业加大了对不良资产的处置力度，2017—2020年累计处置不良贷款 8.8 万亿元[①]，2018—2020 年累计核销不良贷款近 3.3 万亿元。截至 2020 年末，中国银行业金融机构不良贷款余额仍达 3.5 万亿元，比 2016 年末增加 1.3 万亿元，这意味着 2017—2020 年银行业新增不良贷款约 10 万亿元。规模如此庞大的不良资产如果不能得到妥善处置，将占用大量信贷资源，降低金融支持实体经济的效率。因此，应进一步探索优化银行不良贷款考核指标体系，加大不良资产处置力度，促进低效企业退出市场，避免"僵尸企业"挤占过多信贷资源。

二、提升金融服务创新驱动的能力和效率

实施创新驱动发展战略和实现高水平科技自立自强，不仅是解决各类"卡脖子"问题和瓶颈的唯一出路，更是构建新发展格局的关键所在。为此，需要进一步完善全方位、多层次、多渠道的金融支持科技创新体系，有效提升金融资源配置质量和效率，打通制约金融服务创新的"痛点"和"堵点"，调整客户结构和资产结构转型升级，防范化解金融风险，实现可持续发展。近年来，金融支持科技创新取得了明显成效，但金融体系对创新驱动战略的适应性和匹配性还不够，服务能力和效率还有待提高。

2010—2018 年，个人贷款（主要是房贷）占人民币贷款余额

[①] 资料来源：新华网，银保监会主席郭树清重磅发声 防范化解金融风险攻坚战取得决定性成就，参见 http://www.xinhuanet.com/money/2021-03/03/c_1211048381.htm。

的比重从 24.7% 上升到 36.0%，制造业贷款占比从 17.5% 下降至 10.5%；代表新经济、新动能的信息传输和计算机服务业贷款占比从 0.43% 上升至 0.55%，同期该行业的增加值占 GDP 的比重从 2.2% 上升至 3.1%[①]。国家统计局的数据显示，2020 年我国"三新"（新产业、新业态、新商业模式）经济增加值占 GDP 的比重达到 17.08%，高于 GDP 增速 1.5 个百分点，创新驱动和引领效应进一步显现。

银行信贷对科技创新支持不足，主要有两方面原因。一方面，商业银行稳健经营的原则与科技创新呈现的高风险特征存在矛盾。银行资金具有低风险属性，不愿意向高成长、高风险的科技创新项目或企业发放贷款，监管机构对银行资产的安全性、流动性也有严格约束。另一方面，商业银行内熟悉科技企业和新兴产业运行规律的相关人才不足，科技企业普遍的轻资产特征很难符合银行信贷要求，客户授信模式也不适应科技企业的特点。

资本市场尤其是股权市场因具备收益共享、风险共担的特征，所以在促进创新资本形成方面有独特优势，并对创新要素具有引领、带动、定价、激励及风险缓释的作用，可以为创新资本的形成提供全面、系统的投融资服务，推动科技创新企业成长壮大。20 世纪 70 年代以来，在以纳斯达克为代表的资本市场的支持下，美国快速成为全球科技创新中心，资本有效引领并推动各类生产要素向半导体、信息、软件、生物等新技术领域集聚，激发了一

---

① 分行业的贷款数据在 2018 年后不再公布。

大批企业家的创新创业精神，催生了微软、苹果、谷歌、特斯拉等一批全球领先的科技巨头。近年来，我国资本市场在支持科技创新方面也取得了明显进展。2019年设立科创板并试点注册制以来，超过300家科创板公司首发上市，累计募资近4 000亿元；科创板上市公司总体研发强度呈逐年上升趋势。创业板改革以来同样成效明显。科创板、创业板上市公司集中在新一代信息技术、生物医药、高端装备制造、新材料、节能环保、新能源等高新技术、战略性新兴行业，为支持创新驱动战略、构建新发展格局发挥了引领和带动作用。

也要看到，我国资本市场服务科技创新的能力和效率还有较大提升空间。第一，从总量看，直接融资尤其是股权融资比重仍然偏低，2020年，股权融资占社会融资规模比重仅为2.6%。股权融资比重偏低，既不利于金融供给侧结构性改革，也不利于缓释宏观经济高杠杆带来的金融风险，更难以满足科创企业快速发展的融资需求。第二，从结构看，2020年，实施注册制的科创板和创业板对整体证券化率的贡献合计为17.91%，较2018年提升8.61个百分点；与此相对应，主板和中小板的合计贡献率从2018年的90.70%降至2020年的82.08%（见表1.1），表明近年来资本市场服务科技创新的能力逐年提高，但绝对贡献率仍然偏低。以信息技术行业为例，我国的行业证券化率仍远低于美国。2018年，美国和中国信息技术行业的证券化率分别为666.18%和77.42%（见表1.2），即使将在美国上市的中国信息技术行业中概股考虑在内，中国信息技术行业的整体证券化率仍不到美国的20%。第三，从层次看，作为多层次资本市场的重要组成部分，目前我国创业投资和私募股权基金"投早、投小、投科技"比重偏低，"募、投、管、退"各环节还存在不少问题和挑战。我国私募股权基金普遍热衷于投资偏后期的Pre-IPO（上市前基金）项目，或偏重投资初创型企业的创业投资基金，2019年投资于种子期的项目数量比重在20%左右，远低于全球平均40%以上的水平。

表1.1 证券化率板块分解

时间	证券化率分解				贡献率		
	创业板	科创板	主板和中小板	合计	创业板	科创板	主板和中小板
2018年	4.40%	—	42.92%	47.32%	9.30%	—	90.70%
2019年	6.22%	0.88%	53.02%	60.12%	10.34%	1.46%	88.20%
2020年	10.76%	3.30%	64.41%	78.47%	13.71%	4.20%	82.08%

资料来源：Wind，作者测算。

表1.2 2018年中美部分行业证券化率对比

国别	采矿业	信息技术业	金融业	房地产业
美国	435.67%	666.18%	94.37%	39.98%
中国	141.87%	77.42%	185.39%	28.10%

注：美国信息技术业证券化率的计算，剔除了在美国上市的非美国企业。
资料来源：Wind，作者测算。

由此可见，立足新发展阶段，中国金融体系要把支持创新驱动战略放在更加突出的位置，转变理念、优化模式、创新工具、主动作为。构建与科技创新型企业特征相一致的授信审批机制，总结推广投贷联动、科技支行等实践经验，探索硅谷银行模式，扩大知识产权质押融资规模，建立科技创新融资风险补偿机制，降低风险投资的税收负担，适当提高股权投资业务的风险容忍度和科技信贷的不良贷款容忍度，健全激励约束机制。

加快完善有利于科技创新的多层次资本市场体系，推动科技、资本和产业良性循环。以注册制改革为龙头，带动资本市场关键制度创新，提高制度的稳定性、连续性、协同性。结合科创类企业特点和融资需求，进一步完善发行上市、信息披露、再融资、并购重组、分拆等制度，健全创投机构"募、投、管、退"制度安排，推动完善财税支持、产权保护等相关制度，不断优化创新资本形成的政策环境，进一步完善覆盖科技型企业全生命周期的服务体系。坚守科创板支持硬科技的定位，强化创业板服务成长型创新创业企业功能，强化新三板和北京证券交易所支持中小企业创新的平台作用，发挥好私募股权投资基金的风险投资功能，支持"投早、投小、投科技"。

充分发挥我国的金融科技优势，进一步完善金融科技服务创新驱动体系。引导金融科技企业将服务重心从重点支持消费端转向产业端和消费端并重，大力发展产业互联网金融，提升供应链金融水平，加快银行对公业务数字化转型，更好地为中小微企业创新发展服务。进一步完善知识产权融资运营服务体系。发展专业化技术交易运营机构，促进科技成果转化，规范探索知识产权证券化，推动知识产权融资产品创新。充分发挥保险科技的支持作用。科技保险对科技企业而言是一种有效的风险保障机制，企业只需要支付少量保费，就可以转嫁创新中的重大风险，既大大减少了企业为应对意外情况发生而预留的灾备资金，又可以保障企业免遭创新失败而带来的巨大经济利益损失；通过发挥科技保险的风险缓释功能，可以降低科技创新项目的融资风险和融资成本。为鼓励科技企业投保科技保险，可建立保费补贴机制，通过财政补贴或税收优惠等措施给予支持。

三、发展养老金融

根据民政部的预测，到"十四五"末期，中国老年人口将超过3亿，中国社会将由轻度老龄化阶段过渡至中度老龄化阶段[①]。近年来，一些学者开始关注人口老龄化对金融体系的影响。陈雨露、马勇与徐律（2014）对119个国家和地区的实证研究表明，当人口老龄化越过一定拐点时，金融系统的"去杠杆化"进程将可能对金融体系的稳定性造成强烈冲击，进而可能引发系统性金融危机。

人口老龄化对金融业的一个突出影响是加速金融脱媒。金融脱媒是指金融交易越过中介机构直接在资金供给与需求双方间进行的现象，也是金融市场走向多元、成熟的必经过程。进入21世纪以来，随着金融市场改革的深入，中国开始出现金融脱媒现

---

① 根据联合国的划分标准，当一国60岁及以上人口比例超过10%或者65岁及以上人口比例超过7%时，则认为该国进入"老龄化"社会；当一国60岁及以上人口比例超过20%或65岁及以上人口比例超过14%时，则该国进入"老龄"社会，也可以说是"中度老龄化"社会。

象，2002—2007年新增人民币贷款、委托贷款与信托贷款等间接融资占新增社会融资的比重由92.8%下降至65.7%。2008年全球金融危机后，在监管套利、隐性担保等因素的共同作用下，中国金融系统呈现出"假脱媒"的特征，即影子银行信贷替代商业银行信贷为实体经济融资，直接融资比例出现下降趋势。2013—2016年，在银行贷款与影子银行贷款的交替推动下，间接融资的比例进一步上升至87%，直到2017年后化解金融风险与金融去杠杆有关政策严格执行，间接融资占新增社会融资的比例才再次稳定回落（见图1.6）。

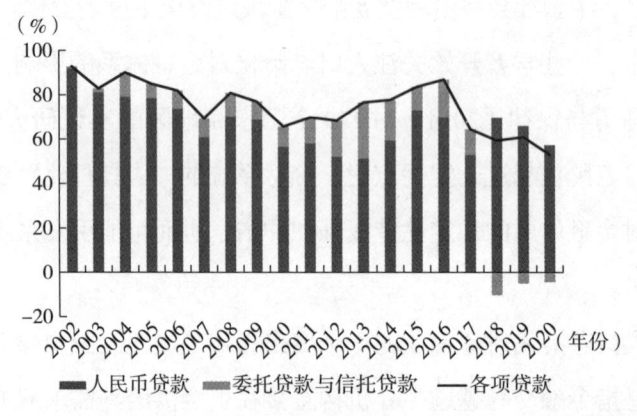

图1.6 人民币贷款、委托贷款与信托贷款占新增社会融资的比例
资料来源：Wind。

人口老龄化将从负债端与资产端压缩间接融资的空间，加速金融脱媒。从银行负债端看，人口老龄化会使银行部门的资金来源边际下降。对中国储蓄结构的研究表明，家庭部门是银行业最重要的资金来源。相关测算显示，中国公司部门的储蓄与世界平均水平相

近,但家庭部门的储蓄较世界平均水平高出近15个百分点,这是中国储蓄率高的主要原因(Zhang et al., 2018)。中国人民银行的数据显示,2021年3月末,中国家庭部门的本外币存款共计100.1万亿元,是非金融企业存款的1.4倍,占全部境内存款的44.7%,占金融机构全部资金来源的39.6%。随着人口老龄化的加剧,家庭部门的整体储蓄率将边际下降,银行从家庭部门吸储的能力弱化,进而导致银行业资产负债表面临收缩压力。从银行资产端看,人口老龄化将从两个方面对信贷资产池造成冲击。一方面,人口老龄化将对社会需求结构产生影响,住房、交通等行业的增速将逐步下降,钢铁、水泥等相关产业的产能扩张也将逐步放缓,这将导致与上述经济活动相关的贷款需求边际下降,银行资产的增量将出现收缩,对银行业的资产池产生影响。另一方面,人口老龄化也将使利率曲线更加平坦。为了应对预期寿命的增加,个人投资者与机构投资者(如需要应对长寿风险的寿险机构)均需增加长期资产的配置以应对远期的资金需求,这将使长期资产相对短期资产的需求边际提高,进而压低长期资金升水(即长期无风险利率与短期无风险利率之差),给银行的净利息收入带来压力。

人口老龄化趋势使养老金融业务需求旺盛,目前我国居民金融资产已达160万亿元,其中大部分是低于一年期限的银行存款,将规模庞大的活期资金转换为终身养老的财务资源,潜力和优势十分明显。目前我国已构建起以基本养老保险(第一支柱)为基础,以企业年金和职业年金(第二支柱)为补充,与个人储蓄性养老保险和商业养老保险(第三支柱)相衔接的"三支柱"养老保险体系，第三支柱发展正在提速扩容，前景广阔。银行、保险机构要为个人和家庭提供个性化、差异化、多层次的养老金融服务，积极打造养老金融生态圈，搭建一站式养老金融服务平台，创新养老金融产品和服务，培育专属性养老金融服务品牌，推动"适老化"金融知识普及，帮助老年人提高运用数字化技术的能力。

四、发展绿色金融

2020年9月，中国宣布将力争在2030年前实现碳达峰，在2060年前实现碳中和，这是中国在应对气候变化领域做出的庄严承诺。作为全球最大的发展中国家与制造业国家，碳中和将对中国经济社会发展产生重大而深远的影响，也会给金融业带来巨大的机遇与挑战。

一方面，促进碳达峰、碳中和的实现需要巨量投资。根据清华大学气候变化与可持续发展研究院的测算，中国在未来30年需要超过100万亿元的投资（项目综合报告编写组，2020）。以"2摄氏度情景"[①]为例，2020—2050年需投资127.2万亿元（见图1.7），平均每年投资4.2万亿元，相当于2020年中国GDP的

[①] 《中国长期低碳发展战略与转型路径研究》综合报告划分了四种政策情景：(1) 政策情景，指我国延续在《巴黎协定》下提出的国家自主贡献（NDC）目标、行动计划与相关政策等；(2) 强化政策情景，进一步强化二氧化碳减排力度，控制排放总量；(3) 2摄氏度情景，以实现全球控制升温2摄氏度目标为导向，以21世纪中期深度脱碳为目标设计路径与政策；(4) 1.5摄氏度情景，以实现全球控制升温1.5摄氏度目标为导向，以21世纪中期努力实现二氧化碳净零排放和其他温室气体深度减排为目标设计路径与政策。

4.2% 和固定资本形成总额的 9.9%。与低碳转型有关的项目往往具有长期性，并且一些技术仍处于探索阶段，具有较高风险。

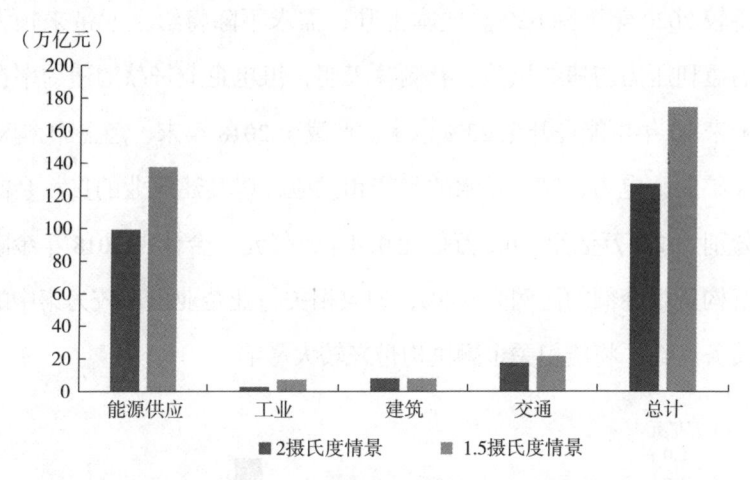

图 1.7　2020—2050 年各种政策情景下低碳转型所需的投资

资料来源：《中国长期低碳发展战略与转型路径研究》综合报告。

截至 2020 年末，中国金融机构绿色贷款余额为 11.95 万亿元，较 2018 年末增长 45%；2016—2020 年境内绿色债券累计发行规模达 1.1 万亿元（见图 1.8），2020 年交易量达到 7 250 亿元，较 2019 年有了显著提高。尽管绿色贷款与绿色债券在近年来均取得了快速发展，但其现有规模仍很难满足低碳转型的投资需求。

另一方面，低碳转型冲击部分传统行业，推升企业违约风险。煤炭、钢铁、水泥、石化等高碳排放行业面临转型，相关企业的生产成本会显著上升，而下游企业对相关产品的需求可能会因终端产品碳排放限制而出现下滑。清华大学气候变化与可持续发展研究院的报告预测，到 2050 年燃煤电厂的运转周期将从 50 年缩短至 30 年，煤炭的能源供应占比将小于 5%。同时，伴随产业结构调整与产品升级，在 2 摄氏度情景假设下，2050 年的水泥需求将较 2020 年下降 62%。成本上升、需求下降将给企业带来较大的盈利压力与违约风险。有测算表明，煤电企业贷款的违约率在未来 10 年可能提升至 20% 以上。[1] 截至 2018 年末[2]，金融机构对采矿业，电力、燃气及水的生产和供应，以及建筑业的贷款余额分别为 2.2 万亿元、6.2 万亿元和 4.4 万亿元，合计占 2018 年金融机构贷款余额的比例为 9.4%，如果相关行业企业出现较为集中的债务违约，将给相关金融机构带来较大影响。

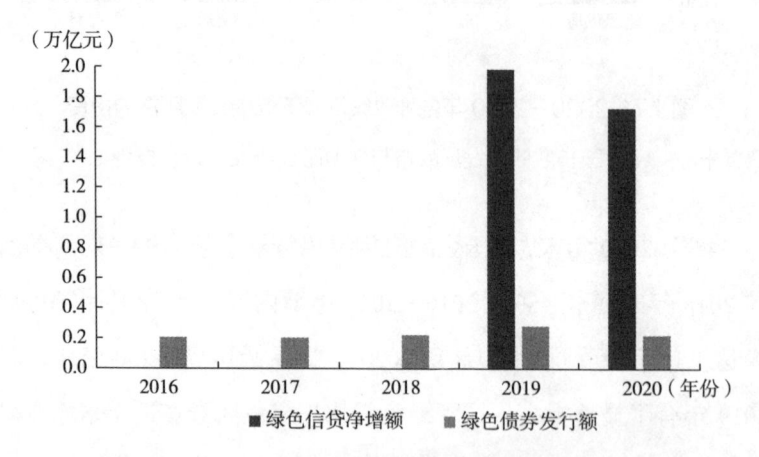

图 1.8　近年来中国绿色信贷净增额与绿色债券发行额

注：绿色债券发行额只涵盖境内发行的绿色债券，不含中资机构在海外发行的绿色债券。

资料来源：Wind，中诚信《2020 绿色债券年度发展报告》。

---

[1] 资料来源：中国金融新闻网，以碳中和为目标完善绿色金融体系，参见 https://www.financialnews.com.cn/ll/xs/202101/t20210118_209930.html。

[2] 2018 年之后的数据不再公布。

因此，要大力发展绿色金融，创新绿色金融产品工具和服务模式，积极拓展绿色信贷、绿色债券，以多样化的金融工具支持企业低碳转型，例如探索发展绿色股票、绿色保险、绿色基金等，降低绿色金融资产风险权重，激励金融机构持有绿色资产。完善与绿色金融有关的技术标准与规则，动态剔除不符合碳达峰、碳中和目标的项目；完善实体企业、金融机构信息披露制度，构建可信、可追溯的产业链碳足迹网络；发展碳交易市场，发挥碳交易价格的引导作用。推动金融机构建立和完善与气候变化相关的风险分析模型，准确、及时地识别气候变化、碳达峰、碳中和等给相关资产带来的风险，开展压力测试，并采取有效措施防范化解风险。

五、增强财富管理功能

进入新发展阶段，居民个人和家庭部门有了更多的富余资金和财富积累，对财富管理和资产保值增值的需求比以往任何时候都更加强烈和迫切。

目前，我国金融市场提供的产品和服务，无论是在规模、质量方面，还是在结构、效用以及对投资者的保护能力等方面，都难以满足居民对财富管理和资产配置的需要，居民部门可投资资金多与可供选择优质资产少并存的现象长期存在。具体表现在以下两个方面。

一方面，房地产是我国居民资产配置的最主要选项，金融资产配置比重偏低，其中股票、基金等风险资产比重更低。中国人民银行调查统计司的数据显示，2019年中国居民家庭配置于金融资产的比重为20.4%，比美国低22.1个百分点；而配置于住房资产的比重达59.1%，高出美国28.5个百分点。在金融资产配置中，银行理财、资管产品、信托占26.6%，银行定存占22.4%，现金及活期存款占16.7%，风险较高资产如股票、基金的占比仅为6.4%、6.6%。

另一方面，影子银行体系在过去10余年快速发展壮大。2008年以来，以银行理财产品为主体的影子银行规模快速增长，到高峰时期的2016年末，广义、狭义两个口径分别突破了90万亿元、51万亿元，金融风险不断积累。2017年初，金融监管部门开始治理影子银行市场乱象，进行精准"拆弹"，到2019年末，广义、狭义两个口径影子银行规模降至84.8亿元、39.1亿元，系统性风险隐患大为减弱。[1]回顾过去10余年影子银行的发展和监管，固然有来自房地产、基建、产能过剩行业和地方政府融资平台的需求，因为它们难以从正规的表内渠道获得信贷资金，只能绕过监管获得表外融资，并且金融机构也有动力开展影子银行业务获得利润，但从资金供给角度来说，是老百姓手里越来越多的富余资金难以找到合适的可投资金融资产。从某种意义上说，银行理财产品恰恰弥补了金融市场产品规模、结构的不合理，过去要么是低收益的银行存款，要么是风险较高的股票、私募基金等产品，缺乏收益率介于中间、风险适中

---

[1] 有关影子银行的数据均来源于中国银保监会政策研究局、统计信息与风险监测部课题组2020年发布的《中国影子银行报告》。

的金融产品，而银行理财产品弥补了这个短板，为居民投资理财和资产管理提供了更多的选择。

金融市场不能很好地适应并有效匹配居民部门不断增长的财富管理和资产配置需求，原因是多方面的。首先，尽管我国金融市场产品和服务种类已经比较齐全，但质量和结构难以匹配居民对高质量金融产品和服务的需求。其次，金融市场的复杂性、系统性对金融监管的要求很高，金融监管能力难以适应金融市场的发展和创新步伐。投资者结构不合理，长期投资者制度有待进一步完善。最后，对投资者的引导和教育不够，金融市场短期炒作多，一些投资者总是幻想既要高收益又要低风险还要高流动性，这些问题在一定程度上制约了金融市场的健康、稳定发展。

在新发展格局下，伴随未来我国中等收入群体不断扩大、人均可支配收入持续增长以及老龄化社会的到来，居民部门对财富管理和资产配置的需求还有很大的增长空间，因此，加快金融市场的改革开放，提供更加多元化、多层次、高质量的金融产品和服务，成为当前迫切需要解决的问题。同时，打造全球人民币金融资产配置中心，加快金融中心建设，处理好政府和市场的关系，充分发挥市场配置资源的决定性作用，持续推进风险定价的市场化，实现投资风险和收益相匹配。加快建设规范、透明、开放、有活力、有韧性的资本市场。稳步推进金融创新，拓展新的金融工具和产品，推动公募REITs（房地产投资信托基金）试点进一步扩容，发展和完善家族信托。加快推进数字化转型，规范发展智能投资、智能投顾。加强监管体系建设，提升监管能力，在鼓励创新和规范市场之间寻求平衡。任何金融产品和交易都有风险，金融产品和交易需要做到监管全覆盖。打造高水平投资者队伍，把高水平投资者队伍建设与金融产品、金融市场的创新结合起来，把人才引进与自主培养结合起来，培育一支有情怀、有担当、负责任的投资者队伍。

六、推动以人民币为中心开展国际金融业务

随着对外开放的逐步深化，中国与其他经济体之间的金融往来也愈加频繁和复杂。在过去市场和资源"两头在外"的发展模式下，我国国际金融业务活动主要是围绕外汇收付与积累展开的。在这一时期，以外汇积累为核心，为中国进口必需的原材料、中间品与资本品提供了有力保障，较为严格的外汇管理制度使中国没有发生国际收支危机，为经济发展提供了较为稳定的对外金融环境。

在改革开放早期，我国制造业等领域与国际先进水平存在较大差距，往往需要依赖外国生产的附加先进技术的资本品。一方面，在许多领域，外国的机器设备很难在短期内实现国产化，具有较高的不可替代性。例如，在建立第二汽车制造厂时，由于一些非经济因素，许多机床设备选择委托国内厂商生产，但大多数3年内都无法成功交货，最终不得不申请进口（王荣钧，2009）。另一方面，现代制造业分工更加细致，制成品的生产需要高标准的零部件以保证产品质量，而国内往往不具备相关的生产能力，相关中间品高度依赖进口。例如，在早期生产桑塔纳轿车时，相

关零部件的国产化率仅为2.7%，只有轮胎、喇叭、天线、标牌能够在国内生产，平均而言在国内组装一台桑塔纳轿车需要进口约1万美元的散件，其成本甚至高过整车进口（王荣钧，2009；颜光明、钱蕾和王从军，2018）。同时，随着居民收入的不断提高，百姓对彩电、冰箱等耐用品的需求逐步增加，因而对外国生产的高质量的家电消费品也有着较大的进口需求。

作为非国际储备货币发行国，进口外国商品需要支付外汇，而在改革开放早期，中国的外汇资源十分有限，难以满足庞大的进口需求。以1979年为例，当年中国持有的外汇储备为8.4亿美元，而当年全年贸易进口额达156.7亿美元，外汇储备仅能覆盖0.6个月的进口。如图1.9所示，直至20世纪90年代中期，中国的外汇储备对进口的保障系数（外汇储备÷年进口额）才稳定超过0.5（即覆盖6个月以上的进口）。

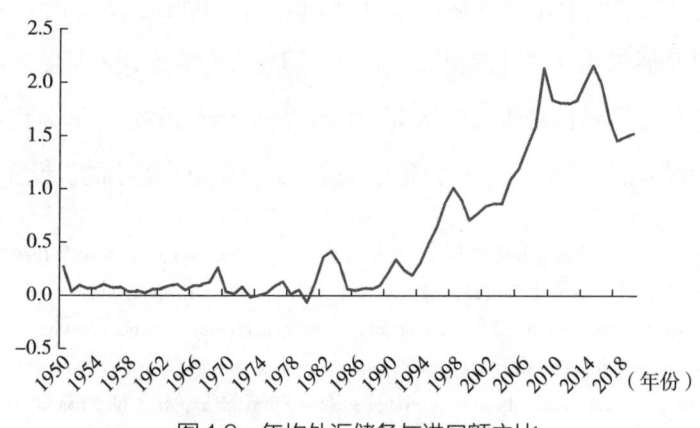

图1.9　年均外汇储备与进口额之比

资料来源：Wind。

在外汇短缺时代,"千方百计创造外汇,精打细算使用外汇,维护外汇价格基本稳定"成为中国对外经济金融活动的重要目标。在 1986 年中国政府为申请恢复《关税及贸易总协定》创始缔约国地位所提交的《中国对外贸易制度备忘录》中就有如下表述:"中国作为一个发展中国家需要进口大量的先进技术、设备和其他必要的生产资料以实现发展目标。但是,由于进口的规模受到出口创汇能力的限制,中国不得不以如下的指导原则来管理进口的结构:加速改善国内技术,增加出口能力,优化外汇资源使用。"[1]

这一时期中国的外汇管理具有以下三个特点。第一,中国政府着重鼓励企业出口创汇,将出口创汇金额作为衡量外贸企业与地方经济发展的重要指标。早在 1979 年,邓小平同志在《关于经济工作的几点意见》中就表示:"比如,武钢的产品可以出口,但是按照现在的国际价格,每一吨要亏损四十元。为什么国家不可以每吨补贴四十元出口呢?它能创汇嘛。"在 20 世纪 80 年代中期,政府又通过建立"外汇留成"制度(即允许企业保留外汇收入的一部分以满足自身进口需求)、建立"外汇调剂市场"(即允许部分留成外汇在企业间交易)等方式进一步提高企业创汇的积极性。

---

[1] 资料来源:世界贸易组织网站,文档获取自 https://docs.wto.org/gattdocs/q/1986_90.HTM,文件编号为 L/6125,相关原文为"China, as a developing country, needs to import a great deal of advanced technology, equipments and other necessary means of production to attain its development objective. But, owing to the scale of import being limited by the capability to earn foreign exchange through export, China has to decide the structure of imports under the guidelines of accelerating the improvement of domestic technology, increasing the capacity to export, and economizing foreign exchange resources"。

第二，中国政府严格规范外汇的使用，严格限制消费品进口用汇。朱镕基同志在《关于当前经济形势和宏观调控的意见》中表示，要将有限的外汇资源集中用于"引进先进技术，改造国民经济的薄弱部门"。例如，即便是调剂市场交易的企业留成外汇，其用途也严格限制在引进设备、原材料、零部件或购买科研仪器、书刊等为生产服务的用途上。再如，20世纪90年代的外汇市场改革废止外汇留成，建立强制结汇制，并配合以"进口付汇核销"与"出口收汇核销"工具（即要求银行与海关部门共同确保付汇用途的真实性与收汇调回的及时性，防止企业违规用汇或将外汇存放于境外），有力保障了外汇资源集中于中央部门。

第三，严格管理与外汇有关的国际金融往来，维护外汇市场稳定，严防国际收支危机。一方面，中国政府严格控制外债，甚至外商直接投资项目也要做到"外汇平衡"（即要有一定的创汇能力用以支付外商投资者的利润汇出）[1]。另一方面，国际收支与人民币汇率的稳定成为宏观调控的重要政策目标。在改革开放的头20年，由于市场经济体系尚不完善，行政管控是稳定外汇市场的重要政策工具（如针对1985年前后和1993年前后两次人民币贬值压力，国务院责成中国人民银行等部门对外汇市场进行整顿，严厉打击倒汇行为）。进入21世纪，随着中国特色社会主义市场经济体制逐步完善，货币政策工具在稳定人民币汇率上发挥了重要作用。

---

[1] 例如，根据《中国能源报》的报道，大亚湾核电站的建设就一度因为无法实现"外汇平衡"而遭到搁置，直到美国国际核能公司总经理林杰克提出向中国香港售电以赚取外汇的方案，该项目才得以落地。

例如，加入世界贸易组织后，中国的贸易顺差不断扩大，为了保持人民币币值稳定，央行外汇占款不断增加，并通过提高存款准备金率、收回再贷款、发行央行票据等进行对冲操作以回笼流动性。2001—2008年，央行通过外汇占款投放的货币资金从4 035亿元增加到3.4万亿元。2010年之后，随着中国与其他经济体贸易、投资关系的逐步调整，外汇占款逐步回落，宏观审慎管理、逆周期调节等成为稳定外汇市场的主要政策工具（见图1.10和图1.11）。

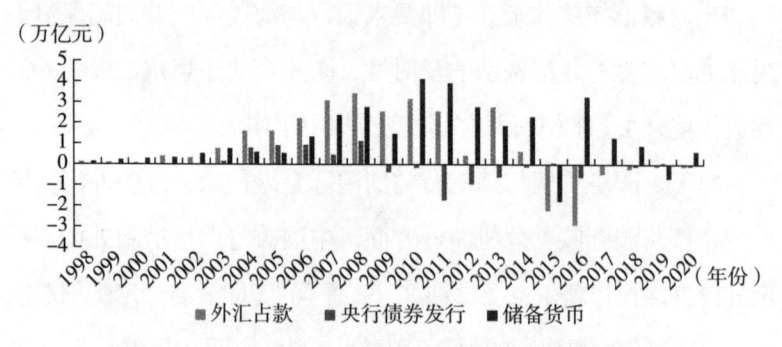

图1.10　外汇占款、央行债券发行与储备货币的增量

资料来源：Wind。

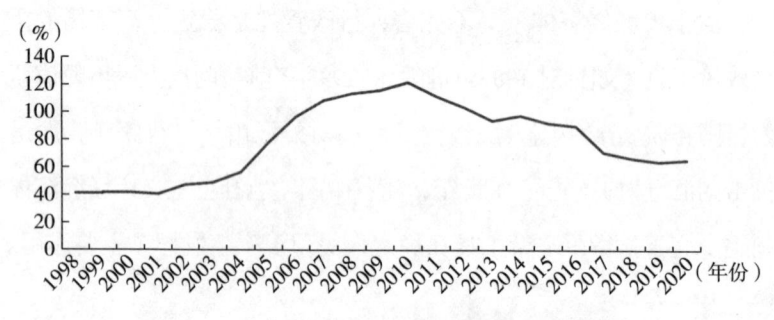

图1.11　央行外汇占款存量与储备货币存量之比

资料来源：Wind。

近年来，中国的对外经济关系正在发生深刻调整。首先，中国经济对世界经济的贡献越来越大。按购买力平价计算，2020年中国占全球经济的比重已达到18.6%，出口与进口分别达到世界总量的14.2%与11.5%。其次，中国已经成为具有完备产业链的全球制造业中心，2020年中国机电产品出口占出口总额的59.4%，制造业出口本国附加值占比也由2005年的71.6%提高至2016年的82.5%[1]。最后，中国的国际收支格局也在发生深刻的变化，年度经常账户顺差占GDP的比重逐步缩小，甚至单季经常账户逆差偶有出现，外汇储备经历2015—2016年的调整后趋于稳定，非储备性质金融账户相关的资本流动占国际收支的比例显著提高（见图1.12）。

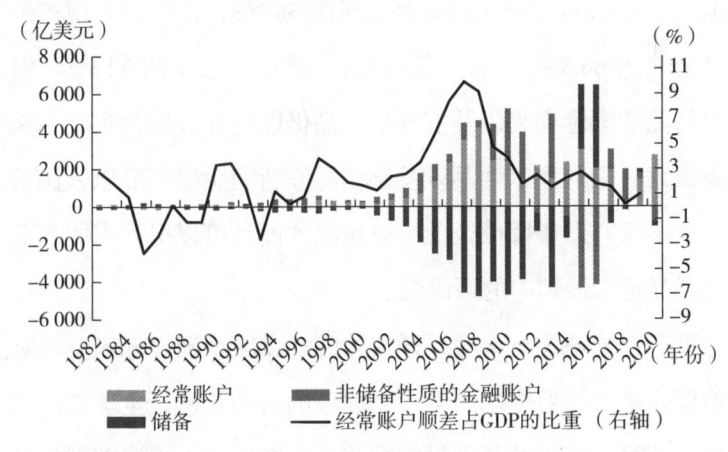

图1.12 中国的国际收支与经常账户占GDP的比重

资料来源：Wind，世界银行。

---

[1] 经济合作与发展组织最新数据为2016年数据。

在新发展格局下，我国实体经济发展对国际金融交往的需求已经逐步从"积累外汇以满足进口"过渡到"通过促进全球生产要素集聚以支持经济高质量发展"，人民币将逐步取代外汇成为我国国际金融业务活动的核心要素。进一步推进人民币在国际上自由使用可以更好地支持国内国际经济双循环。

第一，将高质量国内实体资产转换为标准化的、可交易的人民币金融资产，吸引全球投资者进行投资。近年来，中国资本市场快速发展，证券发行与交易更加活跃，金融工具种类也更加丰富，投资者更加多元化。

第二，推动重要贸易品及有关衍生品以人民币计价。当前，中国已经成为众多国际大宗商品最重要的进口国。例如2019年中国大豆进口占全球大豆贸易总量的58.2%，铁矿石进口占全球贸易总量的66.8%，铜矿石进口占全球贸易总量的52.3%。但上述贸易品的国际交易以及主要衍生品仍以美元计价为主。未来可逐步探索有关的大宗商品以及碳交易等新型金融产品以人民币计价，这不仅有助于降低企业汇兑风险，而且可以提升本国企业在相关产品定价谈判中的话语权。

第三，推动建立包容、开放的国际金融基础设施以及国际金融治理体系。随着全球金融市场联系的日益紧密，全球性的资金归集、清算、交割等基础设施在跨国金融活动中扮演着越来越重要的角色。构建包容、开放的国际金融基础设施将成为新型全球化深化的重要内容。同时，应按照市场需求主导原则，适时推动多边国际金融机构使用人民币开展相关业务。

第四，扩大人民币对外直接投资。截至 2020 年末，中国各主体共持有对外资产 8.7 万亿美元，其中官方储备资产占比约 38.6%，直接投资占比约 27.7%，证券投资占比约 10.3%，其他投资占比约 23.1%；中国各主体对外负债约 6.5 万亿美元，其中直接投资占比约 48.5%，证券投资占比约 29.8%，其他投资占比约 21.5%。由于上述结构差异，中国的国际投资收益不足以弥补国际债务所需支付的利息与利润，2016—2020 年二者收益率之差平均为 2.3 个百分点，经常账户下的年净投资收益平均为 –592 亿美元（见图 1.13）。未来应逐步提高人民币对外投资的规模与效率，通过投资收益顺差弥补可能出现的货物与服务贸易逆差，保持国际收支的总体稳定。

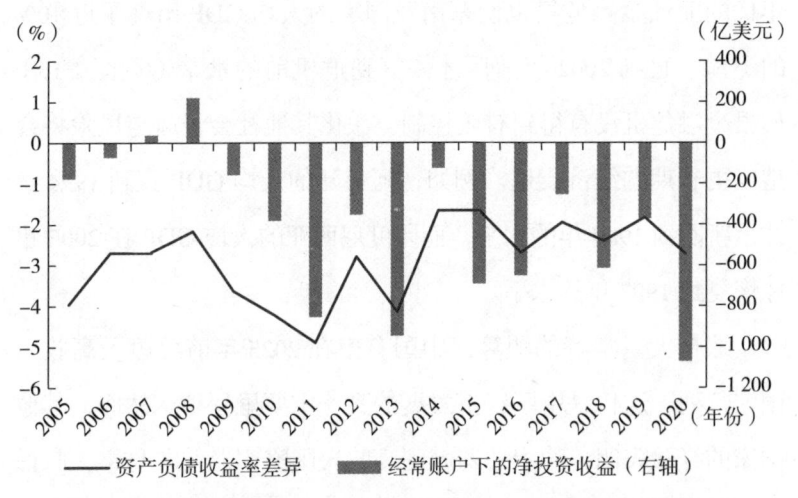

图 1.13 中国的经常账户投资收益与国际投资、负债收益率差异
资料来源：Wind，世界银行。

七、实施金融安全战略

2017年4月,中共中央政治局就维护国家金融安全进行第四十次集体学习。习近平总书记在主持学习时强调,金融安全是国家安全的重要组成部分,是经济平稳健康发展的重要基础。维护金融安全,是关系我国经济社会发展全局的一件带有战略性、根本性的大事。当前,我国正处于从中高收入国家迈向高收入国家的关键阶段,实施金融安全战略是保障中国经济高质量发展的关键。

多国的发展经验表明,金融危机会对国民经济产生全面、长期的负面影响。例如,20世纪80年代的拉美金融危机使巴西、智利等国的人均GDP出现了10%以上的下降,并且直到1987年前后才恢复至20世纪80年代初的水平(见图1.14);20世纪90年代的亚洲金融危机也使东南亚国家的人均GDP出现了近10%的下滑,直到2002年前后才恢复到危机前的水平(见图1.15)。如果金融危机没有得到有效控制,激化其他社会矛盾与风险将会造成更长期的经济衰退。例如,阿根廷的人均GDP直到1994年才重新回到1980年的水平,而印度尼西亚的人均GDP在2005年才恢复到1997年的水平。

综合大量学者的测算,中国有望在2025年前后迈入高收入国家行列,这将是中国经济发展的又一重要里程碑。然而,其他国家的经验表明,稳定地跨越到高收入国家门槛并非易事,有许多国家在迈入高收入国家行列后经历了大的经济波动,重新"跌落"回中等收入国家行列(见表1.3),其中,金融危机是出现这类经济波动的重要原因。

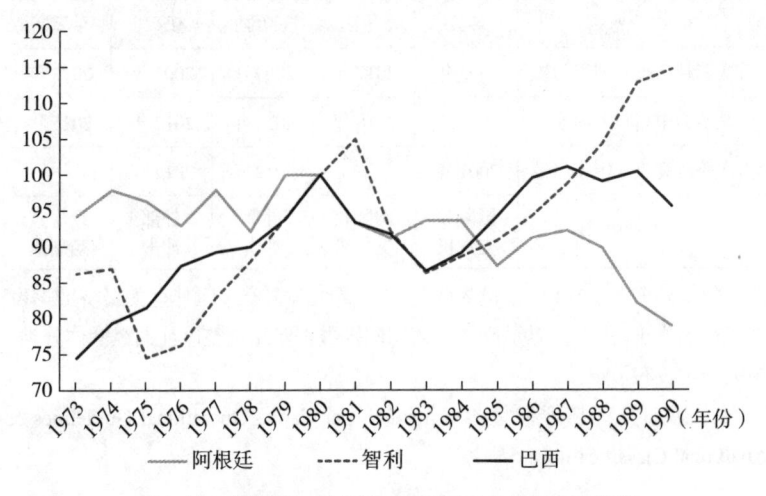

图 1.14　阿根廷、智利与巴西三国人均 GDP 指数

注：按 2010 年不变价美元计算，以 1980 年为基准年。
资料来源：世界银行，作者计算。

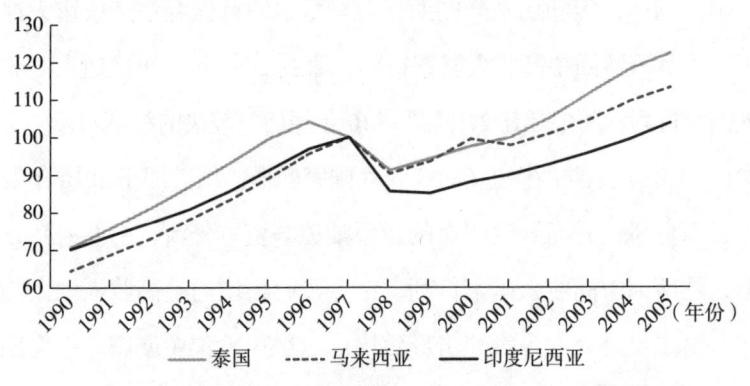

图 1.15　泰国、马来西亚与印度尼西亚的人均 GDP 指数

注：按 2010 年不变价美元计算，以 1997 年为基准年。
资料来源：世界银行，作者计算。

表1.3 跨越高收入门槛经济体发生"跌落"的典型案例

	韩国	阿根廷	拉脱维亚	匈牙利	俄罗斯
首次跨越高收入国家门槛	1995年	2017年	2009年	2007年	2012年
跌落为中高收入国家	1998年	2018年	2010年	2012年	2015年
再次跨越高收入国家门槛	2001年	—	2012年	2014年	—
金融冲击	国际收支危机	国际收支危机	外部冲击	外部冲击	经济金融制裁

注：阿根廷曾于2014年被世界银行归入高收入国家，但其有关经济数据发生了重大修正。由于世界银行并不依据国别数据修正调整以往的经济体分类，相关分类没有被更改。

资料来源：作者整理自世界银行 GNI per Capita Operational Guidelines & Analytical Classifications。

与金融危机有关的"跌落"大致可以分为三类。第一类是经济体自身金融不稳定引发的危机。例如，韩国在1995年跨越高收入国家门槛，但随后到来的亚洲金融危机对韩国经济造成重大冲击，使其跌落回中高收入国家行列，直到2001年才再次迈入高收入国家行列；阿根廷在21世纪头10年经历了较快的经济增长，于2017年跨越世界银行定义的高收入国家门槛，但随即于2018年发生货币危机，进而导致严重的货币贬值与资本外流，引发经济衰退，跌落回中高收入国家行列，至今没有再次跨越高收入国家门槛。第二类是外部金融冲击导致国内金融风险集中暴露，引发系统性动荡。例如，拉脱维亚在2000—2007年经历了经济高速增长，在2009年跨越世界银行定义的高收入国家门槛，但2008年全球金融危机带来的外资撤退使被高增长掩盖的经济过热、高通胀、债务积累等问题集中暴露，引发该国严重的经济衰退，于2010年跌落回中高收入国家行列（2012年再次跨越高收入国家门槛）。类似地，匈牙利也在21世纪初经历了经济高速增长，并于2007年进入世界银行划分的高收入国家行列，但其高度依赖外需与外部资金的风险在2008年全球金融危机及欧债危机的冲击下集中暴露，经济增长率从2001—2006年的4.3%下滑至2007—2012年的-0.6%，于2012年跌落回中高收入国家行列（2014年再次跨越高收入国家门槛）。第三类是国际制裁导致的金融动荡。在大宗商品价格与国内经济改革等因素的推动下，俄罗斯经济在2010年前后经历了较高增长，于2012年跨越世界银行定义的高收入国家门槛。然而，2014—2015年欧盟、美国等主要经济体因国际政治冲突对俄罗斯实施了严厉制裁，打击了俄罗斯的能源出口，进而引发卢布贬值、资本外流与经济衰退，使其2015年跌落回中高收入国家行列。

近年来，中国经济所面临的金融安全形势也发生了新的变化。第一，重大金融风险得到妥善化解，防范金融风险的体制机制更加健全。地方政府举债更加规范，影子银行风险得到有效控制，委托贷款与信托贷款存量从2017年底的22.5万亿元下降至2020年底的17.4万亿元，占社会融资存量的比例从10.9%下降至6.1%。房地产行业的信贷占用稳步下降。银行不良资产处置力度加大，2017—2020年的处置金额为8.8万亿元，超过此前12年的总和。实际运营的P2P（点对点网络借款）机构已经清零，互联网金融发展进一步规范化。然而，当前防范化解金融风险的任务依然繁重，处理好稳增长与防风险的关系仍面临不少新情况、新问题。中国经济宏观杠杆率在2017—2019年由快速增长转入稳定，但受新冠肺炎疫情的影响，宏观杠杆率在2020年再次上升。根据国际清算银行的测算，2020年前三个季度，中国的非金融部门债务占GDP的比重提高了约26个百分点，其中非金融企业提高了13个百分点，家庭部门提高了5.6个百分点，广义政府部门提高了7.7个百分点（见图1.16）。随着新冠肺炎疫情逐步得到控制，经济回归常态，在保持宏观政策连续性的同时也应防止新一轮金融风险积聚。因此，应对国内金融风险积聚仍是维护金融安全的重要挑战。

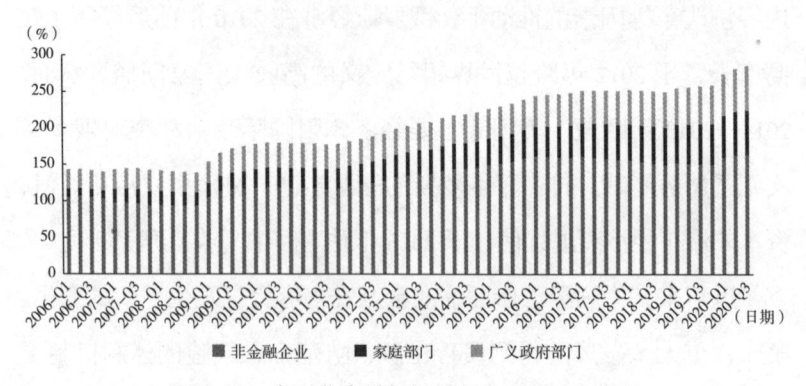

图1.16　中国非金融部门债务占GDP的比重

注：Q表示季度。
资料来源：国际清算银行。

第二，国际金融环境更加复杂。近年来，美联储、欧洲央行等国际主要储备货币发行国的货币当局通过量化宽松等工具向市场注入了大量流动性。在这一背景下，当前的国际经济金融环境呈现出三个主要特点。首先，国际主要无风险利率处于历史低位，特别是新冠肺炎疫情发生后主要经济体无风险利率进一步下跌，截至2021年3月伦敦同业拆借利率（6个月，美元）降至0.2%，是 1963 年以来的最低值。其次，各国债务激增。根据国际清算银行的测算，截至 2020 年第三季度，全球非金融部门债务占 GDP 的比重达 277.7%，其中发达经济体为 310.6%，新兴市场经济体为 225.3%，均为过去 20 年的最高值（见图 1.17）。最后，发达国家政策与风险的外溢性增强。随着全球经济、金融联系日趋紧密，并且"低利率、高债务"使投资者对金融脆弱性的担忧进一步加深，发达国家货币政策调整给新兴市场经济体的国际收支、汇率稳定都带来了更大的挑战。当发达国家进行量化宽松操作时，国际资金往往快速流入新兴市场经济体以赚取收益，带来本币升值、热钱流入的压力；而当发达国家货币政策收紧时，国际资金则快速回流以规避风险，给新兴市场经济体带来贬值与资本外流的压力。

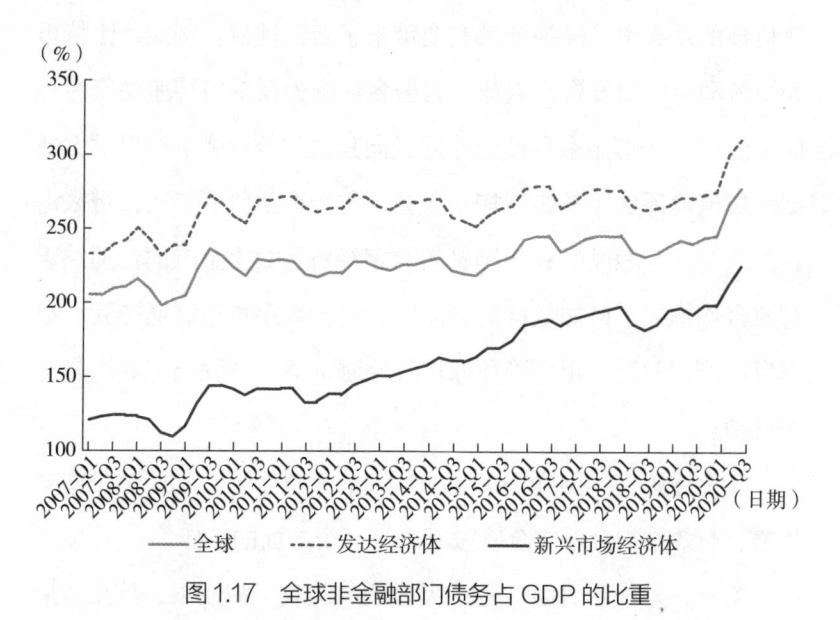

图 1.17 全球非金融部门债务占 GDP 的比重

资料来源：国际清算银行。

第三，金融制裁与长臂管辖风险突出。美国的金融制裁可以分为针对个人与私人部门银行的单点制裁、对国有大型金融机构的制裁、对中央银行的制裁以及对特定国家的紧急资产冻结四类，并可通过次级制裁手段对所有与被制裁机构和个人进行交易的第三国实体进行惩罚，从而达到将被制裁的个人、机构、国家封锁在美元金融体系之外的目的（郑联盛，2020），在中美博弈中，必须坚决维护中国金融安全，坚持底线思维，做好工作准备，及时阻断风险。

第四，数字金融的有效监管模式仍有待探索。近年来，数字经济已成为中国发展的新亮点，相关技术也在金融领域得到广泛应用，为提高融资效率、增强金融普惠性做出了贡献。同时，金融科技的发展也给维护金融安全带来了新的挑战。例如，比特币大幅波动可能引发资产泡沫，其匿名性则为反洗钱等违法行为提供了便利；一些金融科技企业通过向其他传统金融机构提供大数据信贷风险评估服务参与贷款业务，可能产生监管套利，带来潜在的系统性金融风险；各国针对数字经济、数字金融的治理缺乏有效合作框架，诸如数据跨境流动、央行数字货币联通交互、数据资产产权归属、用户隐私保护等问题都需要增强国际共识与协调机制。

在上述国内、国际经济金融环境的大背景下，实施金融安全战略、有效维护金融安全应做好以下三个方面的工作。

第一，进一步巩固防范重大金融风险攻坚战成果，防止"黑天鹅"与"灰犀牛"引发金融动荡。一方面，应继续保持宏观杠杆率的基本稳定，优化债务结构，稳妥化解地方政府隐性债务、房地产市场、影子银行资金等风险。另一方面，应进一步完善宏观审慎政策框架，增强逆周期调节能力，搞好跨周期调节，防范输入型风险，降低其他国家的宽松政策对国内金融环境的负面影响。

第二，加强国际金融监管合作。积极参与国际金融治理体系建设，营造以人民币自由使用为基础的互利合作关系，提升贸易、投资人民币计价和结算的比重。对标高水平多边贸易投资协定，实施高标准的金融双向开放，推动金融市场会计、评估等基础性制度改革，逐步改变资本市场管道式、分布式开放模式，推进制度型开放，提高大宗商品定价话语权，牢牢掌握人民币利率、汇率定价权，加强对国际资本流动的审慎监管，健全金融市场外资进出的监测与预警机制。

第三，审慎监管金融科技。坚持金融科技服务实体经济和人民生活的宗旨，增强金融普惠性。坚持金融持牌经营，所有金融业务活动都要纳入监管。坚持风险为本、技术中性，把技术风险监管摆在更加突出的位置。坚持功能监管和行为监管，增强监管的协同性、有效性，切实保护消费者和投资者的合法权益。坚持金融科技创新必须在审慎监管的前提下进行，推进中国版"监管沙盒"机制建设，处理好创新和规范的关系。

金融服务城市群建设

实现高效城市化和城市群发展将进一步优化经济要素的空间配置,并通过城市群间、城市间的分工协调促进创新与产业链延展,畅通国内经济大循环。因此,提升服务城市群建设的能力是金融业在新发展格局下的重要使命。一方面,金融业应为城市群发展提供高质量的金融资源,满足其在基础设施建设、绿色与智慧城市建设、外来人口市民化等领域的资金需求。另一方面,在居民、地方政府与地方国有企业(如城投公司)债务集中于房地产、基础设施建设等领域的背景下,城市群的高质量发展也与维护金融安全息息相关。在这一背景下,以合理的金融工具为城市建设提供资金融通,既有助于扩大高质量人民币金融资产的供给,又有助于稳定国内金融环境,为畅通人民币的内外双循环提供坚实基础。

城市群发展应更好地适应人口集聚的客观趋势,更好地发挥经济集聚对生产率提高、就业与产业结构转型的作用,更好地协调城市群内大城市与小城市的分工与竞合关系,更好地连接都市圈中心与外围区域。忽视城市群发展和建设的客观规律可能带来严重的资源空间错配问题。2003年以来,中国企业全要素生产率增长趋势放缓。由于东部地区收紧土地供应,所以这一地区出现了房价快速上涨现象,并进一步推动沿海地区工资上涨;房价快速上涨又引导企业增加购买房产，对实体经济的投资产生了挤出效应。在人口净流出的中西部中小城市，规划建设面积大且距离老城区远的新城，在建设规模和空间选址上背离了经济规律，导致地方政府加重了债务负担。

一、当前城市群和都市圈建设面临的具体问题与挑战

第一，外来人口的市民化及配套公共服务提供问题。中国的城市化率已经达到64%，但中国的城市化进程远远没有结束，仍有大量人口持续从农村迁移到城市。随着生产要素市场深化改革，人口、资金、土地（建设用地指标）等生产要素畅通国内大循环，未来城市人口向京津冀、长三角、粤港澳、成渝地区集聚的趋势会更为明显。第七次全国人口普查数据显示，目前有超过3.7亿人并没有在居住地获得户籍。大规模外来人口未能真正市民化，意味着这部分外来人口不能在教育、就业、医疗、养老、保障性住房等方面均等化享受城镇居民基本公共服务。如果这些外来劳动者不能很好地在当前居住地完成市民化，他们有可能就不会选择在当地长期就业，从而影响城市群建设的劳动力供给。同时，也会带来一系列社会经济问题，包括可能引发严重的地方债务问题以及系统性金融风险。

第二，城市群的大都市圈建设用地指标面临不足。随着城市化的不断推进，都市圈和城市群建设用地普遍面临紧缺。新增建设用地指标分配并没有和人口流入方向一致，导致土地资源在空间上出现误配。对人口流入地而言，无论是吸引企业进入，还是

外来人口居住需求等，都需要更多城市建设用地，但当前的土地管理制度给人口流入地分配的建设用地指标，远不能满足其真实需求。对人口流出地，过多的建设用地指标并不能进行跨地区置换，却建设了大量不必要的基础设施和工业园区，引发财政支出效率低下和地方政府过度借债等问题。

第三，地方政府部门严重的债务问题。中国宏观杠杆率的结构性问题，从空间视角看，具有明显的区域性特征，部分区域的金融风险可能引发全局性金融风险，表现为欠发达地区的金融风险更高，而发达地区的金融风险相对可控。欠发达地区政府债务的形成，与中国目前的生产要素，尤其是劳动力不能完全自由流动导致的生产要素不够集聚与统一货币区之间的矛盾有关，这是"欧元区病"在中国经济中的体现。由于欠发达地区政府部门债务问题可能引发区域性金融风险，加上中国是单一制国家，区域性金融风险最终可能演变成系统性金融风险。

第四，行政辖区限制导致城市群内部地区间政策协调困难，影响市场一体化。对城市群建设而言，来自地区间政策协调的障碍，以及行政辖区限制所产生的地区间分割，导致城市群内部不同地区政府之间进行政策协调的执行成本很高。地方政府的财政收入都是按照行政辖区来获得的，因此，只关注本辖区的基础设施建设和公共服务的提供，往往会忽视地区间的协调。关键障碍是，城市群内部地方政府之间关于合作的收益如何进行分享以及成本如何共摊的机制并没有完全形成，导致城市群内部真正实现市场一体化存在比较大的障碍。因此，如何协调城市群之间的分工和城市群内部的协调等系列问题，成为未来城市群建设亟须解决的重要问题。

二、新发展格局下金融服务城市群建设的政策建议

对于城市群建设，无论是外来人口的市民化、城市建设用地指标错配，还是地方政府面临的严重财政压力，以及城市群内部地方政府之间利益分享和成本共摊机制的建立等，都可以通过市场机制来进行协调，而金融在其中能够发挥关键作用。

第一，探索发行"市民化特殊国债"，服务外来人口市民化。为推进外来人口市民化，可以在境内和境外金融市场同时发行以人民币计价的政府债券，为城市群建设融资。这种债券并不需要以地方政府的名义发行，而是可以创造性地通过中央政府发行特殊国债，可称之为"市民化特殊国债"。建议在境内和境外金融市场同时发行，并以离岸金融市场发行为主。一方面，离岸金融市场的资金成本远低于境内，在离岸金融市场上发行以人民币计价的特殊国债成本并不高。另一方面，有中央政府信用背书，又会进一步降低特殊国债的融资成本。在离岸金融市场发行以人民币计价的"市民化特殊国债"，还可以扩大离岸金融市场的规模，增加离岸人民币债券市场的流动性，对人民币国际化有重要意义。

第二，金融助力全国统一的建设用地指标和补充耕地指标交易市场建设。通过金融的方式提高土地资源配置效率，建设合理的建设用地交易市场，助力城市建设用地指标进行合理的市场化定价。一是对于新增建设用地指标，政府更好地发挥模拟市场的

作用。中央向省一级政府下拨的新增建设用地指标与人口增量和常住人口市民化增量挂钩。二是对人口流出地已拨未用的闲置建设用地指标进行跨地区的调配。三是推广闲置建设用地、农村闲置集体经营性建设用地复耕产生的指标，以及耕地占补平衡产生的指标，进行全国范围内跨地区交易。四是更大范围且更好地推广农村闲置宅基地复耕为农业用地的工作。可直接将宅基地对应的建设用地指标转让给"平台"，全国范围内统一定价，提高相应农民的财产性收入。五是可赋予全国范围内的建设用地指标和耕地占补平衡指标交易平台一定的投融资功能。

第三，逐步放松地方政府债券融资规模限制，推进利率市场化，让金融市场为地方政府债务风险定价。进一步推进地方政府债务，尤其是地方政府隐性债务的化解，逐步放松对地方政府债券融资规模的限制，将地方政府债券的发债主体下放到市级层面，继续深化利率市场化改革，让金融市场为地方政府的债务风险进行定价。为了配合地方政府发债和金融市场的市场化定价，必须逐步打破地方政府债务刚性兑付，使利率可以反映债务违约风险。同时，还需要相应地建立债务违约规模与发债时地方政府主政官员终身问责的机制，防止地方政府的短期行为和道德风险。

第四，设立城市群一体化基金，形成城市群内部的收益分享和成本共摊机制。设立城市群内部的市场一体化基金，主要目的是促进城市群内部生产要素的自由流动、政策的协调以及环境保护等。通过设立市场一体化基金，可以让城市群内部地方政府之间建立收益分享和成本共摊机制。对于基金的资本构成，可考虑初始股权比例与城市群内部不同城市 GDP 占比保持一致，确定股权结构之后，地方政府缴纳相应资金作为原始资本，后续资本投入可通过国家税务总局进行税收收入划拨来补充。

第五，采取"因地施策"的方式来化解城市群发展中的其他问题。人口流出地城市和流入地城市面临的问题会有很大不同，应分别采取不同的应对方式。对于人口流出地城市所面临的中小银行坏账风险，可以考虑通过两种方式来共同化解：一是通过地方政府中小银行专项债券的发行来补充中小银行资本金；二是通过地方政府和地方资产管理公司合作，采取市场化的方式来处置本地中小银行的不良资产。对于人口流入地城市的配套基础设施建设供给不足问题，可以考虑通过推动基础设施领域 REITs 的方式来为基础设施建设募集资金。

打造全球人民币金融资产配置中心

在新发展格局下，打造全球人民币金融资产配置中心，具有重要的战略意义和现实意义。一是有利于进一步促进国际收支平衡，推动人民币国际化。打造全球人民币金融资产配置中心，可以活跃跨境双向投融资行为，提升非居民对于人民币资产的认同和偏好，为人民币跨境持有提供高效的平台，有助于形成人民币和人民币资产在全球范围内的循环流动，促进更深层次的人民币国际化取得实质性进展。二是有利于倒逼国内金融机构提高产品质量和服务水平。鼓励更多境外金融机构和企业参与国内金融市场，促进产品、服务、人才、股权、管理机制等多方面的合作与交流，促使国内金融机构向国际化标准靠拢，培育一批高质量的资产管理机构。三是丰富我国企业融资渠道，增强企业的国际竞争力。全球人民币金融资产配置中心，将带来规模更大且稳定性更高的国际资本流入，一定程度上丰富境内金融市场资本供给，有利于降低境内利率水平，通过竞争降低融资成本，拓宽境内外企业主体融资渠道。四是有利于提升我国在全球治理中的话语权和规则制定权。随着我国深度融入全球金融体系，金融资产互持规模越来越大，境内外金融市场壁垒逐步减少，我国逐渐从金融大国发展成为金融强国，有利于提升我国在全球金融市场中的话语权，使我国能够更大限度地参与国际金融规则的制定。

一、打造全球人民币金融资产配置中心已具备三大关键性基础

近年来,我国全球金融中心地位的不断上升促进了金融要素的进一步集聚,人民币国际化的持续推进使我国货币的跨境使用和持有更加便利,这些因素为进一步打造全球人民币金融资产配置中心提供了重要的驱动力量。具体来说,我国打造全球人民币金融资产配置中心已具备三大关键性基础。

第一,资本项目有序开放。根据经济合作与发展组织的《资本流动自由化通则》,在91项清单中,中国有86项实现了不同程度的开放;按照国际货币基金组织(IMF)的法定测度标准,七大类40项资本项目子项中,有37项实现了不同程度的开放;按照国际货币基金组织的实际测度标准,2019年的开放程度为70%,较2011年提高8个百分点。其中,外商直接投资(FDI)的开放度高达91.7%,资本和货币市场为64%,衍生品和其他工具是50%,证券投资开放度即境外投资者证券投资规模占GDP的比重是14%。[①]

第二,人民币国际化深度提升。2009年开展跨境人民币结算试点以来,人民币国际化稳步发展,尤其是近年来金融市场双向开放加速,人民币国际化取得较快进展,将有力促进打造全球人民币金融资产配置中心。一是人民币国际化体现在跨境使用和跨境持有两个方面。货币国际化中的跨境使用和跨境持有是相互促进的关系,跨境使用是基础,为跨境持有提供先决条件;跨境持

[①] 资料来源:国家外汇管理局副局长陆磊在全球财富管理论坛上的讲话,2020年9月26日。

有可以深化跨境使用，扩大跨境结算规模。二是人民币跨境使用是基础。从人民币国际支付份额看，2012—2015 年快速上升，从最开始的不足 0.3% 攀升至接近 2.8%，在一定程度上受到人民币汇率升值的影响。2015 年"8·11"汇改后，支付份额有所下滑，但仍在 2% 上下波动，整体呈现小幅上升态势。从人民币跨境贸易和直接投资结算规模看，2021 年以来二者合计在 1 万亿元的规模上下波动。三是人民币跨境持有更有利于打造全球人民币金融资产配置中心。境内金融市场开放之后人民币国际化迎来跨境持有的新趋势，境外投资者持有境内金融资产的总体规模上升，2021 年 6 月末接近 10.3 万亿元。

第三，我国全球金融中心地位显著上升。改革开放 40 多年来，特别是 2008 年全球金融危机以来，我国正在从经济大国向金融大国迈进，这成为打造全球人民币金融资产配置中心的重要驱动力之一。

二、当前我国打造全球人民币金融资产配置中心的优势与机遇

当前打造全球人民币金融资产配置中心，我国在经济基本面、资产吸引力、金融市场成熟度等方面具有优势，尤其是在新冠肺炎疫情后我国较快实现经济复苏，人民币金融资产表现出较高的收益率和较强的韧性。

第一，中国经济在新冠肺炎疫情中展现出较强的抗风险能力，并将在中长期继续保持中高速增长，这为人民币资产的收益打下坚实基础，能够持续吸引全球投资者。2020 年，我国人均国民收

入达到10 610美元，高收入国家门槛为12 695美元，占比上升至83.6%。我国在"十四五"时期有望成为高收入国家，意味着世界银行公布该分类标准以来，我国是唯一一个从低收入国家跨越到高收入国家的大国。国际组织普遍看好我国未来的经济增长。2021年10月，IMF预计，我国经济在2021年和2022年将分别增长8.0%和5.6%。较大的经济总量和较高的经济增速表明，未来一段时间我国仍将是带动全球经济增长的主要动力之一。我国经济持续稳定的增长是金融资产具备国际竞争力的强大基础，多重因素支持我国金融资产长期回报率较高，保持较高的国际吸引力。

第二，我国贸易大国的地位为货币金融合作提供坚实基础。2000—2020年，我国出口总额从2 500亿美元增加至25 906亿美元，出口占全球的比重从0.6%增加至10.6%，是全球第一大出口国，同时，金融市场的不断开放也将进一步促进我国与其他国家的货币金融合作。《区域全面经济伙伴关系协定》（RCEP）有利于推动人民币在区域内的国际使用，区域内各国贸易和投资的门槛将进一步降低，货币金融联系有望加深。中国与RCEP成员开展的人民币货币互换从2009年的3 600亿元增加至2020年的1.57万亿元，占人民币互换金额比重超过40%。

第三，中国金融市场深度不断提升，A股市值与债券市场余额均位列全球第二。截至2021年4月，沪深交易所上市公司总市值按当月汇率折算分别为7万亿美元和5.3万亿美元，A股市值位居全球第二，两市日均成交额合计超过1 000亿美元；我国债券市场余额为 120.8 万亿元，折合约 18.5 万亿美元，已经成为全球第二大债券市场。我国已经形成合格境外/境内机构投资者制度、金融市场互联互通机制和"跨境理财通"等多渠道的双向开放格局。

第四，上海全球资产管理中心初步成形。全球资产管理规模前 30 的资管机构中已经有 17 家在上海实体化运营，上海公募基金规模超过 7 万亿元，私募基金管理人 4 625 家，管理基金数量 2.90 万只，管理基金规模 4.11 万亿元，上海证券交易所、上海期货交易所、上海黄金交易所已成为全球影响力较大的交易平台；《上海国际金融中心建设目标与发展建议》进一步明确了上海打造全球人民币金融资产配置中心的战略和路径。上海在资产管理领域已经具备较强的基础，未来将继续支持本土机构充分利用发展优势，努力打造国际一流投资银行和财富管理机构。

此外，也要看到，我国金融业和金融市场仍存在一定短板，打造全球人民币金融资产配置中心的目标对我国金融整体发展水平提出了更高的要求，加之外部环境不确定性进一步上升，我国打造全球人民币金融资产配置中心面临一些困难与挑战。

一是中美博弈长期化、复杂化、多领域化。金融制裁作为经济制裁的重要手段之一，是"9·11"恐怖袭击事件之后美国最常用的打击措施，成为限制受制裁国、组织和个人的一种重要惩罚性措施。全面对华竞争是美国重要的国家战略。2018 年中美经贸摩擦凸显以来，美国对我国科技、金融等其他领域频繁施压。2021 年 4 月，美国参议院外交关系委员会通过"2021 年战略竞争法案",这是一个突出全面对华战略竞争的法案,明确了美国未来对华制裁的时间表、路线图。金融制裁手段可能会对我国打造全球人民币金融资产配置中心产生实质性影响。

二是我国金融体系仍需进一步优化完善。与发达国家相比,我国金融机构体系有较大不同,内部结构不均衡问题突出,过于依赖银行信贷体系在一定程度上制约了我国资本市场的全面发展,也会影响我国打造全球人民币金融资产配置中心的进展。金融基础设施管理效能有待提高,金融基础设施建设是金融系统有序和高效运转的重要保障,我国金融基础设施在很多方面还需要加强。金融服务的国际竞争力不足,国内金融机构参与国际竞争的程度不高,政策环境推力和主观动力不足,国际业务范围有限,服务水平和竞争能力同国际金融服务机构还有较大差距。

三是债券市场投资渠道仍需进一步畅通,股票市场进一步开放还存在短板。相比成熟的债券市场,我国债券市场的国际竞争力不足,表现为"大而不强"。在基础设施建设、配套制度和开放程度上仍存在短板和限制,国内外投资者投资我国债券市场的渠道不畅,是我国打造全球人民币金融资产配置中心的主要障碍之一。股票市场的开放程度仍有待提高,一些领域尚未开放或开放度还不够。

三、打造全球人民币金融资产配置中心是一项系统工程

打造全球人民币金融资产配置中心是一项兼具复杂性和长期性的工作,需要统筹发展与安全,系统规划,分步骤、稳妥地推进。

以下六个方面可以作为未来推进有关工作的抓手。

第一，提升金融机构国际竞争力。充分发挥金融业对外开放的鲇鱼效应和内资金融机构走出去的竞争效应，深化金融供给侧结构性改革，健全金融机构体系，支持直接融资和科技创新，全面提升金融机构的国际竞争力。构建全方位、多层次的金融机构服务体系，发挥"干中学"，提升国内金融机构服务质量，立足本土，做好跨境金融服务。

第二，提升金融市场配置资源的能力。健全多层次资本市场体系，完善股票市场基础制度。稳步扩大债券市场规模，丰富债券市场品种，推进债券市场互联互通。加快建设资产证券化体系，丰富市场投融资功能。提升外汇市场的深度、广度和厚度。完善银行间外汇市场，推动更多货币对直接交易。推进外汇衍生品市场建设，解决企业汇率风险管理不足的难题。

第三，完善风险处置体系与应对预案。必须高度重视金融风险问题，加强"穿透式"监管，为打造全球人民币金融资产配置中心创造稳定环境。密切关注资本项下跨境资本流动风险，防范人民币汇率短期超调风险，增强人民币汇率弹性，谨防国内资产价格波动加剧风险，守住不发生系统性风险底线。

第四，推动人民币全球跨境循环体系成熟发展。一方面，加大人民币贷款和以人民币计价的贸易结算，培育回流需求。另一方面，重点发展在岸市场，主动吸引境外长期资金成为国债的主要配置型境外投资者。探索当前金融市场的管道式开放向制度性开放转变。

第五，完善金融基础设施建设。强化金融基础设施赋能和治理。持续推动金融市场和基础设施互联互通。强化监管科技运用，推动金融监管的科技赋能，探索金融法律的国际化和金融法律域外适用。

第六，加强国际金融协调与合作。积极加强与境外资本市场监管机构的沟通和政策协调。强化跨境上市公司审计监管合作，严厉打击财务造假行为，共同维护各国投资者的合法权益，不断提高自身监管水平，健全跨境资本监测和风险预警机制。

推动人民币国际化的再思考

新发展格局赋予人民币国际化新的内涵，为人民币国际化带来新的机遇。一方面，国内大循环的畅通将进一步促进国内金融市场和金融体系的发展与完善，有利于提高人民币资产的供给数量和质量，在岸人民币市场将不断夯实，这是人民币国际化的根基。另一方面，国内国际双循环将进一步提升中国金融开放水平，促进人民币跨境便利使用，满足国内外市场主体对人民币资产的需求。

在新发展格局下，进一步推动人民币国际化将带来两个重要收益。一是提高本币在国际贸易和投资中的使用，减少开放经济中的汇兑成本与风险，降低汇率波动对国际收支、增长与就业的负面影响。二是在一定程度上降低我国对美元资产的依赖，更好地维护我国的金融安全。

一、离岸市场与在岸市场互动融合推动人民币国际化

离岸人民币市场与在岸人民币市场协同发展有助于进一步推动人民币国际化的进程。一方面，在岸人民币市场的发展是离岸人民币市场发展的基础和依托，在岸人民币市场的不断开放与发展壮大将进一步提升离岸人民币市场在全球市场中的地位。另一方面，离岸人民币市场是对在岸人民币市场功能的补充和完善。

在未来一个时期，离岸市场与在岸市场的协同发展将成为人民币国际化的重要抓手。

离岸市场与在岸市场协同发展有利于避免离岸市场对在岸市场造成冲击。根据国际清算银行对各国央行的调查，2019年4月，全球外汇日交易量达到6.6万亿美元，人民币外汇交易占4.3%，其中海外离岸人民币外汇交易量占全球人民币外汇交易量的70%以上。随着我国金融开放的不断深化，国际金融市场与我国金融市场日益联通，一旦全球金融市场动荡加剧，离岸人民币市场将成为国际风险传播的桥梁，从而对在岸人民币市场产生冲击和影响。为此，随着在岸人民币市场与离岸人民币市场的相互影响逐渐增加，推动离岸人民币市场与在岸人民币市场协同发展，有助于保证人民币市场的平稳运行。

货币国际化过程中都不可避免地要处理好离岸市场和在岸市场的关系。美元、英镑、日元等主要国际货币，其国际化最初都是由在岸市场发展起来的，但离岸市场对于这些货币的国际化也具有重要影响。离岸货币市场肇始于欧洲美元市场，目前国际上已形成纽约、伦敦、东京、香港、新加坡、芝加哥、苏黎世、日内瓦和悉尼等国际离岸金融中心。根据国际清算银行的统计，2020年美元、欧元、日元、英镑4种主要国际货币在离岸市场的使用份额分别为47.78%、26.54%、5.06%、5.15%。上述地区离岸市场与在岸市场协调发展的经验可以提供借鉴。例如，美国国际银行设施（International Banking Facilities，IBFs）的发展对于提升美元资产的吸引力发挥了重要作用，使整个美元离岸体系在产品丰富度、交易便捷度、制度和环境舒适度方面对投资者产生了较大的吸引力；日本的经验表明，在岸金融市场的发展可以为离岸金融市场提供源源不断的发展能量，此外，货币国际化是指本国企业和金融机构应在离岸市场以及境外金融活动中主动使用本币，以更好地使本币在离岸市场上循环和沉淀。

当前，离岸人民币市场以我国香港离岸市场为代表，新加坡、伦敦和我国台湾地区的人民币外汇市场也得到了一定程度的发展。2021年7月，《中共中央 国务院关于支持浦东新区高水平改革开放打造社会主义现代化建设引领区的意见》出台，为上海打造全球离岸人民币中心带来新机遇。从国际收支平衡表上看，人民币在离岸与在岸之间的跨境资本流动主要包括以下三个渠道：一是经常项目下的跨境贸易人民币结算；二是资本金融项目下的证券投资相关的人民币资金流动，如沪港通、深港通、债券通、RQFII（人民币合格境外机构投资者）等；三是资本金融项目下的人民币直接投资。

随着人民币国际化的推进，离岸人民币市场和在岸人民币市场的融合既是大势所趋，也是构建公平、透明的市场结构的必然选择。当前，可以从以下七个方面入手积极、稳妥地推进离岸市场和在岸市场的融合与联动。第一，完善面向国际的离岸、在岸人民币金融产品体系，促进人民币资金跨境双向流动。当前离岸市场与在岸市场的双向开放框架以直接入市和互联互通机制为基础，未来离岸市场与在岸市场应共同开发适应投资者需求的金融市场产品和工具。第二，优化离岸人民币基础资产和收益率曲线，扩大离岸人民币资金池。当前，香港离岸人民币市场衍生产品的发展超前于基础资产的发展，缺乏有效的利率曲线和利率衍生市场，未来可在离岸人民币市场发行多种期限的国债、政金债、央行票据，完善离岸人民币市场的人民币资产收益率曲线，并在此基础上发行系列利率衍生品和离岸人民币融资产品。第三，丰富外汇对冲工具以协助投资者管理人民币汇率波动风险，进一步优化人民币外汇交易中的工具结构，并持续加强金融创新。例如，可优先选择对华经贸往来密切的货币，开发人民币兑非美元货币套期保值产品，并在贸易融资等业务中嵌套外汇风险管理工具。第四，进一步探索离岸、在岸金融市场的互联互通，促进离岸与在岸协调发展，提升跨境人民币结算和支付比重，进一步建设和扩大离岸市场与在岸市场在股市、债券、理财、保险等金融市场的互联互通机制。第五，加大离岸人民币市场流动性操作，以境内利率作为"锚"来调控离岸利率，将境内外利差控制在合理区间，在缓减离岸市场对在岸市场冲击和危机传导的同时，提升人民币在全球定价中的话语权。第六，支持浦东新区在风险可控的前提下发展离岸人民币交易，探索人民币自由可兑换路径，未来进一步通过外汇期货试点、离岸人民币债券市场建设等创新满足全球投资者的需求，统筹发展离岸业务和在岸业务。第七，进一步推进离岸金融法律与监管制度创新试点，为建设上海全球离岸金融中心提供有力保障。上海可借助浦东新区先行先试"立法权"，择机针对离岸人民币交易单独立法，确定其发展的大方向、大原则。

二、国际收支调整背景下的人民币国际化

历史经验表明，国际货币体系的演化受诸多因素影响，是一个复杂的过程。一国的货币在国际化过程中要面对"国际收支悖论"，即新兴货币的国际化进程必然伴随着本币的净流出，但与之对应的在位货币（英镑、黄金或美元）资产净流入却在客观上巩固了在位货币的国际地位。这一悖论存在的深层次原因是，在位货币的网络效应在短时间内难以被新兴国际货币彻底替换和颠覆。

从历史看，美元国际化进程体现了货币国际化悖论的早期雏形。美元的国际化曾面临英镑普遍使用与金本位制两大背景，因而其国际化是要实现对英镑和黄金的双重替代。早期的美元国际化并未显著削弱（甚至在一定程度增强了）英镑的国际地位。直至布雷顿森林体系建立，确立了美元－黄金本位制，美元在国际货币体系中的绝对核心地位才被最终奠定。美元－黄金本位制崩溃和布雷顿森林体系瓦解后，美元的国际地位阶段性式微，这为德国马克和日元的崛起创造了历史条件。截至1979年底，德国马克已成为全球第二大储备货币，占比高达11.7%；日元则为全球第三大储备货币，占比为3.6%。在20世纪80年代末至90年代初，两大货币在全球外汇储备中的占比分别达到19.1%和9.4%的历史峰值。然而，德国马克和日元的国际化似乎也未能逃脱货币国际化悖论的约束——随着货币国际化的提速，两国外汇储备快速积累，这意味着国内持有的外币资产在货币国际化进程中不断增加。

近年来，人民币国际化虽然取得了重要成就，但也受到上述悖论的影响。由于回流渠道不畅，人民币总体净流出，美元总体净流入，导致中国增持的美元资产不断增加。在双循环格局下，进一步推进人民币国际化，解决国际收支悖论带来的矛盾，应从以下七个方面做出努力。

第一，顺应并利用美元周期的"势"。发达国家的货币国际化一开始并非国内的最优先目标，更多是由市场驱动的。因此，应深刻识别、理解美元国际化的扩张与衰退周期，顺势调整人民币国际化的策略和节奏。

第二，保持国内经济的稳定发展，不断提高综合国力。本币国际化是一个系统工程，国家经济持续健康发展是其根本，国外经济主体持有本国货币头寸是本币国际化的重要前提和保障。人民币国际化的推进也应放在我国经济周期的背景下依据不同情形进行部署。

第三，清晰界定人民币国际化的目标，不盲目追求份额和排名。国际经验表明，货币国际化需要找到适合国情的发展方向和务实定位。人民币国际化应积极服务我国的经贸合作和跨境投融资需求，同时应加强人民币与其他币种的汇兑、联动，为相关汇率风险提供充分的对冲服务。

第四，保持人民币汇率在合理区间波动，加快推进价格形成机制的市场化改革。基于通胀、政策面等因素的考量，人民币兑美元仍有上升空间，应把握这一重要窗口期，循序渐进地推进资产端的人民币国际化，加快推进利率与汇率价格的市场化建设，为人民币资产定价奠定扎实的市场基础。

第五，夯实外汇市场建设，特别是外汇衍生品市场的发展，应充分满足涉外企业的避险需求，提升境外主体主动使用人民币的意愿。为此，需要在提高汇率灵活度的前提下逐步增强外汇市场的流动性、丰富外汇衍生品套保工具，争取推动进入全球外汇交易的持续连接结算（CLS）系统。

第六，推广和深化人民币在海外的使用，在这一过程中关注金融属性和商业网络的拓展。

第七，重视私人部门在人民币国际化中的作用，重点加强中资机构的国际化能力建设。

充分发挥人民币在"一带一路"建设中的作用

"一带一路"建设是新发展格局的重要组成部分。高质量地建设"一带一路"有助于推动贸易高质量发展,有助于满足国内储蓄的对外投资需求,有助于顺应比较优势转移的客观规律。在当前形势下,"一带一路"建设面临机遇与挑战。

从机遇看,一是新兴市场和发展中国家在全球经贸体系中的地位不断提升,有强烈的内在动力去探索更多的合作模式与伙伴关系,"一带一路"建设已成为国际合作的重要平台和公共品;二是中国与"一带一路"沿线国家的经贸联系日益紧密;三是数字经济等新的潜在合作领域不断涌现。

从挑战看,一是新冠肺炎疫情对"一带一路"沿线发展中国家的冲击更加明显;二是"一带一路"沿线国家的债务问题值得关注;三是"一带一路"沿线国家的金融体系发展程度差异较大,治理能力参差不齐;四是"一带一路"沿线国家共同面临气候变化等长期性挑战,减排形势严峻。在这一背景下,推动人民币国际化可以成为深化"一带一路"沿线国家经贸合作的重要抓手,有利于"一带一路"沿线国家的贸易联通、投融资合作与金融稳定。

一、扩大人民币在"一带一路"沿线国家贸易畅通中的使用

贸易畅通是"一带一路"建设的重要内容。在贸易领域,扩

大人民币使用可以降低双边贸易的汇率风险与汇兑成本，降低美元汇率波动对贸易活动的负面影响。近年来，我国与共建"一带一路"国家的贸易联系日益紧密，2020年我国与共建"一带一路"国家的贸易金额达到1.89万亿美元，占我国贸易金额的40.5%。同时，我国与共建"一带一路"国家的贸易更为均衡，并没有稳定的顺差特征。

从"一带一路"沿线国家贸易联通的现状看，扩大人民币在贸易中的使用具有很大潜力。经过10多年的发展，人民币贸易计价结算取得了巨大进步。从结算看，2009年跨境经常项目人民币结算金额仅为19.5亿元，2020年达到4.79万亿元。从计价看，政府层面，我国对外贸易、国际收支等经济数据已经实现人民币计价；企业层面，中国银行发布的2020年《人民币国际化白皮书》指出，20%的受访工商企业表示在跨境交易中坚持使用人民币报价。

此外，要注意到，人民币贸易计价结算与其他主要储备货币相比仍存在不小的差距，这与中国第一大贸易国的地位不相称，仍有巨大的发展空间。从结算看，2020年人民币结算在全部货物贸易中的占比仅为15%，与美元在美国贸易结算中占比超过80%、欧元在欧元区贸易结算中占比超过50%相比，仍有明显差距。制约人民币贸易计价结算潜力发挥的因素主要来自三个方面。一是贸易联系对货币国际地位的影响下降，而金融交易中本币的使用对货币国际地位的影响上升。二是我国在全球价值链中处在加工制造的中段地位，企业议价能力不强，推动对手方接受人民币计价结算存在难度。三是新兴市场尚未真正走出"原罪",国际市场对新兴市场货币的需求并不稳定。

在当前形势下,可以从以下四个方面着手进一步推动人民币在"一带一路"沿线国家贸易畅通中的使用。

第一,以大宗商品作为人民币贸易计价的突破口。中国已成为国际大宗商品的重要参与者,市场影响力增加,为人民币计价创造了良好条件。2020 年,中国原油进口每日 1 085 万桶,全球占比约为 12%;铁矿石进口 11.04 亿吨,全球占比约为 73%;未锻造铜进口 668 万吨,全球占比约为 50%。以上三项中国进口均排名全球第一。然而,中国的大宗商品进口仍主要以美元计价,未来应在我国议价能力较强的大宗商品上谋求重点突破,并推动境内商品期货市场的发展和开放。

第二,以重点国家和地区作为人民币贸易结算的突破口。2019 年以来,受贸易保护主义、新冠肺炎疫情的冲击,我国货物贸易金额总体增长有所放缓,但人民币结算逆势上涨,2019 年和 2020 年分别同比增长 16% 和 13%。然而,人民币贸易结算仍有巨大的发展空间。未来应将与我国签署本币结算协议的国家和地区作为重点推动人民币贸易结算,协调降低部分国家使用人民币的政策障碍,借助海外工业园区的建设带动人民币计价结算。

第三,发展人民币贸易融资。在我国与共建"一带一路"国家的经贸往来日益紧密的背景下,应进一步挖掘人民币贸易融资的发展潜能,通过不断完善贸易融资服务为推动人民币国际化创造条件。

第四，完善人民币国际化的支持体系，如完善人民币跨境结算的基础设施，充分发挥人民币货币互换的作用，并继续发挥好离岸人民币市场的作用等。

二、扩大人民币在"一带一路"投融资中的使用

近年来，我国与"一带一路"沿线国家的投融资合作不断深化，取得了显著的成绩。2019年我国对共建"一带一路"国家的直接投资达到221亿美元，占同期我国非金融直接投资的16.2%；如果排除中国香港、开曼群岛、英属维尔京群岛等离岸市场，我国对共建"一带一路"国家的非金融直接投资占比超过50%。同时，投资结构不断优化，早期主要集中于能源行业，现在则广泛分布在制造业、电力、批发与零售、研发等领域。人民币资金是弥补"一带一路"建设资金缺口的重要来源。中国储蓄率较高，并且境内市场主体也有用人民币向外投资的动力。使用人民币资金开展投融资合作，有助于通过合理的回报形成示范效应，撬动更多的当地储蓄和国际资本，形成正反馈循环。具体而言，应从以下四个方面着手，推动人民币在投融资领域发挥更大作用。

第一，发展开发性金融。与商业性金融和政策性金融相比，开发性金融在"一带一路"建设中具有多重优势。一是有效契合了"一带一路"投融资项目的项目周期长、资金需求大等特征；二是不靠政府补贴，自主经营，同时还能连接政府与市场，整合各方资源；三是注重长期，可为特定需求提供中长期信用支持；四是可对商业性资金起引领示范作用，以市场化方式给予支持。

人民币是我国开发性金融的主要融资币种，在"一带一路"开发性金融业务中使用人民币，能够使资产与负债的币种匹配，提升可持续性。

第二，充分发挥出口信贷的作用。"一带一路"建设中，出口信贷是融资服务的重要方式之一，也是实现中国与"一带一路"沿线国家优势互补的重要桥梁。在实践中，"一带一路"沿线国家的许多重大项目是在人民币出口信贷的支持下得以成功落地的。近年来我国出口信贷发展很快，并且多年来出口信贷实践与"君子协定"并不完全相同。未来应以买方信贷为突破口进一步扩大出口信贷中人民币的使用，并在不断完善出口信贷国际规则、优化出口信贷产品的同时，鼓励和引导有长期合作关系的境外企业更多地使用人民币买方信贷。

第三，大力发展股权投资。近年来，我国在"一带一路"股权投资方面取得了重要进展。一是以丝路基金、中拉产能合作投资基金、中非产能合作基金为代表的股权投资基金展现出明显的优越性和活力。二是商业性金融机构自主开展的人民币海外基金业务成为人民币投融资业务的重要创新。未来应继续发挥丝路基金等中长期股权投资机构的作用，进一步引导和支持中长期股权投资机构使用人民币开展投资，并继续发展人民币海外基金，充分体现商业化原则，形成正向激励。

第四，提升国际组织资金运用中的人民币使用，积极推动国际开发机构以人民币形式出资，并推动与多边开发机构展开第三方合作。

三、在"一带一路"包容和可持续发展中扩大人民币的使用

"一带一路"沿线国家多为发展中国家，其经济发展阶段决定了普惠金融、绿色金融有很大的潜力。在这一领域，扩大人民币使用可以有所作为。

首先，应在绿色金融业务中扩大人民币的使用。"一带一路"沿线国家面临不断上升的环境与气候变化风险。世界银行的数据显示，"一带一路"沿线64国GDP之和仅占全球总额的15%，但碳排放量占全球总量的24.9%。这一方面与"一带一路"沿线国家的基础设施缺口普遍较大、在建基础设施项目较多、基础设施建设碳排放量较高有关，另一方面也与"一带一路"沿线国家能源消费结构中煤炭、石油等化石能源占比较大，导致高碳排放和大气污染等问题相关。

2016年以来，中国在构建绿色金融体系上取得了积极进展，相关经验可为"一带一路"沿线国家提供借鉴。在中国与"一带一路"沿线国家携手推动绿色金融发展的过程中，也有更大的机会扩大人民币在该领域的使用。第一，应为"一带一路"绿色项目提供更多的人民币资金支持。数据显示，2014—2018年，中国以股权投资形式在东南亚、南亚"一带一路"沿线国家参与的风电项目总装机容量为397.5兆瓦，在建或规划中的总装机容量达到1 362兆瓦，未来应发挥金融的杠杆作用，向满足ESG（环境、社会和公司治理）标准的项目提供更大的人民币支持力度。继续加强绿色金融的第三方合作，通过联合融资支持更多清洁能源等绿色项目，并在联合融资中提升人民币的出资和投资比重。第二，

应提高中国标准、中国规则在绿色金融实践领域的影响力。《"一带一路"绿色投资原则》自从2019年签署以来，获得业界广泛支持，已有来自10多个国家的近40家金融机构签署了该协议。未来应进一步推动《"一带一路"绿色投资原则》成员继续落实原则中的相关要求，帮助"一带一路"沿线国家建立绿色标准，推动使用中欧共同的绿色分类标准，便利国际资金支持"一带一路"沿线国家的绿色发展。第三，应不断推出绿色产品和创新服务，增加人民币绿色投融资工具的吸引力，在完善标准的基础上，继续扩大离岸市场人民币绿色债券的发行规模与范围；也可以扩大人民币国际投融资的抵押品范围，探索碳排放权衍生品、国际碳保理融资等前沿产品；还可以通过外汇衍生工具推动创新，根据绿色投资项目回收期限长的特点，完善远期和掉期等相关服务。第四，应积极顺应国际组织推动绿色投资的趋势，推动更多国际资金投资人民币绿色资产。

其次，在普惠金融业务中扩大人民币的使用。"一带一路"沿线国家多为发展中国家，金融体系发展不均衡，部分民众获得金融服务的成本较高。金融科技的发展突破了传统金融服务在物理网点和时间上的限制，使被传统金融服务忽视的群体能获得金融服务，为普惠金融的发展带来了新契机。近年来，中国数字普惠金融快速发展，金融基础设施不断完善，降低了借贷双方之间的信息不对称；通过数字业务模式提供新的金融产品和服务，更好地满足了消费者的需求。中国在数字普惠方面积累了一定的经验，具备一定的优势，这是未来深化"一带一路"合作的重要潜在领域。

　　以金融科技助力"一带一路"普惠金融发展，可同时助推"一带一路"建设更广泛地使用人民币。近年来，中国利用自身优势大力倡导发展普惠金融，并在部分"一带一路"沿线国家迈出了实质性步伐。截至 2020 年底，"一带一路"沿线国家中已有接近九成发行了银联卡，累计发行银联卡超过 1 亿张，境外 87 个国家和地区、超过 700 万家商户已落地银联手机闪付、云闪付二维码支付等移动支付产品。未来，中国可通过金融科技先进技术更好地服务于共建"一带一路"国家，在为"一带一路"沿线国家建设或完善金融基础设施、提供普惠金融服务等的过程中，增大人民币计价资产和人民币支付渠道的吸引力与黏性，推动人民币在"一带一路"沿线国家的使用。

　　最后，在推动债务可持续的过程中扩大人民币的使用。新冠肺炎疫情的全球蔓延加剧了"一带一路"沿线国家的债务压力。随着抗疫支出大幅提升，部分国家的财政空间显著收缩，债务风险加速暴露。一些国家的债务问题已严重影响其经济复苏。缓解"一带一路"债务可持续性问题已成为当务之急。

　　发展融资是解决发展中国家债务可持续性危机的治本之举。通过减债解决债务可持续性问题只是"止血"，如果经济恢复受限，其经济产出和财政资源大量用于还债，没有多余和持续的资源来支持疫情防控与经济发展，则该国很可能错过有效的发展时间窗口，经济发展水平可能在低水平阶段止步不前，未来获取发展融资的能力也受到制约。提供发展融资、帮助低收入国家和受新冠肺炎疫情冲击严重的国家重回可持续发展道路是"造血"，只有"止血"和"造血"同时进行，提高基础设施水平和生产能力，为未来长远发展奠定道路，才能帮助低收入国家真正走出债务阴影，实现可持续的经济复苏与发展。因此，国际社会越来越重视通过多种渠道满足发展中国家的巨额融资缺口，实现真正的债务可持续。

在这一过程中，充分发挥人民币在支持发展融资中的作用，既有利于提高"一带一路"债务可持续性，也有利于扩大人民币的国际使用。目前，发展中国家存量债务仍主要是美元债务，对发展中国家的增量融资可推动更多地使用人民币资金，加强政策性、开发性、商业性资金协同合作，形成合力，更好地满足发展中国家的发展融资需求。

综上所述，金融服务新发展格局，关键是处理好金融改革发展与经济社会发展的关系，实现习近平总书记在 2019 年的中共中央政治局第十三次集体学习时提出的"金融活，经济活；金融稳，经济稳。经济兴，金融兴；经济强，金融强"的要求，进一步明晰金融业在新发展阶段的使命与任务，迎接新的机遇与挑战。

实现国内大循环为主体，加快推进城市群和都市圈建设，是一个重要战略支点。金融业要进一步优化资源配置，在城市基础设施、绿色低碳发展、先进制造业、科创中心建设以及养老金融服务、外来人口市民化等领域改进供给，提升供给效率，更好地支持经济和人口集聚对全要素生产率、高质量就业和产业结构转型升级的需要，有序化解地方债务风险。

实现国内国际双循环相互促进，需要推进人民币国际化再出发，这是适应高质量发展和高水平开放的必然选择。要在坚持市场需求主导的基础上，进一步推动人民币在国际市场的自由使用和跨境循环，深化人民币汇率、利率和资本项目可兑换等方面的改革，消除人民币跨境使用的障碍，扩大人民币在"一带一路"建设中的使用。同时，着力打造全球人民币金融资产配置中心和财富管理中心，扩展国内金融市场的广度和深度，丰富我国企业投融资渠道，促进国际收支平衡，增强国际金融竞争力和国际金融治理规则话语权。此外，要促进离岸人民币市场与在岸人民币市场协同发展，完善面向离岸、在岸人民币金融产品的体系，有序扩大人民币资金跨境双向流动，加强宏观审慎管理，完善金融法律制度，增强金融监管能力与效率。

金融服务新发展格局是一个复杂的系统工程，涉及面广，政策性强。本书侧重从对内、对外两个方面，选择金融服务城市群和都市圈建设与人民币国际化的有关内容进行研究和论述，并提出了一些政策建议。由于受时间和能力的限制，书中难免存在一些不足，敬请读者批评指正。

研究金融如何服务新发展格局，既是一个理论问题，更是一个实践问题，还是一个动态发展变化中的问题，我们将坚持问题导向和目标导向，继续跟踪研究，力求使研究成果更加全面、客观、深入，为金融更好地服务新发展格局贡献智库的力量。

02

金融服务双循环背景下的城市群建设

党的十九大以来，中国开始构建新的发展格局。党的十九届五中全会提出了"加快构建以国内大循环为主体、国内国际双循环相互促进的新发展格局"的重大战略部署，这意味着中国发展战略的一个重大调整。

在改革开放之前，受限于当时的国内和国际形势，中国执行"独立自主，自力更生"的发展战略。在改革开放之后，中国执行的是以"出口导向"为主的发展战略。这种发展战略建立在当时国内具有发展劳动密集型产业的比较优势上，通过吸引外商直接投资，在沿海地区建立"两头在外，大进大出"的贸易模式，让中国经济参与经济全球化浪潮。在这种发展战略下，即便面临外汇短缺的问题，中国最终仍建成了全球工厂，全面融入全球价值链中。然而，这一阶段的发展也遗留了一些问题，尤其是经济发展过度依赖出口和国内投资，消费相对不足，这让中国面临严重的国际收支失衡。

在新发展格局之下，中国面临着更加不确定的外部环境，中国经济对国际循环的依赖度有所下降，外贸盈余对GDP增长的贡献已经从2008年全球金融危机前的9%下降到当前的1%。中国转而需要充分发挥国内的超大规模市场优势，主要通过畅通国内大循环、改善国内资源配置效率来繁荣国内经济，并同时培育新形势下中国经济参与国际循环的比较优势。与此同时，中国经济接近高收入国家的发展水平之后，产业链比以前更为复杂，城市之间在特定区域内的分工协调更为重要，经济发展的规模经济效应比以前更强。在这一背景下，城市群的建设正是中国充分发挥国内超大规模市场优势和内需潜力、更好利用国内国际两个市场、构建国内国际双循环相互促进的新发展格局的关键所在，而金融在城市群建设中也发挥着举足轻重的作用。

新发展格局下城市群建设的意义和发展方向

一、双循环背景下城市群和都市圈建设的意义和重要性

在全球范围内，中心城市和城市群作为承载发展要素的主要空间形式是客观存在的城市发展规律。不仅如此，在城市群内部，往往以沿海地区的中心城市为中心，形成了与周边中小城市连片发展的都市圈。在一些大国，由于地域幅员辽阔，也形成了一些经济发展的次中心，在内陆地区形成了围绕区域中心城市建设的都市圈和城市群。

之所以出现上述经济发展的空间格局，有以下五个方面的原因。

第一，经济高效集聚。任何国家的发展都经历过或经历着现代化和城市化的过程。在传统的农业社会，经济增长主要取决于土地资源，因此经济活动和人口天然是分散的。而当经济进入现代化过程中时，制造业和服务业在 GDP 中所占的比重不断上升，经济出现了高效集聚的空间格局。企业和劳动者通过分享（私人投资和公共投资在生产规模扩大中被分摊）、匹配（不同偏好和技能的消费者与生产者相互匹配）和学习（人际知识外溢和干中学）这三个机制实现城市发展的规模经济效应，极大地提升了资源利用效率。随着中国经济现代化水平的不断提高，城市（特别是中心城市和都市圈）对于发挥推动创新的作用越来越强。服务

业的从业人员，更需要通过紧密的社会互动来获得默会的知识和技能。

第二，全球化进程推进的出口导向型的制造业。全球化是当今世界发展的大势所趋，也是欠发达国家迈向现代化的必由之路。全球化进程首先是国际贸易不断发展的过程，出口导向型的制造业主要依赖海运来完成国际贸易，这又以海运的成本远远低于陆上运输成本为条件，使全球范围内的沿海地区获得了发展的优势。在改革开放40多年的发展中，中国也是通过加入全球化而推进了经济现代化的，在此过程中，出口导向型的制造业对于中国经济增长起到了至关重要的作用，因此，沿海地区获得了发展出口导向型的制造业的比较优势。即使陆上运输的成本有可能降到海运以下，中国通往北美、南美、日本和澳大利亚，以及大多数东南亚国家也必须借助于海运。虽然中国北部沿海地区也有很多港口，但北方的河流或者没有航运能力，或者冬天结冰，或者出海口不在中国境内，因此，相对来说，东南沿海地区，尤其是长三角城市群和珠三角城市群，更具有发展出口导向型的制造业的比较优势。随着未来中国实施更高水平的开放，沿海地区的优势仍将保持。

第三，经济发展的"中心-外围"城市体系。虽然沿海地区在全球化进程中获得了发展的先机，但是世界上的一些大国也存在一些地处内陆的区域性中心城市，以及围绕这些中心城市的城市群。这是因为城市发展形成的是一个"中心-外围"城市体系，在远离港口的地区，需要有一些中心城市通过高效集聚来满足当地区域性市场上的制造业产品和服务需求。在中国，成都、重庆、郑州、武汉、西安等地处中西部的国家级中心城市，就是整个国家"中心－外围"城市体系的次中心。在这些次中心的周围，具有发展服务于内需的制造业、不依赖于海运的产业，以及国家一些战略性产业的比较优势。

第四，经济的后工业化阶段强化了中心城市的作用。在经济进入后工业化阶段之后，服务业在 GDP 中的占比超过制造业，并且持续上升。相比于制造业来说，服务业具有不可运输和不可储藏的特征，必须借助于面对面来同时完成生产和消费。不仅如此，人们对于服务业的需求具有多样性偏好，大城市由于人口众多，服务业供给者数量多，拥有更强的服务业多样性。在现代服务业中，知识和信息成为现代服务业的核心竞争力，而知识和信息的生产与传播强烈地依赖于人口密度，这进一步加强了知识和信息密集型服务业向中心城市的集中过程。高技能劳动力随着知识和信息密集型产业向大城市集中，又带来了在生产和生活两个环节中对于低技能劳动力的需求，从事辅助性岗位和生活性服务，进一步带动低技能劳动力也同步向大城市集中[①]。当前中国已经进入后工业化阶段，服务业在 GDP 中的占比还将继续上升，围绕中心城市建设的都市圈引领发展的作用仍将强化。

第五，城市发展的路径依赖性。在世界范围内，城市发展呈现出强大的路径依赖性特征。除非出现重大的技术进步（例如海

[①] 这在文献中被称为高、低技能劳动力之间的"技能互补性"。

运取代陆上运输成为国际贸易的主流方式）或制度变迁（例如中国经济从封闭走向开放），在给定的技术条件和制度环境之下，大城市由于集聚了人才、资本、基础设施等城市发展的条件，在规模经济机制的作用之下，中心城市在整个国家城市体系中的地位将不断得到强化。随着经济和人口的集中，呈现出中心城市与周边中小城市连片发展成为都市圈的现象。中国的城市体系同样呈现出明显的路径依赖性特征，一些试图通过行政力量来干预城市体系的做法，最终仍然抵挡不住"市场成为配置资源的决定性力量"。

当前，中国城市和区域发展出现了人民日益增长的美好生活需要和不平衡不充分的发展之间的矛盾。一方面，随着经济现代化发展水平的不断提高，客观规律促使经济和人口仍然向中心城市和城市群集中；另一方面，长期以来，传统的城市发展思路更加鼓励中小城市的发展，中心城市和城市群在各个方面都受到了既有的管理体制和政策体系的制约。2019年8月26日，中央财经委员会第五次会议提出，"要按照客观经济规律调整完善区域政策体系，发挥各地区比较优势，促进各类要素合理流动和高效集聚"。其中，尤其重要的是要发挥中心城市和城市群在整个国家发展和调整完善区域政策体系中的引领作用。而实现这些宏伟目标，首先要解决的问题就是"增强中心城市和城市群等经济发展优势区域的经济和人口承载能力"。传统城市规划的思维方式是首先进行城市的承载力测算，并以此作为城市基础设施、公共服务等提供规模的依据，而城市的承载力实际上是一个动态的概念，传统的思维方式就导致了中心城市和城市群实际的基础设施、公共服务等供给跟不上经济和人口集聚趋势的矛盾，从而反过来制约了中心城市和城市群承载力的提高。这也是中国当下城市群建设最为重要的障碍。在新发展格局下，城市群的建设需要突破传统观念的束缚，突破体制性障碍，促进生产要素的合理流动和高效集聚，其中，金融在增强中心城市和城市群承载力方面也将发挥更大的作用。

二、中国未来重点建设的城市群：来自"车流"数据的评估

对于中国进一步的城市群建设，首先需要弄清楚城市群具体概念的界定，以及在此基础上如何科学评估中国未来应该重点建设哪些城市群。目前在对城市群具体概念的界定方面，仍存在一些不一致的地方，但总体来说已经达成一些普遍认同的共识，包括城市群需要存在若干区域中心城市，并以这些中心城市为基本的构成单元，依托发达的交通通信等基础设施网络，形成空间相对紧凑、经济联系紧密并最终实现同城化和一体化的城市群体。更为重要的是，在城市群内部将突破传统行政区划的体制束缚，实现区域性产业布局、基础设施建设、社会发展与社会保障体系、环境保护与生态建设等多方面的一体化（方创琳，2009）。

在城市群的具体划分方面，经济学界、规划界和业界存在许多关于城市群的划分方法。由于城市群涉及城市之间"人"和"货"的交流，只有考虑城市群内各城市之间的经济联系，尤其是需要对城市间的经济和人员往来进行分析，才能科学地做出评

估。我们采用交通运输部"车联网"关于客车和货车的大数据计算了城市间"人流"和"物流"的联系,界定出了中国未来需要重点发展的城市群。①

在具体的研究方法方面,我们首先把国内的城市进行配对,再把一年有365个来回以上的客车车流(大约平均每天1个来回)和一年有3 650个来回以上的货车车流(大约平均每天10个来回)用直线表示,就得到了结果。可以非常清楚地看到,城市是有网络的,并且就是一些国家中心城市和区域中心城市向外发散的网络。

进一步,如果我们用线段的颜色来表示车流的数量,可以更清楚地看到城市"抱团取暖"的城市群,以及围绕一些大城市向外发散的城市网络,中心城市在城市群中的作用非常明显。

此外,我们将客车和货车定义的城市群进行加总,合并成按"车流"定义的城市群,这些城市群也是中国未来重点发展的城市群(见表2.1)。

---

① 我们感谢上海评驾科技有限公司的数据合作。对于城市群的评估,由于中国关于"流"的数据相对缺乏,本文以客车和货车的大数据为基础,构造城市间的"流"数据,并进行评估。相关数据来自交通运输部"车联网"纪录的三级以上乘用车和重载货车2018年的实时定位数据。其中,乘用车数量大约30万辆,重载货车大约600万辆。由于这些数据是交通运输部和有关部门要求强制上报的,所以可以认为达到标准的汽车基本上都已上报数据,我们也对此做过检验。通俗地说,基础数据主要包括全国范围内跨县运行的客车、旅游车(后面简称"客车")和12吨以上的大货车(后面简称"货车")行驶过程中12秒一次实时上报的数据。

表2.1 客车和货车车流共同定义的区域中心城市和城市群

城市群	核心城市	区域中心城市	普通城市
京津冀城市群	北京市、天津市	石家庄市、唐山市、保定市、沧州市	张家口市、承德市、廊坊市、衡水市、邢台市、阳泉市、秦皇岛市
长三角城市群	上海市	苏州市、杭州市、南京市、无锡市	南通市、盐城市、镇江市、扬州市、淮安市、泰州市、黄山市、湖州市、嘉兴市、金华市、绍兴市、衢州市、常州市、马鞍山市、宁波市、舟山市、滁州市、宣城市
珠三角城市群	广州市、深圳市	东莞市	惠州市、汕尾市、河源市、梅州市、清远市、肇庆市、云浮市、佛山市、阳江市、江门市、中山市、珠海市、韶关市、湛江市、茂名市
成渝城市群	成都市、重庆市	—	绵阳市、德阳市、南充市、遂宁市、资阳市、内江市、自贡市、乐山市、眉山市、雅安市、甘孜藏族自治州、阿坝藏族羌族自治州、宜宾市、泸州市、广安市、达州市、恩施土家族苗族自治州、遵义市
长江中游城市群	武汉市	长沙市	黄冈市、鄂州市、黄石市、咸宁市、仙桃市、潜江市、荆州市、天门市、荆门市、孝感市、随州市、岳阳市、株洲市、湘潭市、衡阳市、娄底市、邵阳市、益阳市、常德市、张家界市、萍乡市、湘西土家族苗族自治州
中原城市群	郑州市	—	新乡市、开封市、周口市、许昌市、漯河市、驻马店市、平顶山市、南阳市、洛阳市、焦作市
关中平原城市群	西安市	—	安康市、宝鸡市、汉中市、庆阳市、商洛市、铜川市、渭南市、延安市、咸阳市
哈长城市群	—	哈尔滨市、长春市	七台河市、延边朝鲜族自治州、伊春市、绥化市、吉林市、四平市、松原市、牡丹江市
北部湾城市群	—	南宁市	百色市、北海市、崇左市、防城港市、贵港市、河池市、钦州市、玉林市
呼包鄂榆城市群	—	呼和浩特市	鄂尔多斯市、乌兰察布市、包头市、巴彦淖尔市、榆林市

续表

城市群	核心城市	区域中心城市	普通城市
兰州—西宁城市群	—	兰州市、西宁市	白银市、定西市、临夏回族自治州、武威市、果洛藏族自治州、海北藏族自治州、海东市、海南藏族自治州、海西蒙古族藏族自治州、黄南藏族自治州、玉树藏族自治州

注：以长沙为核心的城市"小群"计入长江中游城市群。长沙并不属于区域中心城市，但因为长沙的指标接近区域中心城市，并且有很强的区域辐射能力，所以将长沙列为区域中心城市，以长沙为核心的"小群"则计入长江中游城市群。但需要注意的是，以长沙为核心的"小群"与以武汉为核心的"小群"车流联系并不紧密。而南昌因为其各项指标离区域中心城市太远，所以没有将其列为区域中心城市，以南昌为核心的城市"小群"也就不计入长江中游城市群。

我们也进一步比较了通过车流计算的城市群和规划的城市群之间的差异。相比于规划的城市群，用车流定义的城市群中，西部的城市群，如呼包鄂榆城市群、兰州—西宁城市群、成渝城市群、北部湾城市群，凝聚力或者辐射范围比规划所显示的大，而沿海和中部的大部分城市群，凝聚力没有规划所显示的大。[1]

---

[1] 在经济学界、规划界和业界有许多关于城市群的划分方法，本章中，作为评估对象的城市群主要包括以下三类。第一类，国务院和国家发展改革委批复的9个城市群，加上京津冀城市群和珠三角城市群。京津冀城市群和珠三角城市群虽然没有正式批复，但是有类似的批复文件，如《京津冀协同发展规划纲要》《粤港澳大湾区发展规划纲要》，可以视同已批复，并且这两个已经是大家公认的城市群，所以我们将其计入。第二类，国家发展改革委《2020年新型城镇化建设和城乡融合发展重点任务》提出要促进发展的边疆城市群及省内城市群，包括天山北坡城市群、滇中城市群、山东半岛城市群、黔中城市群。第三类，其他城市群，包括辽中南城市群、海峡西岸城市群。在经济学界和规划界，这两个城市群经常被提及，所以我们也将其纳入比较范围。

中国城市群和都市圈发展的若干理论问题

如果城市群建设能够得到社会各界的认可，那么接下来需要在理论上厘清的问题就是，城市群应该如何发展？是有差异化地发展，还是均质性地发展？如果是差异化的发展，那么在城市群之间以及城市群内部的不同城市间，经济和人口的空间分布将呈现怎样的特征，其背后又有什么规律可循？

一、第七次全国人口普查数据呈现的人口空间布局变化

通过第七次全国人口普查的数据，已经能够非常直观地看到，中国不同地区的人口数量正在发生不以主观意愿为转移的趋势性变化。

除了少数民族聚居地区，全国大多数地区的人口增长率主要体现的就是人口流动趋势。人口增长较多的是沿海三大城市群，特别是其中心城市周围。在中西部地区，人口向省会城市周围集中。东北地区仅沈阳、大连和长春保持人口正增长。其他远离沿海、远离大城市的城市人口增长缓慢，甚至出现了人口负增长。

这种人口向少数地区集聚的趋势是不以人的主观意愿为转移的。我们在历史数据的基础上预测了未来人口的空间分布，结果发现，未来人口的空间布局仍然将继续当前向沿海城市群和内陆中心城市周围集聚的趋势。对于人们普遍担心的区域间发展不平

衡问题，我们的研究表明，在人口集中的同时，中国正在出现地区间人均 GDP 差距逐步缩小的趋势，如果到 2035 年，中国基本实现人口在城乡和地区间的自由流动，则有望使人均 GDP 的地区间差距降低到当前美国和日本的水平（Li and Lu，2021）。换句话说，地区间总量差距将持续扩大，但人均差距将逐步缩小。

同时，由于中国的地理条件限制，人口主要集中在"胡焕庸线"的东南侧。随着人口向沿海城市群和内陆中心城市周围的进一步集聚，相关经济活动也会进一步向这些地区或城市集聚，这会使城市群的功能得到进一步强化。第七次全国人口普查数据已经清楚地表明，人口的集聚趋势是在强化城市群和中心城市的功能。

二、地理位置对城市群建设的影响

如果说城市化和城市群的发展已经越来越成为共识，相对来说人们对于城市群差异化发展的理解还不够。长期以来，社会各界没有充分理解经济集聚对企业生产率提高、劳动者就业和产业结构转型等的重要影响，把区域经济的均衡发展误解为经济和人口的均匀分布。习近平总书记在党的十九大报告中，就大城市和小城镇关系提出了"以城市群为主体构建大中小城市和小城镇协调发展的城镇格局"，新发展格局下城市群建设的提出也意味着区域发展战略的重大转向。

从城市群的建设来看，同样也不可能存在均匀分布的城市群建设。城市群的面积不会无限扩张，地理位置对城市群的建设仍然起着非常重要的作用。我们首先以天津、上海和香港这三个分别位于中国北方、东部和南方的大港口作为港口的参照系，进一步以到这三个港口的最短距离作为到大港口距离的衡量指标，研究发现，到大港口的距离越远，城市GDP规模总体上来说越低，仅到沿海大港口距离这一个指标就可以解释为何城市间GDP规模差异接近40%。如果以人均GDP来分析，仍然体现出了到大港口距离对城市经济发展指标的负面影响，也正是由于这种人均GDP的差异，所以仍然存在着人口向沿海地区流动的动力。进一步，如果以2000—2015年的人口净流入数量来分析，也能够发现到大港口的距离越远，城市人口流出越多，这符合人口流动到高收入地区的判断。第七次全国人口普查数据再次呈现了这一规律。除此之外，我们还计算了2005—2015年每一个城市的投资弹性，即这期间固定资产投资对GDP的影响，计算后发现，越是距离大港口远的地方，投资对GDP的拉动力越小。上述结果表明，即使在国家大力扶持内地发展的情况下，地理因素仍然显示出了对于经济集聚的强大作用。这些结果充分说明，地理位置对城市群建设存在重要的影响，城市群建设同样不能采取均匀分布的战略。[①]

更为重要的是，我们的系列研究同时发现，忽视地理对城市群建设的影响会带来严重的资源空间错配问题。具体来说，我们的研究讨论了2003年之后区域发展政策曾经给中国经济带来的拐

---

① 具体结果参见本章附录，更为详细的结果请参考陆铭等（2019）的研究论文。

点式影响。在 2003 年之后，随着一系列通过转移资源的方式来鼓励内陆地区和中小城市发展的政策的实施，客观上在当时产生了缩小地区间差距的影响。但同时，随着行政力量干预了生产要素在空间上的配置，中国企业全要素生产率的增长趋势出现了放缓的迹象，而当时中国经济处在加速时期，按照全要素生产率变化具有顺周期的特征，当时企业的全要素生产率应该增长得更快才对。事实上，这种企业全要素生产率增长趋势呈现逆周期的原因，主要在于 2003 年开始的区域政策因素导致的资源错配（陆铭和向宽虎，2014；陆铭，2016）。2003 年，在沿海地区收紧土地供应的政策和清理整顿开发区的政策的共同作用下，大量东部开发区被关闭，由于东部沿海地区存在强大的规模经济效应，开发区政策的收紧使东部沿海地区的企业出现了明显的生产萎缩和全要素生产率下降的现象，这也可以解释为什么在总体上 2003 年出现了企业全要素生产率增长放缓的拐点（向宽虎和陆铭，2015；Chen et al.，2019）。同时，由于中国土地资源的空间错配现象，东部地区人口流入地的土地份额明显下降，而中西部地区并没有出现这一现象。我们的研究也发现，在 2003 年之后，由于东部地区收紧了土地供应，所以这一地区出现了房价快速上升的现象（韩立彬和陆铭，2018），并进一步推动了沿海地区工资上涨（陆铭、张航和梁文泉，2015）。同时，房价的快速上涨又引导企业增加购买房产，对实体经济的投资产生了挤出效应（Han and Lu，2017）。而在广大中西部地区，"建设新城—土地抵押与再融资—新城扩大建设"的循环过程成为当地政府拉动短期经济增长的主要方式之一。结果是，中西部地区大量工业园出现闲置，部分人口流出地的新城甚至沦为"鬼城""空城"，导致地方政府的债务率居高不下。尤其是在人口流出的中西部中小城市，规划建设面积大且距离老城区远的新城，在建设规模和空间选址上背离了经济规律，导致地方政府加重了债务负担（常晨和陆铭，2017）。

三、城市群内部集聚与平衡之间的关系

当前中国已经进入由城市群带动的区域经济发展新阶段。未来在中国东部沿海地区的京津冀、长三角和粤港澳三大城市群，将成为引领中国经济发展的三个引擎，成为世界级的城市群。成都、重庆一带的城市群，将有可能成为中国城市群的第四极。武汉、郑州、西安等其他国家级中心城市又各自带动周围城市形成区域性的城市群。不同的城市群由于发展条件的差异，各自的城市群量级和辐射范围也各有差异。在中国，城市群的布局和发展路径方面争议不大，但城市群内部一体化所面临的思维和政策障碍则比较多。在城市群发展过程中要处理的问题，本质上就是围绕中心城市的都市圈和城市群内部其他中小城市之间的关系。

城市群内部的良性发展状态是，既要有大城市，也要有小城市，不同城市之间存在相互的分工，产业结构根据自身的发展条件出现差异化。城市之间既有竞争也有合作，但合作大于竞争。然而，由于对平衡发展的误解，以及地方官员追求本地 GDP 增长、招商引资和税收的最大化，所以在城市群发展中也出现了均匀发展的诉求。一方面，人们认为城市群内部的中小城市应该从中心

城市承接更多的产业；另一方面，又认为中心城市向外的产业疏散是城市群内部平衡发展的路径。在本质上，城市群内部大小城市之间的关系，仍然涉及集聚和平衡之间的关系。从理论上来讲，如果不同规模的城市之间功能是互补的，那么核心城市经济越强大，对外围中小城市的经济带动作用就越强。中心城市更多地承担着研发、设计、金融、贸易等功能，邻近的中小城市更多地承担着制造业功能，更远一些的城市则更多地承担着农业、旅游和自然资源等功能。如果人口等生产要素自由流动，城市群内部不同规模城市之间也将迈上"在集聚中走向平衡"的道路。同样道理，对于地处城市群相对外围的地区而言，追求的应该是差异化的发展道路，以及在人均水平上缩小与中心地区的差距。2020年8月习近平总书记在安徽考察，在合肥主持召开扎实推进长三角一体化发展座谈会，并在座谈会上指出，"一体化的一个重要目的是要解决区域发展不平衡问题"，"不同地区的经济条件、自然条件不均衡是客观存在的，如城市和乡村、平原和山区、产业发展区和生态保护区之间的差异，不能简单、机械地理解均衡性。解决发展不平衡问题，要符合经济规律、自然规律，因地制宜、分类指导，承认客观差异存在，不能搞一刀切"。

在城市群内部，不同城市因为到中心城市的距离不同，所以人均GDP仍然存在一些差异，这恰恰成为人口进一步向中心城市周围集聚的动力。我们将国家确定的北京、天津、上海、广州、成都、重庆、郑州、武汉、西安九大国家中心城市作为中心城市，以到这九个城市的最短距离作为到中心城市距离的衡量指标，研究发现，总体上来看，距离中心城市越远的城市，GDP 总量越低，人均 GDP 越低，人口流出越多，投资弹性越低。这些结果进一步表明，即使在城市群内部，集聚与平衡的关系也同样存在，到城市群中心城市的距离越近，经济发展会越好。[①]

在城市群发展过程中，中心城市及其周边地区将形成相互紧密连接的"通勤圈"，并形成带动整个城市群发展的增长极。根据不同的发展条件和功能定位，中国将在未来形成几十个围绕着中心城市、半径在 30~80 千米的都市圈。这些都市圈的人口都将持续增长，相应地，应该启动以都市圈为单位的城市规划，突破既有城市间甚至省之间的行政边界，推进都市圈范围之内的一体化建设，包括基础设施、公共服务、政策等方面的一体化进程。

从趋势上来看，如果以省为单位来考虑城市群内部的发展，在不同的省份内部，虽然经济和人口在向少数大城市周围集中，但都在不同程度上出现了城市之间人均 GDP 差距缩小的态势。具体来说，我们对广东、湖北、河南、四川、安徽等代表性省份进行了分析，其中，广东位于沿海地区，湖北、四川分别位于中西部，是近年来被认为存在省会"一城独大"的省份，河南、安徽是中部的人口大省，省会城市的发展都比较快，并且都存在一些人口众多的欠发达地区。我们发现，这些代表性省份都不同程度地呈现出城市间人均 GDP 差距缩小的趋势。通过计算这几个代表性省份内部地级市常住人口和人均 GDP 的基尼系数，我们

[①] 具体结果请参见本章附录。

发现，当人口向中心省会城市集中时，虽然各个城市之间 GDP 规模的差距也在同步扩大，但人均 GDP 基尼系数总体上是在下降的。这意味着，经济活动和人口的同时集聚促进了省份内部不同城市间的平衡发展。其中，图 2.1 以广东省为例呈现了城市群内部"在集聚中走向平衡"的趋势。

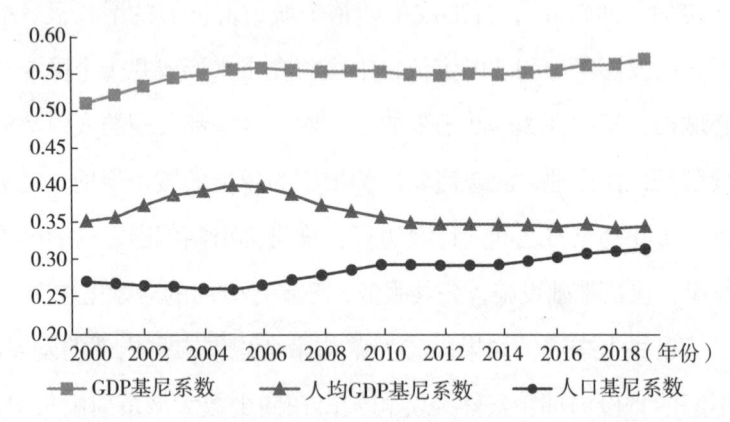

图 2.1 广东省不同城市之间的 GDP 规模、人口规模和人均 GDP 的基尼系数
资料来源：历年广东省统计年鉴。

四、都市圈内部的中心和外围关系

城市群内部如果出现人口进一步向中心城市集聚，那么在中国又遇到了中心城市要不要控制规模的问题。事实上，首先需要澄清的是，中国的"城市"都是行政辖区意义上的，其本身包括了一个中心城区加若干县级市，因此，它天然不是"一个城市"，而是多个城市组成的都市圈。随着一些中心大城市的不断发展，这些大城市均将进一步成为连接周围中小城市的都市圈，这是符合城市发展的客观规律的。而如果不理解这一点，把中国的"城

市"和外国的城市做对比,认为要控制大城市的建设用地和人口,那么本质上就是要限制这些大城市郊区的发展,而这是违背以中心城市为核心的都市圈发展战略的。

当前,随着都市圈的概念得到决策者的重视,都市圈的中心城市如何发展,尤其是它的郊区部分如何发展,正成为需要破局的问题。从现状来看,在有可能建成都市圈的北京、上海等地,中心城市的郊区仍然有大片的农田和绿地,中心城市与都市圈范围内的中小城市也没有紧密连接。相比之下,在东京都市圈距离市中心50千米范围之内的地方,城市是连片发展的,同时,轨道交通从中心城区出发呈网状布局,人口沿着轨道交通沿线布局,并且人口密度沿着轨道交通线呈梯度下降。

对于上述差异,规划者常常提出,在中国城市郊区保留大片的农田和绿地,是为了防止城市无序蔓延。但是让我们换一个看问题的角度,都市圈概念之所以有实际的意义,就是因为在50千米甚至70千米半径范围之内的大、中、小城市之间存在紧密的联系,它是核心大城市巨大的规模经济效应所催生的结果。既然如此,中心城市和周边的中小城市之间就具有大量互动的需要。既可能是中心城市的现代服务业要服务于周边城市的制造业,也可能是周边城市为中心城市的工作人口提供居住和生活服务。事实上,都市圈的定义本身就是,以中心城市为核心,紧密连接周围其他中小城市的"日常通勤圈"。

给定都市圈的定义和功能,在核心大城市郊区保留大量的农田和绿地,势必导致以下几个结果。首先,外围地区(比如昆山)

和中心地区（比如上海的中心城区）之间，必然形成一个巨大的隔离带，结果是外围地区和中心地区增加了更大的通勤成本。

其次，在中心城市的郊区，也就是相当于上海的青浦区这样的地方，一定会形成相对的发展洼地，仍在发展农业。隔壁的昆山仅仅因为不属于上海管辖，就可以发展制造业，并且建有大量的住宅。事实上，在中心城市持续集聚产业和人口的需求之下，在郊区保留过多农田，同时还会带来城市整体上的住房供应不足、房价高企。

最后，一定会产生轨道交通网络化和郊区土地低效利用之间的矛盾。一方面，轨道交通网络化是都市圈发展和区域经济一体化的必然要求，顺应了都市圈外围和中心城市之间频繁通勤的需要。另一方面，如果在中心城市的郊区仍然保留大量的农田和绿地，就意味着在大城市郊区轨道交通沿线经过的是农田和绿地，无论是轨道交通线自身还是沿线土地的价值均不能得到充分利用。未来，如果都市圈范围内轨道交通线进一步网络化，而中心城市的郊区走建设用地减量供应的道路，上述矛盾只会加剧。

出现上述现象的本质原因在于，中国传统的城市规划体系与现代化城市发展的规律之间存在矛盾。传统的城市规划体系是以直辖市或地级市的行政管辖边界为单位的，人口、土地、基础设施、公共服务等规划都是如此。问题是，不同城市之间是有差异的，在中国一线城市面向全球城市和都市圈发展的愿景之下，这些城市必须成为区域经济增长和一体化的引领者。既然如此，就不如以"都市圈规划"覆盖既有的以行政管辖范围为界的"城市规划"，不必对中心城市采取过严的城市建设用地总量和用途规制。事实上，国际上对于大城市的发展，越来越强调的是紧凑和高密度，如果经济发展和人口增长需要，城市面积适当扩张伴随着高密度的建设，并不被认为是城市无序蔓延。

面向未来，在中国的一线城市建成国际化都市圈的愿景之下，中心城市和周边的中小城市之间将形成更为紧密的连接，相互之间将有密度更高和速度更快的轨道交通网络进行连接，相互之间的通行将更为便捷，外围越来越多的人口将在中心城市就业。这样一来，有必要加大在轨道交通沿线的土地的开发强度，这既能提高城市土地的经济密度，也能为更多在中心城区工作的人口提供相对来说接近工作地点的居住场所，减少长距离的通勤。与此同时，连片发展并不意味着所有的土地都用于城市建设。在网络状的轨道交通线之间，适当布局郊野公园，可以兼顾城市的生态保护和宜居发展。按照"规划要为发展服务"的目标，发展兼顾了城市的活力、便捷和宜居几个目标，当下要解决的问题是，在中心城市的郊区要找到几个目标之间最佳的结合点，不能因为单一地强调生态而因噎废食。比如，近来上海提出的郊区五个新城建设的目标，就有望突破上海发展的土地和人口约束，并且有利于形成上海中心城区与周边中小城市之间紧密连接的都市圈发展态势。

当前城市群和都市圈建设面临的具体问题与挑战

一、外来人口的市民化以及配套的公共服务提供

尽管第七次全国人口普查数据显示，中国的城市化率已经达到 64%，但中国的城市化进程远远没有结束，仍有大量人口持续从农村迁移到城市。如果考虑到在农村的老年人口将会逐渐老去，中国的城市化率在未来 20 年内就有可能达到 85% 的水平。可以预期，随着生产要素市场深化改革，人口、资金、土地（建设用地指标）等生产要素畅通国内大循环，未来城市人口向京津冀、长三角、粤港澳地区集聚的趋势会更为明显，同时成都和重庆形成的双城经济圈周围会成为中国人口集聚的第四极，而其他国家级中心城市、各省会城市和少数其他大城市周围的都市圈成为地区层面城市群的核心（Li and Lu, 2021）。

因此，中国下一个阶段，尤其是对城市群和都市圈的建设来讲，最为重要且无法回避的一个问题是，如何推进甚至加快推进城市外来人口的市民化？从短期来讲，外来人口市民化面临的一个最为主要的障碍是户籍制度，尤其是受教育程度偏低、就业年龄偏大的这部分群体。尽管国内很多城市中户籍制度对人口流动的限制已经越来越小，但目前仍然存在比较普遍的落户门槛设置与人口流动方向之间的矛盾，也就是说，流动人口往往偏向于往大城市流动，而这些大城市的落户门槛往往更高。从数据来看，

国内常住人口城市化率与户籍人口城市化率之间仍然有超过 15 个百分点的差距。第七次全国人口普查数据显示，有超过 3.7 亿人并没有在居住地获得户籍，而且流动人口大量集中在落户限制更为严格的大城市。以长三角城市群为例，长三角城市群作为中国外来人口最多的集聚地，同时也是外来人口落户门槛最高的区域之一，而长三角城市群内在 2016 年约有 2 500 万人未在常住城市落户。[①] 大规模的外来人口未能真正市民化，也意味着这部分外来人口不能在教育、就业、医疗、养老、保障性住房等方面均等化享受城镇居民基本公共服务。

中国未来的城市群建设，需要围绕这些落户限制更为严格的大城市来发展。如果这些外来劳动者不能很好地在当前居住地完成市民化，他们可能就不会选择在当地长期就业，从而影响城市群建设的劳动力供给。同时，这也会带来严重的留守儿童问题，外来劳动者下一代的教育会因此受到严重影响，影响中国长期的人力资本积累。中国出生人口已经面临较快的下降，如何提高下一代劳动力的人力资本积累则显得更为重要。此外，如果外来劳动者没有完成市民化，他们的户籍所在地仍然会进行大量低效率的公共投资，会引发严重的地方债务问题以及系统性金融风险（钟辉勇和陆铭，2015）。

实际上，外来人口在城市的安居乐业，将释放巨大的消费需求。根据我们的研究，在其他个体特征都一样的情况下，城镇

[①] 资料来源：国家发展和改革委员会，长江三角洲城市群发展规划，参见 https://www.ndrc.gov.cn/xxgk/zcfb/ghwb/201606/W020190905497826154295.pdf。

地区外来人口比本地人口人均消费低16%~20%（Chen，Lu and Zhong，2015）。通过户籍制度的改革，如果能够让城市外来人口的消费需求得到释放，将极大提升内需，特别是服务业需求。与此同时，大量城市外来人口本身就是服务业劳动供给的主体，这样一来，中国经济中服务业占比偏低的结构性问题也将得到有效改善。根据我们近来的研究，集约化的城市发展和外来人口市民化有利于服务业的发展。如果当前中国的城市化率可以提高10个百分点，外来人口可以在其居住的地方顺利实现市民化，所有人在户籍身份上都不再有差异，公共服务待遇和消费行为彼此相同，再加上土地供应相较于过去放缓、人口密度下降速度降低一半，那么根据估计，中国服务业在GDP中所占的比重可以提高3~5个百分点（钟粤俊、陆铭和奚锡灿，2020）。

最近我们进一步估计了城市化和大城市化对结构优化的影响。研究结果发现，如果中国的城市化率可以达到同发展阶段其他国家的平均水平，那么中国整体服务业的就业占比可以提升约4个百分点，总产出可以提升10.7%。我们还研究了人口和土地资源在小城市和大城市之间的分布，发现由于收入效应和规模经济效应，大城市发展服务业具有更强的比较优势。因此，如果我们能通过户籍制度改革等方式使劳动力畅通无阻地流动，促进人口向大城市周边高效集聚，那么服务业占总产出的比重将会上升2.5~3.5个百分点，城市间收入差距将下降14%，总产出将上升10%，社会福利可以提高7.4%。与此同时，再增加大城市的土地供应，使其土地存量占比恢复到2003年的水平，使土地供应与人口流动方向相一致，那么整体服务业的占比还可以上升1个百分点，总产出可以增加3.6%（钟粤俊、奚锡灿和陆铭，2021）。

二、城市群的大都市圈建设用地指标面临不足

随着城市化的发展，中国一些人口流入的城市群（特别是以大城市为核心的都市圈）的城市建设用地普遍面临紧缺。在《土地管理法》规定农村土地集体所有和城市土地国有的大背景下，由于严格的土地管理制度，中央政府通过土地利用的总体规划和土地利用的年度计划来控制地方各级政府的建设用地总量，而耕地总量更是面临严格的红线限制，再加上每年新增建设用地指标的分配并没有和人口的流入方向相一致，从而带来了土地资源在空间上的误配。这种误配随着城市群的建设，会变得尤为突出。这是因为经济相对发达的沿海地区和内陆的中心城市周围经济增长的动能较为强劲，成为人口持续增长的地区。但是这些地区却存在阻碍人口流入的户籍制度管制以及严格的城市建设用地指标管制。相反，在人口持续流出的内陆中小城市，却存在着建设用地指标持续增长，以及城市面积快速扩张所导致的住房供应和基础设施建设缺乏持续需求支撑的现象。

城市群作为未来中国的人口持续流入地，一方面需要吸引更多的企业集聚，从而通过集聚提高企业的生产率，并且集聚也能够促进产业结构从制造业向服务业的转型，创造更多的就业机会；另一方面也需要为更多的流入人口提供居住以及相关配套的公共服务。因此，对城市群来说，无论是吸引企业进入，还是满足外

来人口的居住需求等，都需要更多的城市建设用地，当前的土地管理制度对人口流入地分配的建设用地指标，其实是远远难以满足其真实的建设用地需求的。

与此同时，在人口流出地，随着人口的流出，会有更多的包括宅基地在内的农村建设用地空置。即使在人口流出地，也存在城市建设用地利用效率不高的问题。从建设用地指标的分配来看，对人口流出地来说，如果分配过多的建设用地指标，而这种建设用地指标又不能进行跨地区置换，这反而会导致人口流出地为了避免建设用地指标的浪费，进行大规模不必要的基础设施和工业园区建设，从而带来财政支出效率的低下和地方政府的过度借债。我们的研究也发现，中国大规模超标低效的新城建设的确增加了地方政府借债，这种现象在人口流出地更为明显（常晨和陆铭，2017）。

三、地方政府部门严重的债务问题

在2008年全球金融危机之后，防范和化解系统性金融风险成为全球各国政府重点关注的问题。党的十九大报告也提出要增强金融服务实体经济能力，健全金融监管体系，守住不发生系统性金融风险的底线。如果分析中国的系统性金融风险，其主要来自中国宏观经济的高杠杆率。截至2020年底，中国非金融部门（包括政府部门、家庭部门和非金融企业三个部分）的债务规模占GDP的比值已经在270%左右，在全球也都属于偏高行列。从债务的绝对规模来说，最高的是非金融企业，占GDP的比值为

162%左右；其次是家庭部门，占GDP的比值为62%左右；最后是政府部门，占GDP的比值为46%左右。①

尽管从表面数据来看，中国的宏观杠杆率主要是非金融企业带来的，政府部门的杠杆率并不高，但实际上并非如此。这是因为中国的财政体制决定了地方政府除了发行地方政府债券之外，不能直接融资，而如果地方政府的刚性融资需求得不到满足，最后一定会通过包括地方融资平台、影子银行、PPP（政府与社会资本合作）、政府购买服务等各种形式的渠道进行变相融资，形成规模庞大的隐性债务。然而，规模庞大的隐性债务，在数据上被统计为非金融企业债务，而不是政府部门债务，这导致中国政府部门的债务被严重低估。当前地方政府对隐性债务的化解之所以推进缓慢，一方面是隐性债务规模的确庞大，另一方面是地方政府与融资平台之间的关系导致这部分隐性债务的归属不够明确，从而难以实质性化解。除此之外，在中国的非金融企业债务中，还有大量来自融资平台之外的其他国有企业债务，而这类国有企业债务很大程度上也是由政府兜底的，属于广义的政府部门债务。因此，从这个角度来看，中国当前系统性金融风险的重点其实来自政府部门以及与政府部门相关的国有企业债务问题。

上述是中国宏观杠杆率的结构性问题，如果进一步从空间的视角进行分析，就会发现中国的系统性金融风险还有其区域特征，并且部分区域的金融风险可能引发全局性金融风险。如图2.2

---

① 相关数据来自国家金融与发展实验室（网址：http://www.nifd.cn）的测算。

所示，这种金融风险的区域性，主要表现为欠发达地区的金融风险更高，而发达地区的金融风险相对可控（钟辉勇、冯皓域和覃筱，2021）。由于金融市场的相互联通，一个地区金融风险的爆发，会迅速传递到全国其他地区，从而让整个国家都面临系统性金融风险。因此，在这个意义上，我国要防范系统性金融风险，其实真正需要防范的就是欠发达地区的金融风险，尤其是欠发达地区的政府部门债务风险。

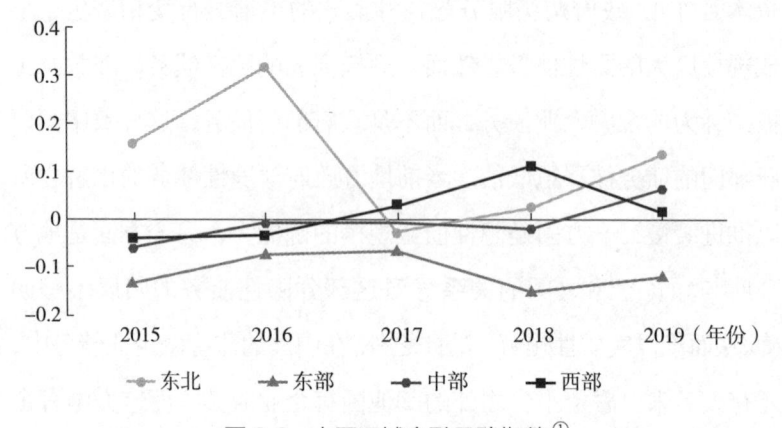

图 2.2 中国区域金融风险指数[①]

资料来源：Wind，历年中国城市统计年鉴。

长期以来，对于认识和理解欠发达地区政府部门债务风险，理论界和政策界都没有充分地重视其背后深层次的"统一货币

---

① 图 2.2 的纵坐标是我们构造的区域金融风险指数。具体来说，我们通过主成分分析法构造了各城市区域宏观经济、银行业、资本市场、房地产市场和政府财政五部门风险指数，并将其合成为区域金融风险指数。更为详细的介绍请参见钟辉勇、冯皓域和覃筱（2021）。

区"问题。欠发达地区政府债务的形成，与中国目前的生产要素，尤其是劳动力不能完全自由流动导致的生产要素不够集聚和统一货币区之间的矛盾有关，这是"欧元区病"在中国经济中的体现（钟辉勇和陆铭，2015）。由于存在劳动力在地区间流动的障碍，中国至今仍然存在地区间的劳动生产率差异。在此背景下，中国作为统一货币区，在全国实行统一的对外汇率，决定这个汇率水平的却是全国平均的劳动生产率。因此，这个汇率对劳动生产率较低的中西部地区是偏高的，对劳动生产率较高的东部地区是偏低的。同时，中国的地方政府作为"发展型政府"，地方政府官员会将大量的财政支出用于基础设施建设，再加上之前中央政府偏向中西部地区的区域发展战略安排，在中西部地区安排了大量的投资计划。然而，中西部地区因地理条件差、劳动生产率不够高，又无法单独实施汇率贬值，所以经济发展的动能不足，地方政府的财政收入并不足以支撑大规模的投资计划，只能通过地方政府的借债来完成大规模的投资和建设。同时，对东部地区而言，由于其享受着地理所带来的出口优势，再加上平均人民币汇率相对于东部地区的劳动生产率而言是偏低的，所以东部地区的借债动机问题相对于其经济规模就不是特别严重。中国这种欠发达地区政府债务更高的现象与欧元区欠发达国家债务负担更重的经济学机制是相同的。由于欠发达地区政府部门债务问题可能引发区域性金融风险，再加上中国是一个单一制国家，区域性金融风险会通过向上级政府传递，最终引发全国的系统性金融风险（钟辉勇和陆铭，2015）。①可以看到，中国目前地方政府部门债务问题严重，归根结底是由于地方政府财政支出在空间上的错配，也就是说很大一部分财政支出所形成的资本回报率偏低，而低回报率又进一步加剧了地方政府的债务问题。除此之外，对人口流出地来说，人口流出会带来城市的收缩，如果这些地区未能及时调整产业结构，发展符合当地比较优势的产业，还有可能出现产业空心化问题，进一步减少地方政府财政收入，加剧人口流出地的财政困难，增加金融风险。对城市群的建设而言，仍然需要大量城市群内部的基础设施建设，包括纯公益性和部分有收益的基础设施项目以及保障性住房等公共服务的提供，因而地方政府财政的困难会进一步影响城市群的建设。

四、行政辖区限制导致城市群内部地区间政策协调困难，影响市场一体化

对城市群建设而言，除了上述外来人口市民化、建设用地指标限制以及地方财政困难带来的障碍之外，还存在来自地区间政策协调的障碍，具体来说，行政辖区限制所产生的地区间分割，导致城市群内部不同地区政府之间进行政策协调的执行成本很高。

城市群建设除了需要依托城市群内部发达的交通通信等基础设施网络，以及生产要素在城市群内部自由流动和高效集聚之外，

---

① 在这个意义上，我们将当前中国欠发达地区政府部门债务风险更高、区域性金融风险更大的现象称为"中国经济的欧元区病"。

还需要在城市群内部实现区域性产业布局、基础设施建设、社会发展与社会保障体系、环境保护与生态建设等多方面的一体化。难以避免的一个问题是，行政区划设置对城市群建设产生了比较大的阻碍。

具体来说，一体化发展的障碍来自行政配置资源的传统体制。地方政府的财政收入都是按照行政辖区来获得的，因此，地方政府也只关注本辖区的基础设施建设和公共服务的提供，往往会忽视地区间的协调。甚至有研究发现，在本辖区边界的地方，基层地方政府对于基础设施建设和公共服务的提供都存在供给不足的现象。其原因是，在辖区边界所提供的这些基础设施建设和公共服务，有可能会溢出到辖区之外。而其他辖区的地方政府由于只承担这种溢出带来的正外部性，不需要承担相应成本，所以会让本辖区的地方政府选择在辖区边界的地方减少基础设施和公共服务的供给（Jia，Lu and Xiang，2021）。在基层政府辖区边界都存在如此大的地方政府间协调困难，更不用说城市群内部城市之间的市场一体化了，这会直接影响每个地方政府的财政收入，让地方政府之间的合作变得更为困难。尽管从理论上来说，建立统一开放的市场会有利于区域经济的协调发展，但现实中难以避免行政辖区限制导致的地方政府间行政分割以及地方利益保护问题。其中的关键问题是，城市群内部地方政府之间关于如何分享合作的收益以及如何共摊成本的机制并没有完全形成，这会导致城市群内部真正实现市场一体化存在比较大的障碍。

此外，国内不同城市群之间也面临如何协调分工和竞争关系的问题。由于不同城市群的地理条件、自然资源和人力资本等禀赋结构存在差异，所以每个城市群都有其独有的比较优势，进而每个城市群的功能定位也会存在区别。因此，如何协调城市群之间的分工和筹划城市群内部的协调等系列问题，都是未来城市群建设亟须解决的重要问题。

新发展格局下金融服务城市群建设的政策建议

对于城市群建设，目前主要面临人、地、钱、政策协调四个方面的困难。无论是外来人口的市民化，还是城市建设用地指标的错配，抑或是地方政府面临的严重财政压力，以及城市群内部地方政府之间利益分享和成本共摊机制的建立等，都可以通过市场机制来进行协调，而金融在这其中能够发挥巨大的作用。

一、服务城市群建设的外来人口市民化："市民化特殊国债"

对中国的城市群建设来说，除了新发展格局下调整区域发展战略之外，实际上当前还存在一个很大的困难，那就是国内地方政府普遍面临较大的财政压力，地方政府债务尤其是隐性债务问题严重。对属于人口流出地的欠发达地区来说，这种现象更为明显。尽管通过调整区域发展战略会普遍减轻地方政府的财政支出压力，但对中国的城市群建设以及庞大的外来人口市民化规模来说，这都是一笔巨大的财政支出。

理论上，城市群建设的资本投入，一方面可以来自资本配置效率的改善，在资本总量不变的条件下，确保资本的配置和人口的流动方向一致，这就减少了人口流出地大量不必要的资本支出，同时提高了人口流入地的资本回报率；另一方面可以通过中央政府对人口流入地的财政转移支付和建立跨地区的建设用地指标交易市场，以及利用国内金融市场发行地方政府债券，尤其是地方政府专项债券，来为城市群建设融资。①

除此之外，为了同时推进城市群建设中外来人口的市民化，还可以在境内和境外金融市场同时发行以人民币计价的政府债券，以此来为城市群建设融资。这种在金融市场上发行的政府债券，并不需要以地方政府的名义发行，而是可以创造性地通过中央政府发行特殊国债，名字可以叫作"市民化特殊国债"。尽管外来人口市民化对国家而言回报率会非常高，但由于外来人口市民化过程中所需要的教育、医疗、社会保障等公共服务是一个长期的投入，所以对人口流入地的地方政府来说，通常其提供这种公共服务的积极性也不强。由于人口流动的方向并不会逆转，而这些外来人口必然要完成市民化，所以这些外来人口市民化的成本最终还是需要由中央政府承担。因此，发行专门的"市民化特殊国债"，其实就是在进行跨期的资本配置，把未来中央政府需要投入的资本在当期通过金融市场来获得，同时也可以克服地方政府为外来人口提供公共服务时因"跨界外部性"而缺乏投资激励的问题。

从"市民化特殊国债"的可行性来说，在政策可行性方面，这种"市民化特殊国债"类似于2020年新冠肺炎疫情防控期间发行的特殊国债，只是当时特殊国债全部在境内金融市场上发行。这里提议的"市民化特殊国债"可以在境内和境外金融市场同时

---

① 对这部分更为详细的论述请参见本章其他小节。

发行，并且可以考虑以离岸金融市场发行为主。在融资可行性方面，一方面，由于离岸金融市场的资金成本远低于境内，在离岸金融市场上发行以人民币计价的特殊国债成本并不高，这也会降低"市民化特殊国债"的融资成本；另一方面，因为通过中央政府而不是地方政府来发行特殊国债，有中央政府的信用背书，又会进一步降低特殊国债的融资成本。这两个因素的共同影响会降低金融市场发行特殊国债的成本。同时，在离岸金融市场发行以人民币计价的"市民化特殊国债"，还可以扩大离岸金融市场的规模，增加离岸人民币债券市场的流动性，以及吸引更多的国际投资者参与人民币业务的交易，对人民币的国际化以及降低人民币国际化进程中的风险也有着非常重要的意义。

二、金融助力全国统一的建设用地指标和补充耕地指标交易市场建设

从长期来看，大城市外来人口市民化的主要障碍来自这些城市和户籍制度挂钩的教育、医疗等公共服务供给不足以及土地、住房供应紧缺等，但这只是历史上区域发展政策的结果。实际上，未来大城市周边的中小城市、县城和农村等，都将逐渐与大城市连片发展，融入城市群体系。而距离城市群较远的外围地区，未来人口下降的趋势会进一步加快。一旦人口逐步减少，在这些地区相配套的基础设施和公共服务都需做减量规划，机构也会撤并，财政支出压力将有所缓解。因此，对于教育、医疗等公共服务的供给不足以及土地供应紧缺等系列问题，实际上有一个非常有效

的解决方案：对于人口流入地和人口流出地采取完全不同的发展战略。

对人口流出地来讲，由于本地人口规模下降，所需各方面的资源投入也都需要相应地下降，这包括中央政府的财政转移支付、建设用地指标的分配等，可以将这些资源配置到人口流入地。因为公共服务提供存在规模经济，当这些资源配置到人口流入地时，由于享用公共服务的人口基数更大，提供公共服务的人均成本反而更低，这也就能够在资源总量不变的前提下，实现经济学意义上的"帕累托改进"（Jia and Zhong, 2021）。土地和住房供应政策也类似，仅需要做到土地和住房供应与人口流动方向一致，在人口持续增长和房价高企的城市，加强低效利用的工业和商服用地向住宅用地灵活转换。在人口流出地做减量规划，使人口流出地闲置的建设用地和农村宅基地复耕产生的建设用地指标在全国范围内进行跨地区交易和再配置，提高农民在指标异地交易中的收益，这也为外来人口在所工作的地方安居乐业提供了初始禀赋。

目前，国家正在深度建设一个全国范围内统一的建设用地指标交易市场。2021年1月，中共中央办公厅和国务院办公厅印发了《建设高标准市场体系行动方案》，方案提出"开展土地指标跨区域交易试点。对城乡建设用地增减挂钩节余指标跨省域调剂政策实施评估，探索建立全国性的建设用地指标跨区域交易机制。改进完善跨省域补充耕地国家统筹机制，稳妥推进补充耕地国家统筹实施。在有条件的地方探索建立省域内跨区域补充耕地指标交易市场，完善交易规则和服务体系"。部分人口大量流入的城市存在建设用地指标紧缺的问题，从中国土地管理政策的变化来看，中央政府通过出台系列政策，实际上也是在逐渐加强城市建设用地指标配置与人口流动方向一致，更好地适应城市化和城市群的发展。

建设一个合理的建设用地交易市场，有助于对城市建设用地指标进行合理的市场化定价，进而通过金融的方式提高土地资源的配置效率。理论上，在坚守土地公有制性质不改变的条件下，在全国范围内建立一个统一的建设用地指标和补充耕地指标交易市场，需要满足三个基本原则。第一个基本原则是，保持全国范围耕地总量不变，这是因为耕地红线的设置对粮食安全具有重要的意义，由于城市比农村人口密度高，大城市比小城市人口密度高，所以在城市化和人口流动过程中，保持耕地数量红线并不难。第二个基本原则是，土地交易市场可以将土地指标配置到愿意给土地付出更高价格的城市来使用，以此通过市场化的方式提高全国范围内土地资源的配置效率，这也意味着土地指标的交易对于买卖双方都是有利的。第三个基本原则是，通过土地指标的交易，也可以形成一个发达地区对欠发达地区通过土地的横向转移支付，最终有助于实现全国范围的共同富裕。

具体而言，建设全国范围内的建设用地指标和补充耕地指标交易市场，建议实施以下步骤。

第一，对于新增建设用地指标，政府应更好地发挥模拟市场的作用。中央向省一级政府下拨的新增建设用地指标与人口增量和常住人口市民化增量挂钩，一方面使建设用地指标供应与人口流动带来的实际需求相一致，另一方面为地方政府推进外来人口市民化提供激励。

第二，对人口流出地已拨未用的闲置建设用地指标进行跨地区的调配。建立已有建设用地指标利用效率的评价体系，人口密度越低、人口流出越多的地方调减建设用地指标越多。调减的指标投入人口密度更高、人口流入更多的地区。

第三，推广闲置建设用地、农村闲置集体经营性建设用地复耕产生的指标，以及耕地占补平衡产生的指标（以下简称"三种指标"），进行全国范围内的跨地区交易。在全国层面建立交易平台（以下简称"平台"），对"三种指标"进行收储，并且按年度计划进行市场供应，由各级地方政府根据需求竞价买入，可直接用于非基本农田保护单位的征用和开发。用于基本农田保护单位开发的，可允许在获得相关主管部门审批之后，或有重大项目需求时，对于已获得的建设用地指标进行利用。

第四，更大范围且更好地推广农村闲置宅基地复耕为农业用地的工作。对于通过基层政府开展的闲置宅基地复耕为农业用地产生的指标，逐步推广到全国交易，跨省交易的指标的调出地不再局限于贫困地区，同时，在利益分享上适度提高农村居民所得比例。对于越来越多的农村闲置宅基地，在农民自愿且有其他居住地的前提下，可直接将宅基地对应的建设用地指标转让给"平台"，全国范围内统一定价，提高相应农民的财产性收入，基层政府根据当地闲置宅基地复耕为农业用地的数量获得相应转移支付。

第五,可赋予全国范围内的建设用地指标和耕地占补平衡指标交易平台一定的投融资功能。"平台"对建设用地指标的收储和拍卖,国家的政策性银行可予以相应的金融扶持。对于地方政府对城市闲置建设用地和农村集体经营性建设用地复耕的工作,"平台"可以直接提供资金扶持,可对其产生的指标给予抵押融资,也可作为中介,对接地方需求与政策性银行金融扶持。

三、逐步放松地方政府债券融资规模限制,推进利率市场化,让金融市场为地方政府债务风险定价

为了缓解地方政府债务所形成的地方财政压力,避免给城市群建设带来不利影响,需要进一步推进地方政府债务化解,尤其是地方政府隐性债务的化解,逐步放松对地方政府债券融资规模的限制,将地方政府债券的发债主体下放到市级层面,继续深化利率市场化改革,让金融市场为地方政府的债务风险进行定价。

首先,由于地方政府隐性债务规模庞大,为了缓解城市群建设过程中地方政府的财政压力,需要继续推进地方政府隐性债务的化解。[1]根据《财政部地方全口径债务清查统计填报说明》,隐性债务的主要形式有两部分:一部分是国有企业事业单位(主要是地方融资平台)等机构为政府举债并由政府提供担保或财政资

---

[1] 很多研究者估计,地方政府隐性债务的规模远远超过地方政府显性债务。

金支持偿还的债务，另一部分是在政府投资基金、PPP、政府购买服务过程中政府方约定通过回购资本金、承诺保底收益等明股实债形式的债务支出。而在隐性债务化解方面，需要做好地方融资平台的市场化转型，尤其是通过推进不同类型的地方融资平台进行分类转型的方式，完成地方政府和融资平台之间关系的明确界定，最终将融资平台转型为一般的地方国有企业。同时，根据每个地方自身的财力和禀赋，综合利用六种主要化债方式，具体包括直接安排财政资金偿还，出让政府股权以及经营性国有资产权益偿还，利用项目结转资金、经营收入偿还，合规转化为企业经营性债务，通过借新还旧、展期等方式偿还，采取破产重整或清算方式化解。在避免处置债务风险过程中产生新的次生风险的前提下，稳妥有序地推进地方隐性债务的化解。

其次，逐步放松对地方政府债券融资规模的限制，并将地方政府债券的发行主体下放到市级层面。目前地方政府发行政府债券时，每年发行的债券规模总量仍然受到严格限制。虽然这种行政手段能够限制地方政府债券融资的规模，避免地方政府以政府债券的形式大规模举债，但当地方政府强烈的融资需求得不到满足的时候，必然还会采取其他方式融资，从而增加地方政府隐性债务的风险。同时，由于目前地方政府债券的发行主体主要为省级政府，省级政府发行之后再分配到市级政府，这种通过省级政府发债的形式实际上也变相要求省级政府为市级政府的地方政府债券融资提供兜底责任，这反而不利于地方政府债券的实际使用主体对债务融资承担偿还责任。[①]

再次，推进利率市场化改革，让金融市场为地方政府债务风险定价。中国从计划经济到市场经济改革的成功，有一个非常重要的经验是，在市场供给和需求之间存在明确的价格信号，从而可以通过价格来引导资源配置，提高资源配置效率。对金融领域改革来说，利率市场化同样也是最为核心的改革之一。只有当利率完全市场化之后，才意味着作为现代经济核心的金融市场化改革最终完成。而对于利率市场化改革来说，最重要的内容是，在金融市场中需要一个公认并且有效的基准利率，这样参与金融市场的主体才能在基准利率的基础上决定各类金融资产的价格。尽管目前国内已经培育了以基于实际交易的回购利率、银行间拆借市场利率、国债和政策性金融债收益率、贷款市场报价利率等为代表的基准利率体系，但当前这些基准利率主要反映的是单个市场资金供求的指标，还缺乏将基准利率作为基准定价的金融产品。这直接影响了整体金融市场的合理定价。因此，需要加快培育明确的金融市场基准利率，发行以这些基准利率为定价标准的金融产品，并鼓励国内金融机构和国际组织参考基准利率开展相关金融业务。

当金融市场有了普遍公认的基准利率之后，各类地方政府就

[①] 当然，在放松对地方政府债券尤其是专项债券融资规模限制的同时，也可以进一步创新地方基础设施领域的投融资机制，尤其是通过推动基础设施领域 REITs 的方式，以建立 REITs 项目库的储备、加大财政税收政策对 REITs 的支持力度以及积极向市场投资者推介优质 REITs 等方式来促进地方有收益基础设施的资产证券化，缓解城市群地方政府在基础设施建设方面的资金压力。

能够根据这个基准利率来进行定价。对那些回报率低、风险高的欠发达地区地方政府的融资行为，市场可以要求一个更高的利率水平，进而通过市场化的方式来约束不理性的地方政府借债行为。而对于在城市群建设进程中，投资合理并且有可持续需求支撑的地方政府融资需求，金融市场将形成偏低的利率水平。这种在金融市场普遍认可的基准利率基础上的市场化定价，不仅可以通过金融市场来提高资本的配置效率，帮助城市群建设融资，还可以通过价格信号来形成一个可持续、稳定的地方政府融资约束机制，降低系统性金融风险。

最后，为了配合地方政府发债和金融市场的市场化定价，必须逐步打破地方政府债务的刚性兑付，使利率可以反映债务违约风险。同时，还需要相应地建立债务违约规模与发债时地方政府主政官员终身问责的机制，防止地方政府的短期行为和道德风险。

四、设立城市群一体化基金，形成城市群内部的收益分享和成本共摊机制

由于城市群内部缺乏一个统一的制度化的收益分享和成本共摊机制，所以会让对城市群整体有利但部分地方受损的政策难以执行。甚至还有可能存在一些虽然会让所有的地方受益，但由于缺乏收益的分享机制，所以仍然难以执行的政策。对此的一种解决方案是，设立一个城市群内部的市场一体化基金。市场一体化基金的主要目的是，促进城市群内部生产要素的自由流动、政策的协调以及解决环境保护等方面的问题。更为重要的是，通过设

立市场一体化基金，可以让城市群内部地方政府之间建立收益分享和成本共摊机制。

如何设立市场一体化基金？在实践层面需要考虑清楚三个方面的问题：一是市场一体化基金的原始资本投入从哪里来，以及如何保障后续资本的可持续性投入；二是市场一体化基金可以用于什么样的项目；三是市场一体化基金如何来实现收益分享和成本共摊。

关于市场一体化基金的资本构成问题，初始的股权比例可以与城市群内部不同城市当年 GDP 的占比保持一致，这可以保证城市群内的所有城市都能参与市场一体化基金的设立。确定股权结构之后，地方政府需要缴纳相应的资金作为原始资本。而后续的资本投入则可以通过国家税务总局进行税收收入划拨的方式来进行补充。由于在 2018 年机构改革的时候，省级和省级以下国税地税机构合并，所有的税收都由国家税务总局进行统一征收，所以市场一体化基金的后续投入就可以由国家税务总局将征收的税款按照相应的股权比例投入市场一体化基金中。这样的投入方式可以保证市场一体化基金的可持续性，同时相关的收益分享等可以通过国家税务总局来进行划转，保证公平性。在融资方面，城市群一体化基金也可以作为债务融资的主体，向金融机构借款和发行公司债券。在运营方面，基金也可以进行国际国内的市场化投资，提供基金投资回报率。

关于城市群一体化基金的用途，一方面，可以用于提供跨界的公共品，既要对中心城市及周围优势地区增加投入（如跨界的公路、铁路等基础设施建设），增强其经济和人口的承载力，也要推进城市群内部公共服务的均等化和对相对欠发达地区有效的转移支付；另一方面，可以用于城市之间的产业协调，甚至可以共建产业园。在实践中，已经出现了一些"飞地经济"的实验模式，中小城市联合中心大城市，利用大城市的综合优势，共建产业园，并分享由产业园产生的税收。其中，共建产业园的建设用地指标可以来自相对外围的中小城市，而资金投入则更多来自中心城市。有些"飞地经济"的产业如果占地更多，技术水平相对较低，则更宜建在外围城市。

最后，关于市场一体化基金的收益分享和成本共摊方面，收益的分享相对简单，可以根据不同城市的股权结构来进行分享，并通过国家税务总局来进行分配。对于成本的分摊，可以来自市场一体化基金的原始资本，如果原始资本不足，可以通过国家税务总局将当年新增的部分税收注入基金，这样可以保证市场一体化基金的可持续性。未来，在城市群一体化基金运行良好的基础上，中央政府层面也可以在适当的时候推广一体化基金的做法，通过市场化的方式来协调国内不同城市群之间的战略分工。

五、区分人口流出地和人口流入地，采取"因地施策"的方式来化解城市群发展中的其他问题

随着城市群的不断发展，必然会让中国不同城市的人口规模产生持续而不可逆的分化，因此可以将中国不同的城市分为人口流出地城市和人口流入地城市。人口流出地城市和人口流入地城

市面临的问题会有很大不同，比如，在人口流出地城市，人口的持续流出可能会带来当地产业的空心化，进而带来银行尤其是当地中小银行的坏账风险。而在人口流入地城市，产业空心化的可能性较低，却有可能面临人口流入带来配套基础设施供给相对不足的问题。对此的一种解决方案是，采取"因地施策"的方式，即对人口流出地城市和人口流入地城市分别采取不同的应对方式。

对于人口流出地城市所面临的中小银行坏账风险，可以考虑通过两种方式来共同化解：一是通过地方政府中小银行专项债券的发行来补充中小银行资本金，进而以支持补充资本金的方式来促进中小银行改革，完善公司治理，改善中小银行业绩；二是通过地方政府和地方资产管理公司合作，采取市场化的方式来处置本地中小银行的不良资产。通过上述两种方式的结合，可以避免人口流出地城市可能的区域金融风险进一步演变为全国的系统性金融风险。

对于人口流入地城市的配套基础设施建设供给不足的问题，可以考虑通过基础设施领域 REITs 的方式来为基础设施建设募集资金。由于基础设施建设的回报周期较长，传统的基础设施建设融资往往主要通过政府财政投入或者银行贷款的方式，这也加重了地方政府的债务负担。而基础设施领域 REITs 则可以将有稳定收益的存量基础设施项目进行资产证券化，同时将募集的资金用于所需的配套基础设施建设，从而通过基础设施领域 REITs 形成人口流入地城市基础设施建设的良性循环。同时，由于基础设施领域 REITs 所对应的底层资产都在人口流入地，随着未来人口的持续流入还可以通过规模经济机制来进一步降低基础设施建设的人均成本，这也大大降低了基础设施领域 REITs 可能的违约风险，有望成为未来城市群基础设施建设的主流融资方式。

附 录

本章选择到天津、上海和香港（及相邻的深圳）三个大港口的最短距离作为到大港口距离的衡量指标，展现沿海城市群在全球化时代的发展优势。近年来，国家确定了北京、天津、上海、广州、成都、重庆、郑州、武汉、西安九大国家中心城市，我们以到这九个城市的最短距离作为到大城市距离的衡量指标。我们分别用附表 1 和附表 2 的回归分析结果展现到大港口和中心城市的距离对城市 GDP、人均 GDP、人口净流入数和投资弹性的影响。

附表 1 到大港口距离对经济指标的解释力

变量	（1）2015 年 GDP 对数	（2）2015 年人均 GDP 对数	（3）2000—2015 年人口净流入数	（4）2005—2015 年投资弹性
港口距离（1 000 千米）	−1.900***	−2.027***	−604.9***	−2.335***
	（0.489）	（0.293）	（75.06）	（0.305）
港口距离^2（1 000^2 千米）	0.319	1.282***	488.0***	1.464***
	（0.393）	（0.239）	（75.66）	（0.245）
港口距离^3（1 000^3 千米）	0.00347	−0.238***	−109.2***	−0.264***
	（0.0842）	（0.0514）	（20.51）	（0.0526）
截距项	8.359***	11.41***	222.2***	1.957***
	（0.160）	（0.0947）	（19.8）	（0.1）

续表

变量	（1）2015年GDP对数	（2）2015年人均GDP对数	（3）2000—2015年人口净流入数	（4）2005—2015年投资弹性
观测值	336	330	286	336
R平方	0.394	0.199	0.255	0.215

注：*** 代表在1%的水平上显著。投资弹性是指在2005—2015年每单位投资能够拉动的GDP数量。

资料来源：GDP、人均GDP和投资弹性数据根据CEIC数据库国家统计局数据计算得到。人口数据根据2000年人口普查和Wind数据库、CEIC数据库、各市2015年国民经济和社会发展统计公报、各市2015年1%人口抽样调查公报中的常住人口数计算得到。

附表2　到中心城市距离对经济指标的解释力

变量	（1）2015年GDP对数	（2）2015年人均GDP对数	（3）2000—2015年人口净流入数	（4）2005—2015年投资弹性
到大城市距离（1 000千米）	−2.463***	−0.121*	−201.6***	−0.703***
	（0.314）	（0.0642）	（43.38）	（0.195）
到大城市距离^2（1 000^{2}千米）	0.702***	—	97.10***	0.258***
	（0.141）	—	（26.24）	（0.0878）
截距项	8.012***	10.71***	95.59***	1.310***
	（0.107）	（0.0431）	（12.38）	（0.0668）
观测值	336	330	286	336
R平方	0.253	0.011	0.077	0.043

注：*、*** 分别代表在10%、1%的水平上显著。投资弹性是指在2005—2015年每单位投资能够拉动的GDP数量。

资料来源：GDP、人均GDP和投资弹性数据根据CEIC数据库国家统计局数据计算得到。人口数据根据2000年人口普查和Wind数据库、CEIC数据库、各市2015年国民经济和社会发展统计公报、各市2015年1%人口抽样调查公报中的常住人口数计算得到。

在附表1中，我们将到沿海大港口的距离及其二次项和三次项同时作为解释变量，这一做法是基于"中心－外围"理论。虽然模型整体呈现三次函数形状，但被解释变量和到大港口距离之间的关系总体上由其一次项的系数来体现。在附表1的模型（1）中，到大港口距离越远，GDP规模总体上来说越低。在附表1的模型（2）中，我们将被解释变量换成人均GDP，仍然体现出了到大港口距离对经济发展指标的负面影响。附表1的模型（3）的被解释变量换成2000—2015年人口净流入数，发现到大港口距离越远，人口流出越多，这是符合人口流动到高收入地区的判断的。附表1的模型（4）是非常关键的一个回归，它的被解释变量是2005—2015年每一个地级市的投资弹性，即这一期间用GDP对固定资产投资进行回归，其系数即表示当地的一单位投资能够转化为几单位的GDP，结果发现，距离大港口越远的地方，投资对于GDP的拉动力越小。需要说明的是，在附表1中没有刻意放其他的解释变量，而仅看了到大港口距离这一个变量的影响，各个方程的解释力（用R平方表示）均在20%左右。到大港口距离对城市GDP规模的解释力高达39%，而且这还是在国家大力扶持内地发展的情况下，地理因素仍然显示出了对于经济集聚的强大作用。

附表2对上面一组被解释变量做了类似的分析，仅仅将解释变量换成了到九大中心城市的距离及其二次项。由于到中心城市的距离不够远，未能完整地体现出三次项，所以我们没有在模型中呈现到大城市距离的三次项。当到大城市距离变量的二次项不显著的时候，仅体现这一距离的一次项。总体上来说，到大城市的距离对被解释变量的影响由其一次项得到体现，但其效应是递减的，超过 U 形（或倒 U 形）关系拐点的样本点不多。总体上来看，距离大城市越远的城市 GDP 总量越低、人均 GDP 越低、人口流出越多、投资弹性越低。从模型的解释力来看，到大城市的距离远远没有到大港口的距离那么重要。

为了说明城市群发展和中心大城市带动作用的地区差异性，我们还进一步分析了中心城市对于其他邻近城市 GDP 的带动力有怎样的影响。结果发现，一个城市越靠近沿海大港口，其邻近中心城市对当地 GDP 的带动力越强。同时，当中心城市是直辖市时，可能因为它与邻近城市的边界是省级的，将不利于其带动其他城市的经济增长，具体结果见附表 3。换句话说，如果要更好地发挥中心城市的作用，要注意两点：第一，在不同地区的城市群，中心城市的带动作用是有差异的，靠近沿海大港口的城市群潜力更大；第二，作为直辖市的中心城市要注重破除自身与周边地区的行政边界效应，加强一体化进程。

附表 3 到大城市距离与城市 GDP

变量	（1）	（2）	（3）	（4）	（5）
	2015 年城市 GDP				
到大城市距离	−2.771***	−2.658***	−2.655***	−3.580***	−3.222***
（1 000 千米）	（0.516）	（0.508）	（0.501）	（0.628）	（0.716）
到大城市距离^2	2.175***	0.839**	0.603	3.633***	3.278***
（1 000^2 千米）	（0.464）	（0.399）	（0.431）	（0.766）	（0.860）

续表

变量	（1）	（2）	（3）	（4）	（5）
	2015年城市GDP					
到大港口距离（1000千米）	-1.475*** （0.139）	—	—	-1.626*** （0.200）	-2.185* （1.236）
到大港口距离²（1 000²千米）	—	—	—	—	0.928 （1.151）
到大港口距离³（1 000³千米）	—	—	—	—	-0.372 （0.373）
到大港口距离 × 到大城市距离	-1.301*** （0.461）	—	—	-2.506*** （0.683）	-2.127** （0.990）
中心大城市GDP对数	—	0.718*** （0.114）	—	-0.0217 （0.158）	0.0154 （0.174）
中心大城市GDP对数 × 到大城市距离	—	0.122 （0.392）	—	-0.392 （0.578）	-0.195 （0.627）
中心城市是否为直辖市	—	—	0.649*** （0.110）	-0.009 50 （0.153）	-0.0261 （0.154）
中心城市是否为直辖市 × 到大城市距离	—	—	0.380 （0.385）	-1.066* （0.600）	-1.117* （0.605）
截距项	8.947*** （0.165）	7.864*** （0.131）	7.880*** （0.134）	9.120*** （0.236）	9.084*** （0.449）
观测值	315	315	315	315	315
R平方	0.425	0.306	0.286	0.445	0.447

注：*、**、*** 分别代表在10%、5%、1%的水平上显著。分析中没有包括西藏、新疆内距离沿海大港口特别远的城市，但是否包括并不影响结果。

资料来源：城市GDP来自CEIC数据库国家统计局数据。

03

打造全球人民币金融资产配置中心

当今世界正经历百年未有之大变局，前所未有的挑战和历史性的变革交织。新冠肺炎疫情的冲击促使全球政治经济格局加速重构，传统金融体系面临挑战，国际金融市场动荡加剧。与欧美发达国家金融市场相比，我国金融市场表现出比较强的韧性和活力，获得了国际的广泛关注与认可。随着我国金融双向开放持续推进，人民币金融资产的安全性、收益性和稳健性优势日益突出，吸引力显著上升，打造全球人民币金融资产配置中心正当其时。

03 打造全球人民币金融资产配置中心

打造全球人民币金融资产配置中心
具有重要现实意义

在加快构建以国内大循环为主体、国内国际双循环相互促进的新发展格局下，打造全球人民币金融资产配置中心具有重要的战略意义和实际价值。

一、有利于进一步促进国际收支平衡，推动人民币国际化

打造全球人民币金融资产配置中心，跨境双向投融资行为将进一步活跃，这不仅有利于国际收支保持基本平衡，更有利于提升非居民对人民币资产的认同和偏好，加快推进人民币国际化。与此同时，完善的全球人民币金融资产配置中心将为人民币的跨境持有提供高效的平台，有助于形成人民币和人民币资产在全球范围内的循环流动，促进更深层次的人民币国际化取得实质性进展。

二、有利于倒逼国内金融机构，提高产品质量和服务水准

相比欧美发达国家，我国金融业存在经营模式单一，结构集中度高，中间业务、表外业务占比较低等问题。打造全球人民币金融资产配置中心有利于加速金融市场改革开放，鼓励更多的境外金融机构和企业参与国内金融市场，并促进产品、服务、人才、

股权、管理机制等多方面的合作与交流，促使国内金融机构向国际化标准靠拢，通过与国际同业者竞争倒逼国内金融机构提高产品质量和服务水准，同时还有利于培育一批高质量的资产管理机构。

三、有利于丰富我国企业融资渠道，增强企业的国际竞争力

当前，"融资难、融资贵"仍是我国企业面临的重要问题。打造全球人民币金融资产配置中心，将带来规模更大且稳定性更高的国际资本流入，在一定程度上能丰富境内金融市场资本供给，有利于降低境内利率水平，通过竞争降低融资成本。此外，资本供给有所增加，能够拓宽境内外企业主体融资渠道，进一步增强企业的国际竞争力。

四、有利于提升我国在全球治理中的话语权和规则制定权

与欧美发达国家相比，当前人民币金融资产的发展尚处于初级阶段，金融资产估值相对较低，对全球投资者的吸引力较强。随着我国深度融入全球金融体系，金融资产互持规模会越来越大，境内外金融市场壁垒将逐步减少，我国也逐渐从金融大国发展成为金融强国。这有利于提升我国在全球金融市场中的话语权，能够更大程度参与国际金融规则的制定。

打造全球人民币金融资产配置中心已经具备三大关键性基础

打造全球人民币金融资产配置中心,金融要素进一步聚集、要素流动更加畅通和人民币跨境使用与持有更加便利是应有之义,也是我国资本项目有序开放、人民币国际化程度提升和我国全球金融中心地位显著上升的内在要求。当前,我国已经具备上述三大关键性基础,为我国打造全球人民币金融资产配置中心提供坚实支撑。

一、资本项目有序开放

改革开放以来,我国资本项目开放采取渐进式道路,遵循"先流入后流出、先长期后短期、先直接后间接、先机构后个人"的改革思路,开放程度有序提升。特别是党的十八大以来,从实际出发,资本项目坚持稳妥有序的改革思路,与金融市场双向开放互相促进,取得了较快的进展。根据经济合作与发展组织《资本流动自由化通则》,在 91 项清单中,中国有 86 项实现了不同程度的开放;按照国际货币基金组织的法定测度标准,七大类 40 项资本项目子项中,有 37 项实现了不同程度的开放;按照国际货币基金组织的实际测度标准,2019 年的开放程度为 70%,较 2011 年提高 8 个百分点。其中,外商直接投资的开放度高达 91.7%,资本和货币市场为 64%,衍生品和其他工具是 50%,证券投资开放度即境外投资者证券投资规模占 GDP 的比重是 14%。

（一）直接投资已经基本实现可兑换

2005 年汇改前，我国以流入端为重点积极推动资本项目开放，改革外商直接投资企业资本金结汇制度，将原来由外汇管理部门直接审批的外商投资项下外汇资本金结汇，授权给符合条件的外汇指定银行直接办理。2006 年以来，直接投资外汇管理继续深化改革，扩大境内企业境外直接投资外汇来源，取消购汇额度限制，对外直接投资的相关业务不再需要办理外汇审批，直接投资可兑换程度大幅提高，进一步满足企业境外投资发展需要。2015 年，直接投资登记下放银行办理，资金汇兑管理也基本不存在限制。

2020 年 1 月 1 日起实施的《中华人民共和国外商投资法》，明确对外商投资实行准入前国民待遇加负面清单管理，负面清单以外的外商投资，准入环节审批一律取消。我国实际利用外资金额，从 1983 年的 9.16 亿美元增长到 2020 年的 1 443.70 亿美元，增长超过 157 倍（见图 3.1）。

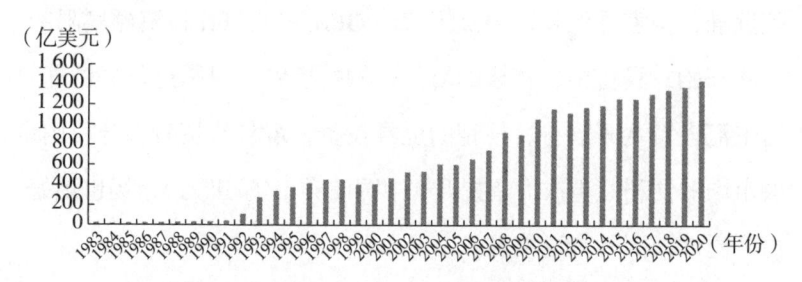

图 3.1 1983—2020 年实际利用外资金额

资料来源：国家统计局。

（二）实施合格机构投资者制度

1. 实施合格境外机构投资者制度

2002年11月，QFII（合格境外机构投资者）作为一项有限度地引进外资、开放资本市场的过渡性制度正式建立，之后出台了《合格境外机构投资者境内证券投资管理暂行办法》，允许境外投资者通过合格的境外机构渠道，在一定额度内投资国内证券市场，探索建立风险可控的跨境证券投资对外开放渠道，并根据改革需要稳步扩容，释放制度红利，支持和鼓励境外中长期投资者在境内进行证券投资。

2011年12月，《基金管理公司、证券公司人民币合格境外机构投资者境内证券投资试点办法》发布，RQFII试点启动，允许符合条件的基金公司、证券公司香港子公司作为试点机构开展RQFII业务，初期试点额度约为200亿元，试点机构投资于股票及股票类基金的资金不超过募集规模的20%。

2019年9月，为深化金融市场改革开放，服务全面开放新格局，进一步满足境外投资者对我国金融市场的投资需求，经国务院批准，国家外汇管理局决定取消QFII和RQFII投资额度限制。自此开始，具备相应资格的境外机构投资者，只需进行登记即可自主汇入资金开展符合规定的证券投资，境外投资者参与境内金融市场的便利性再次大幅提升，中国债券市场和股票市场也更好、更广泛地被国际市场接受。

2. 实施合格境内机构投资者制度

为有序引导跨境资本流出，在总结QFII制度改革经验的基础上，我国推出了证券投资流出方向的新制度——QDII（合格境内机构投资者）。2006年4月，《商业银行开办代客境外理财业务管理暂行办法》发布，标志着QDII从试点变为制度。2007年拓宽QDII主体范围，提高投资额度，扩大产品范围。同时，审慎把握QDII审批节奏，督促投资主体加强风险提示和信息披露，促进合格境内机构投资者项下资金平稳有序流动。

近年来，获得QDII资格的投资主体种类日益丰富，涵盖银行、银行理财子公司、基金公司、证券公司、保险公司、信托公司等金融机构。2020年以来QDII额度发放有所加快，截至2021年上半年，国家外汇管理局累计批准173家QDII机构投资额度1 473.19亿美元。QDII额度发放呈现常态化、规则化特征，助力构建金融双向开放新格局，疏导境内主体多样化境外资产配置需求，为境内金融机构提升境外投资能力提供机会，促进跨境资产管理行业的进一步发展。

（三）跨境融资相关限制大幅放宽

2016年以来，我国建立并完善全口径跨境融资宏观审慎管理框架。在全口径跨境融资宏观审慎管理框架下，不再对企业和金融机构实行外债事前审批，改为企业事前签约备案、金融机构事后备案。金融机构和企业在与其资本或净资产挂钩的跨境融资上限内，自主开展本外币跨境融资。

全口径跨境融资宏观审慎管理政策框架构建了基于经济主体资本或净资产的跨境融资宏观审慎约束机制，对本外币跨境融资实行一体化管理，符合国际主流发展趋势，既能适应微观主体本外币资产负债一体化管理的发展方向，也可以避免原来本币、外币跨境融资分别管理、模式不同造成的额外适应成本。同时，该框架还具有逆周期调节、总量与结构调控并重等特点，规则统一、公开、透明、市场化，有利于拓宽金融机构和企业的融资渠道、简化融资手续，在审慎经营理念的基础上提高跨境融资的自主性和境外资金利用效率，缓解企业"融资难、融资贵"的状况。如图3.2所示，截至2021年3月末，我国全口径外债规模为25 266亿美元，外债规模和结构合理，风险总体可控，为境内机构包括中小企业、民营企业充分利用国际国内两种资源、两个市场，多渠道筹集资金，缓解"融资难、融资贵"等问题，助力企业复工复产等提供了有力支撑。

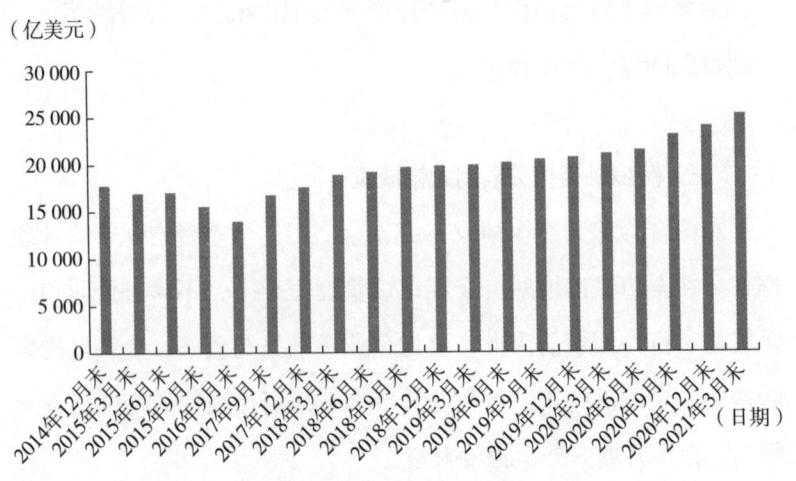

图3.2 2014年以来我国全口径外债头寸

资料来源：国家外汇管理局。

（四）金融市场互联互通机制不断建立完善

为顺应金融市场双向开放的要求，沪港通和深港通分别于2014年11月和2016年12月实施，年交易总额限制和日交易额度限制不断放开，体现了资本市场对外开放程度的不断深化。2019年6月沪伦通正式启动，是中国资本市场拓宽双向跨境投融资渠道的又一重要探索。截至2021年8月30日，沪深股通累计净流入超过1.8万亿元。

债券市场双向开放取得重大突破。2010年8月，我国允许境外人民币清算行、港澳人民币清算行、跨境贸易人民币结算境外参加银行三类机构运用人民币投资银行间债券市场。2016年2月，我国进一步允许包括商业银行、保险公司、证券公司等在内的境外机构投资者直接进入银行间债券市场，建立起外资直接投资银行间债券市场的机制。此外，2017年7月债券通的启动揭开了内地和香港资本市场互联互通的新篇章，通过内地和香港金融市场基础设施间的联通，使国际投资者可以在基本不改变原有交易结算制度安排和习惯的情况下，一点接入并投资银行间债券市场所有类型的债券，是我国债券市场对外开放的重要里程碑。债券通与原有的直接入市及QFII、RQFII等开放渠道互为补充，较好地满足了境外投资者的需求，推动我国债券市场对外开放高质量发展。2021年4月，全球最大托管银行之一纽约梅隆银行允许客户将其通过债券通购买的中国债券用作三方回购协议抵押品，消除了限制国际投资者投资中国债市的又一个障碍。

"跨境理财通"将打开我国理财产品市场对外开放的窗口。

03
打造全球人民币金融资产配置中心

为贯彻国家建设粤港澳大湾区的战略部署，落实《粤港澳大湾区发展规划纲要》关于"扩大香港与内地居民和机构进行跨境投资的空间，稳步扩大两地居民投资对方金融产品的渠道"的要求，2020年6月29日，中国人民银行发布《人民银行会同香港金管局、澳门金管局发布"跨境理财通"业务试点公告》，标志着"跨境理财通"取得突破性进展。2021年9月10日，《粤港澳大湾区"跨境理财通"业务试点实施细则》正式发布。按照"统筹协调、稳步推进、安全便利、风险可控"的原则，"跨境理财通"试点进行多项创新制度安排，在守好跨境金融风险底线的基础上，最大限度地优化金融服务体验。"跨境理财通"将打开我国理财产品市场对外开放的窗口，拓宽港澳地区个人到内地投资的渠道，也有利于内地居民实现个人资产配置多元化，进一步促进离岸人民币业务增长和资本项目开放。

二、人民币国际化深度提升

人民币国际化与打造全球人民币金融资产配置中心相辅相成。2009年开展跨境人民币结算试点以来，人民币国际化稳步发展，尤其是近年来金融市场双向开放加速，人民币国际化取得较快进展，将有力促进打造全球人民币金融资产配置中心。

（一）人民币国际化体现在跨境使用和跨境持有两个方面

"使用"和"持有"体现的是货币国际化的两个层次。货币国际化的第一个层次指的是一国货币的跨境使用，包括在国际贸易和金融领域进行计价结算。第二个层次指的是一国货币的跨境持有，体现的则是非居民持有该国货币及货币计价的金融产品：不仅包括持有货币资金，更重要的是持有以该国货币标价的金融资产或负债。货币国际化中的跨境使用和跨境持有是相互促进的关系，跨境使用是基础，为跨境持有提供先决条件；跨境持有可以深化跨境使用，扩大跨境结算规模。

（二）人民币跨境使用是基础

2009年7月跨境贸易人民币结算试点开展以来，跨境贸易在2010年和2011年8月两次扩大试点范围，由局部走向全国；2011年1月和10月实现境内机构使用人民币对外直接投资以及境外机构使用人民币境内直接投资。在贸易、投资规模和渠道不断提升的背景下，2015年6月，中国人民银行发布《人民币国际化报告（2015年）》。这是官方首次正式使用人民币国际化取代此前的跨境结算。

人民币跨境使用规模呈现波动上升态势。从人民币国际支付份额看，2012—2015年快速上升，从最开始的不足0.3%攀升至接近2.8%，在一定程度上受到人民币汇率升值的影响。2015年"8·11"汇改后，支付份额有所下滑，但仍在2%上下波动，整体呈现小幅上升态势。从人民币跨境贸易和直接投资结算规模看，与国际支付规模的变动趋势基本一致，2021年以来二者合计在1万亿元的规模上下波动（见图3.3）。

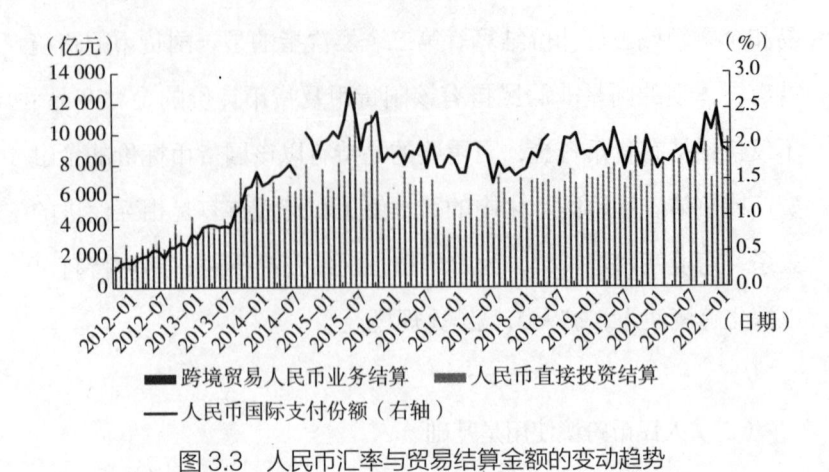

图 3.3　人民币汇率与贸易结算金额的变动趋势

资料来源：Wind，SWIFT。

（三）人民币跨境持有更有利于打造全球人民币金融资产配置中心

境内金融市场开放之后人民币国际化迎来跨境持有的新趋势。2015年之后人民币国际化进入境内金融市场开放促进人民币国际持有的新阶段。一系列互联互通等政策的推出使境外机构和个人持有的境内人民币金融资产规模更大且更加多元化。根据中国人民银行公布的境外机构和个人持有境内人民币金融资产数据，境外投资者持有境内金融资产的总体规模上升，2021年6月末接近10.3万亿元。其中，持有货币存款的峰值出现在2014年10月，达到2.5万亿元，占比接近56%，随后无论是绝对规模还是占比均开始下降；随着2015年金融市场开放，股权和债券的占比大幅上升，贷款的占比则整体平稳（见图3.4）。2015年我国金融市场开放提升了人民币国际化的深度、广度和厚度，人民币国际化开始走向在岸市场为主和境外投资者多元化持有人民币资产的新阶段。

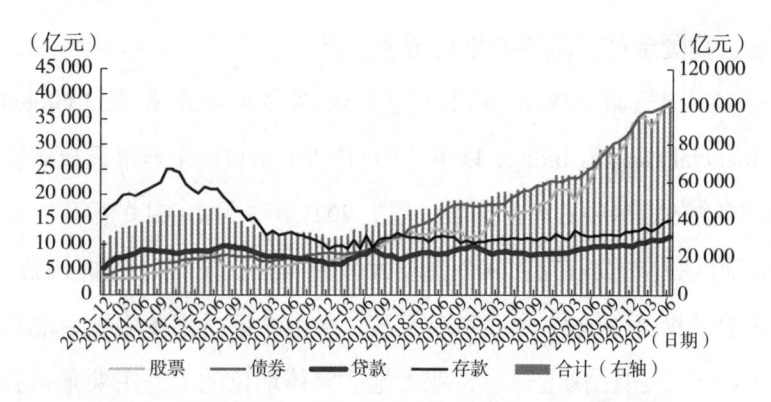

图 3.4 境外机构和个人持有境内人民币金融资产情况

资料来源：中国人民银行，作者计算。

人民币外汇储备屡创新高。根据国际货币基金组织的数据，截至 2021 年第一季度末，人民币外汇储备总额由 2020 年第四季度的 2 694.9 亿美元升至 2 874.6 亿美元，实现连续 9 个季度的增长。人民币在全球外汇储备占比升至 2.45%，续刷 2016 年第四季度国际货币基金组织报告该数据以来的新高（见图 3.5）。

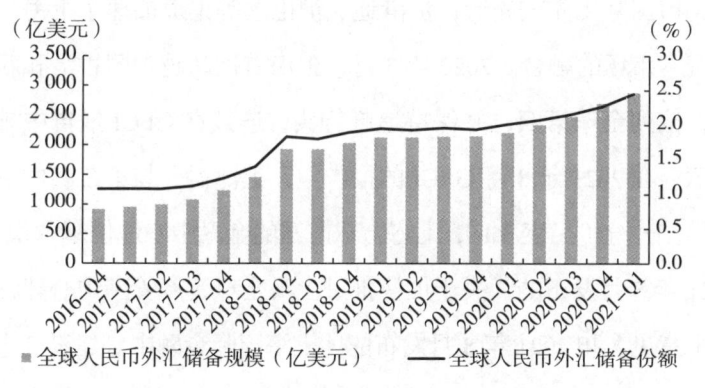

图 3.5 全球人民币外汇储备规模及份额

资料来源：国际货币基金组织。

三、我国全球金融中心地位显著上升

英国智库 Z/Yen 集团制定的全球金融中心指数（Global Financial Centres Index，以下简称 GFCI）是目前全球最具权威和影响力的金融中心评价指数。根据 2021 年 3 月 GFCI 的报告，亚太地区在榜的城市有 29 个，较 2007 年第一次发布时增加 19 席。其中，我国内地有 12 个城市上榜，加上中国香港和中国台北总计 14 个，占比接近一半，亚太地区整体地位的上升主要来自我国的贡献。这充分表明改革开放 40 多年，特别是 2008 年全球金融危机以来，我国正在从经济大国向金融强国迈进，这成为打造全球人民币金融资产配置中心的重要驱动力之一。

（一）以上海为代表的一线城市排名快速上升

上海基本坐稳全球第三大国际金融中心地位，未来将进一步加强全球金融中心建设。上海是我国对外开放的前沿，积极推进人民币国际化先试先行，沪港通、沪伦通等渠道加速了上海与国际资本市场的融合。2020 年 3 月，上海首次超越中国香港和新加坡，位列全球第四，并保持追赶势头，连续在 GFCI 报告中排名第三。在 2021 年 3 月 GFCI 的报告中，上海得分与第二名的伦敦仅相差一分（见表 3.1），上海全球前三的金融中心地位基本稳固。2021 年 5 月发布的《关于加快推进上海全球资产管理中心建设的若干意见》和 2021 年 8 月发布的《上海国际金融中心建设"十四五"规划》均明确指出，力争到 2025 年，把上海打造成为资产管理领域要素集聚度高、国际化水平强、生态体系较为完备的综合性、开放型资产管理中心，打造成为亚洲资产管理的重要枢纽，迈入全球资产管理中心城市前列。

此外，我国其他一线城市的排名也不断提升。2014年以来北京排名快速上升，2017年以后跻身全球前十；2009年9月深圳首次上榜即排名第五，在问卷调查中获得亚洲受访者的高度评价；广州则得益于粤港澳大湾区发展的带动，2017年3月首次入选并稳步上升。

表3.1　2021年3月GFCI 29最新排名

城市	排名	得分
纽约	1	764
伦敦	2	743
上海	3	742
香港	4	741
新加坡	5	740
北京	6	737
东京	7	736
深圳	8	731
法兰克福	9	727
苏黎世	10	720

资料来源：GFCI。

（二）新一线城市陆续上榜形成有益补充

新一线城市方面，青岛、成都、杭州等陆续进入榜单，崛起速度引人注目。2017年9月成都首次入选，得益于打造西部金融中心，重点发展科技金融、消费金融和农村金融，在2021年3月排名第35，连创新高；2016年3月青岛首次入选，得益于以财富管理为特色的金融业迅速壮大，2021年3月排名第42；2015年3月大连首次入选，早期日韩金融机构陆续入驻，但近年来排名有所下滑；2018—2020年杭州、天津、南京、西安和武汉也相继进入榜单（见表3.2）。多个新一线城市的崛起有利于形成有梯度的金融中心布局。

（三）我国内地城市未来发展潜力巨大

全球金融中心的发展路径主要是离岸外币业务和在岸本币业务两种。离岸外币业务，是为非居民提供的外币金融服务，发展路径多蕴含历史因素，最典型的是伦敦，其次是中国香港。第二次世界大战结束后苏联因担心美国冻结其美元资产，将美元储备转移到伦敦的银行，第一笔欧洲美元出现，此后逐渐融合其他境外美元，在伦敦形成离岸美元市场，伦敦全球金融中心的地位由此延续。中国香港则得益于港元是亚洲"小美元"的属性和内地与世界重要"交汇处"的地位，拥有亚洲美元离岸中心和人民币离岸中心的双重身份。在岸本币业务，是依托于所在国家经济金融发展，立足于本国的金融市场提供本币的在岸金融服务，发展路径多依靠所在国家和地区的经济实力，纽约是全球唯一依靠在岸本币业务成为超一流全球金融中心的城市，为全球提供美元金融服务，近几年在GFCI排名中稳居全球第一。欧元虽然也是重要的国际货币，使用欧元的经济体总量也足够庞大，但欧洲市场本质上还是分裂的，金融主要依托于国家各自发展，难以形成合

表 3.2 新一线城市上榜情况

	2015年3月	2015年9月	2016年3月	2016年9月	2017年3月	2017年9月	2018年3月	2018年9月	2019年3月	2019年9月	2020年3月	2020年9月	2021年3月
成都	—	—	—	—	—	86	82	79	87	73	74	43	35
青岛	—	—	79	46	38	47	33	31	29	33	99	47	42
杭州	—	—	—	—	—	—	—	89	99	104	98	109	108
天津	—	—	—	—	—	—	—	78	81	102	100	108	110
大连	51	41	31	48	75	92	96	100	101	101	102	110	111
西安	—	—	—	—	—	—	—	—	—	—	—	105	112
南京	—	—	—	—	—	—	—	—	—	103	101	89	113
武汉	—	—	—	—	—	—	—	—	—	—	—	111	114

资料来源：GFCI。

03
打造全球人民币金融资产配置中心

力。从我国实际看，上海有可能成为继纽约之后，第二个依靠在岸本币业务成为全球金融中心的城市。

全球金融中心的发展变化归根结底是由经济金融基本面驱动的。从顶级全球金融中心看，最初是伦敦、纽约和东京三足鼎立的局面，并持续较长时间，其背后是世界经济三大强国的角逐。纽约凭借美国经济总量和美元国际货币地位，从与伦敦平分秋色到逐步占据上风；伦敦早期凭借离岸金融业务和历史积淀曾是全球最重要的金融中心，但近年来由于欧洲经济整体下滑，屈居纽约之下；日本在2010年以后经济增长动力减弱，逐渐与中美拉开差距，东京的全球金融中心地位也有所式微。从亚洲四小龙、四小虎的发展历程看，20世纪八九十年代，亚洲四小龙、四小虎经济腾飞，中国香港和新加坡成为全球领先的金融中心，相应的首尔、釜山、中国台北、吉隆坡、曼谷、雅加达等城市在2010年之前GFCI的早期报告中排名相对靠前，但由于经济发展后劲不足，排名和得分均有所下滑。从我国内地城市看，我国综合国力的提升，尤其是改革开放以后的加速发展是根本动力。全球金融中心的地位更替明显滞后于经济实力变化，积累到一定程度时，出现了城市排名扎堆提升的特点。

GFCI的数据也显示，我国未来发展潜力巨大。GFCI报告的主观评价指标主要通过问卷调查的加权平均评分（不包括调查城市的本地机构）得到，并将主观评价得分与最终得分之间的差异定义为声誉优势，主观评价高于最终得分越多，则声誉优势越明显，代表未来发展潜力越大。GFCI 29的声誉优势排名中，前15

的城市我国占据6席，市场普遍认为我国未来经济金融发展拥有较大潜力（见表3.3）。

表3.3 声誉优势排名

城市	问卷加权平均得分	综合得分	声誉优势
古吉拉特邦国际金融科技城	922	568	354
青岛	844	655	179
斯图加特	811	689	122
深圳	817	731	86
广州	786	706	80
新加坡	819	740	79
伦敦	816	743	73
纽约	831	764	67
上海	806	742	64
北京	792	737	55
罗马	688	636	52
苏黎世	762	720	42
香港	782	741	41
卢森堡	753	712	41
墨尔本	743	705	38

资料来源：GFCI。

尤其是在金融科技方面，近年来GFCI问卷调查中加入了针对金融科技的问题，就金融中心是否具有优良的金融科技培育土壤进行排名。在GFCI 29的调查中，我国城市占据5席，与美国分庭抗礼，明显领先于其他国家和地区（见表3.4）。

表3.4 金融科技排名

城市	排名	得分
纽约	1	731
上海	2	722
北京	3	719
深圳	4	716
伦敦	5	712
香港	6	711
新加坡	7	710
洛杉矶	8	692
旧金山	9	691
特拉维夫	10	688
广州	11	684
华盛顿	12	681
首尔	13	679
温哥华	14	678
悉尼	15	677

资料来源：GFCI。

当前我国打造全球人民币金融资产配置中心的优势与机遇

当前打造全球人民币金融资产配置中心，我国在经济基本面、资产吸引力、金融市场成熟度等方面具有优势，尤其是在新冠肺炎疫情后我国较快实现经济复苏，人民币金融资产表现出较高的收益率和较强的韧性。

一、我国经济增长韧性较好，资产回报率高

在新冠肺炎疫情的冲击下，我国积极采取有效措施率先实现疫情防控和复产复工，展现了我国经济应对风险和冲击的韧性；未来中国仍将保持较高的经济增长速度，人民币资产是安全、高收益的资产，会持续吸引全球投资者。

（一）建立常态化疫情防控机制，国内经济运行平稳

新冠肺炎疫情冲击后我国率先实现市场企稳和经济复苏。与欧美国家相比，我国在疫情暴发后迅速采取有力措施，控制疫情传播，至今已成功应对几轮境外输入病例引发的小范围传播，建立常态化疫情防控机制。从单日新增确诊病例和每百人疫苗接种人数看，我国单日新增确诊病例在绝大部分时间保持在百人以下，并且多数为境外输入病例；每百人疫苗接种剂次超过130，疫苗普及率远高于

世界平均水平（见图3.6）。在强有力的疫情防控机制下，我国经济运行平稳，2020年中国是全球唯一保持正增长的主要经济体。

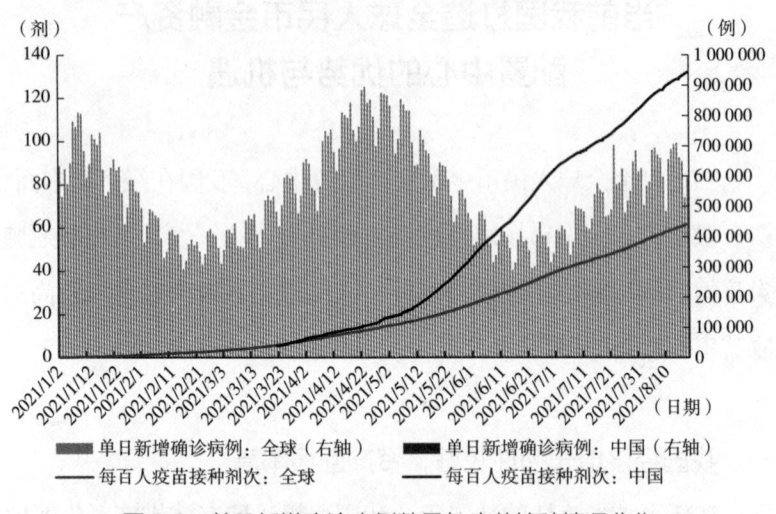

图 3.6 单日新增确诊病例数量与疫苗接种情况分化

资料来源：Wind。

（二）未来我国仍处在全球经济增长的第一梯队

改革开放以来我国经济建设取得了巨大成就，我国从低收入国家起步，1998年成为中低收入国家，2010年成为中高收入国家并保持至今，实现了"增长奇迹"，是全球实现阶段跨越最成功的国家之一。2021年7月1日世界银行公布的最新数据显示，2020年我国人均国民收入为10 610美元，高收入门槛为12 695美元，占比上升至83.60%（见图3.7）。根据有关测算，我国在"十四五"时期将成为高收入国家，意味着自世界银行公布该分类标准以来，我国将是唯一一个从低收入国家跨越到高收入国家的大国。

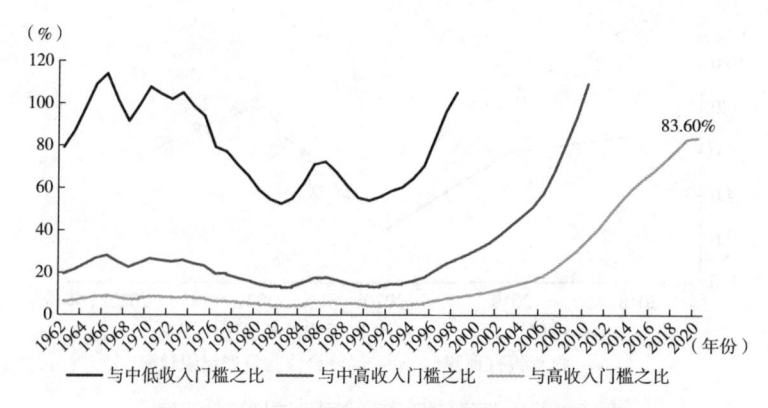

图 3.7　中国人均国民收入与各收入门槛之比

资料来源：世界银行，作者计算。

展望未来，国际组织普遍看好我国未来经济增长。2021年以来，各国的经济前景进一步分化，疫苗获取能力已成为世界经济断层的主要原因。2021年10月，国际货币基金组织预计我国经济2021年、2022年将分别增长8.0%、5.6%。世界银行2021年6月的预测显示，我国2021年、2022年的GDP增速分别为8.5%、5.4%。经济合作与发展组织2021年5月的预测显示，我国2021年、2022年的GDP增速分别为8.53%、5.80%（见图3.8）。整体看，我国将逐步恢复长期增长趋势。

较大的经济总量和较高的经济增速表明，未来一段时间我国仍将是带动全球经济增长的主要动力之一。但值得关注的是，在长期趋势不会改变的前提下，不排除未来出现国内外利差缩小等问题。当前，全球经济复苏前景充满不确定性，通胀风险上升，发达国家货币政策回归正常化已经提上日程，持有人民币金融资产的综合收益可能会出现阶段性下降，应客观辩证看待此问题。

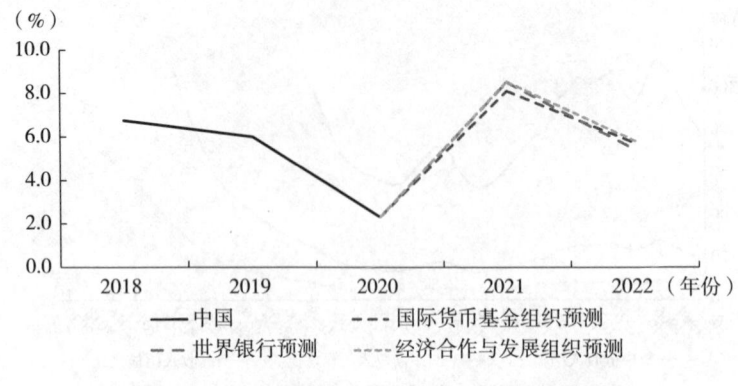

图 3.8　主要国际组织对我国经济增速的预测

资料来源：国际货币基金组织，世界银行，经济合作与发展组织。

（三）良好经济基本面支持下，人民币资产回报率较高

我国经济持续稳定增长是人民币金融资产具备国际竞争力的强大基础，多重因素支持我国金融资产长期回报率较高，保持较高国际吸引力。

从主要国家股指估值来看，我国股市相较海外市场长期被低估。各国主要股指动态市盈率数据显示，自2015年起沪深300指数在10~19倍之间波动，波动区间不仅远小于美国、英国、法国和德国等西方发达国家，也远低于同属于亚洲市场的日经225指数（13~40倍）、韩国综合股价200指数（8~30倍），我国股票市场估值较海外市场在绝对水平及弹性上均有较大潜力（见表3.5）。

表 3.5　2015 年至今各国主要股指动态市盈率波动区间

主要股指	最小值	最大值
沪深 300	10.09	19.00
日经 225	13.24	40.29

续表

主要股指	最小值	最大值
韩国综合股价 200	8.45	29.78
美国标普 500	15.72	42.17
英国富时 100	12.76	287.80
法国 CAC 40	13.63	74.00
德国 DAX	11.42	73.88

资料来源：Wind。

我国国债收益率水平高于美国等发达国家，优势明显。2015 年以来，我国 10 年期国债收益率始终居于美国 10 年期国债收益率之上，并且保持相对稳定的利差；相比日本、英国、法国和德国等，我国国债收益率优势更加明显（见图 3.9）。

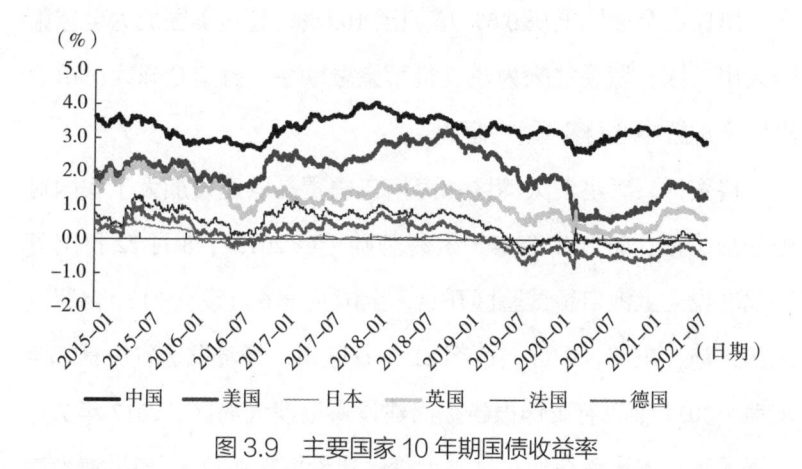

图 3.9 主要国家 10 年期国债收益率

资料来源：Wind。

人民币汇率形成机制更加市场化，弹性增强，投资人民币金融资产的汇率风险整体可控。从美元指数看，随着人民币汇率预期韧性增强、更趋理性，美元指数在一定程度内的波动不会产生较大影响；从国际收支看，我国经常账户顺差规模保持稳定，金融开放稳步推进下外资有序流动；从货币政策看，我国仍坚持且有空间维持常态化的货币政策，相比发达国家而言拥有充裕的工具箱应对突发状况，汇率稳定有强有力的保障。

二、我国贸易大国地位为货币金融合作提供坚实基础

（一）经贸联系是货币金融联系的重要基础

2001年加入世界贸易组织后，我国对外贸易迅速发展，2000—2020年，我国出口金额从2 500亿美元增加至25 906亿美元，出口占全球比重从0.6%增加至10.6%，超过美国成为全球第一大出口国。贸易往来为建立货币金融联系，打造全球人民币金融资产配置中心打下重要基础。

自贸区、粤港澳大湾区和海南自由贸易港建设加大了我国对外开放力度，进一步夯实了贸易基础。自2013年8月22日国务院批准设立上海自贸试验区开始，全国共分6批设立21个自贸试验区，涉及东部、中部、西部21个省区市，经济发达省份基本全覆盖。2017年政府工作报告提出建设粤港澳大湾区，2017年7月签署《深化粤港澳合作 推进大湾区建设框架协议》。粤港澳大湾区包括香港、澳门和广东珠三角九市在内的城市群，大湾区各城市将在科技、产业、旅游、市场一体化等领域开展合作，构建科技、产业创新中心，国际金融、航运、贸易中心，以及世界旅游、

文化交流中心，是新时代推动形成全面开放新格局的新尝试。建设海南自由贸易港是党中央着眼于国内国际两个大局、为推动中国特色社会主义创新发展做出的一个重大战略决策。其目标是实现贸易自由便利和投资自由便利，打造我国开放型经济新高地。

（二）《区域全面经济伙伴关系协定》有利于推动人民币在区域内的国际使用

《区域全面经济伙伴关系协定》签订后，区域内各国贸易和投资的门槛进一步降低。已有研究表明，截至 2021 年 1 月，我国已在 8 个 RCEP 国家设立了人民币清算行，中资银行在 15 个成员国中设立了超过 100 家分支机构，这些金融基础设施网络的建立有助于人民币国际化和金融一体化的发展（张明和王喆，2021）。中国与 RCEP 成员国开展的人民币货币互换从 2009 年的 3 600 亿元增加至 2020 年的 15 750 亿元，占人民币互换金额比重超过 40%（见图 3.10）；人民币资产逐渐成为多国央行的外汇储备资产，东盟国家逐步加大人民币在其货币篮子中的权重。

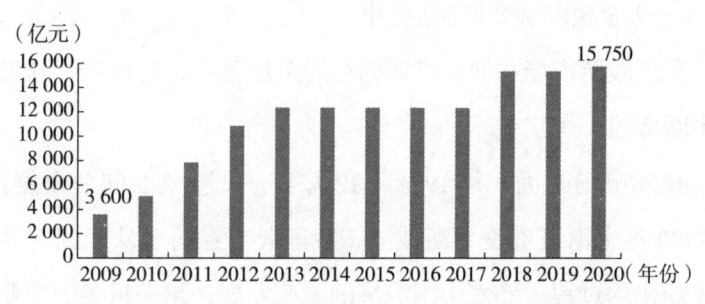

图 3.10　我国与 RCEP 成员国的人民币货币互换规模

资料来源：中国人民银行，作者计算。

货币金融联系增加对人民币金融资产的需求。近年来，我国顺应经济全球化发展趋势，持续加强区域货币金融合作，推动贸易投资便利化，提升了国际市场对人民币金融资产的需求。区域统一市场的形成、贸易投资便利化水平的提升将吸引更多的国际资本流入，区域内的资本流动更加活跃，境外机构和个人持有的境内人民币金融资产规模大幅扩张，人民币金融资产的需求得到了有效提升。

三、金融市场双向开放将持续推进

随着经济实力的积累，我国逐渐从金融大国走向金融强国。强大的国内金融市场是我国的核心竞争力，对境外投资者具有较大吸引力，是统筹国内国际两个金融市场的关键。通过国内金融市场全面与国际最佳实践对接，市场主体可以协调使用境内外金融市场获得所需的资金和金融服务，整合两个市场、两种资源，有利于优化资源配置效率，提高金融服务实体经济的质量和效率。

（一）金融市场深度不断提升

我国股票市场和债券市场均位居全球第二，对投资者的吸引力不断增强。

股票市场方面，从 1984 年我国第一只股票面向公众发行，到 1990 年上海证券交易所成立，我国股市经历了从无到有并逐渐正规化的过程。随着中国经济的飞速发展，越来越多的企业公开发行股票上市融资，到 2021 年 4 月，上海证券交易所和深圳证券交易所上市公司总市值按当月汇率折算分别为7万亿美元和5.3万亿美元，A股市值位居全球第二，两市日均成交额合计超过1 000亿美元。

债券市场方面，根据中国人民银行的统计，2021年4月中国的债券市场余额为120.8万亿元，折合约18.5万亿美元，已经成为全球第二大债券市场。与欧美日等发达经济体相比，我国同期限债券的收益率要更高。我国5年期国债收益率约为3%，同期限的政策性金融债收益率比国债收益率还高约0.3个百分点；与之相比，美国5年期国债的收益率不到1%，日本和欧元区都为负数。我国债券市场的低风险、高收益对全球投资者都有很强的吸引力。2019年以来，全球三大债券指数——彭博巴克莱全球综合指数、摩根大通旗舰全球新兴市场政府债券指数和富时罗素世界国债指数——先后宣布将中国债券纳入其中。这反映了我国债券市场基础设施建设日益完善，开放程度不断提高，同时也预计将带来2 500亿美元到3 000亿美元的资金流入。已有研究表明，目前境外投资者主要投资于低风险的国债和政策性金融债，两者占比合计约为90%（李扬，2021）。

（二）金融市场双向开放将持续推进

当前，我国已经形成合格境外/境内机构投资者制度、金融市场互联互通机制和"跨境理财通"等多渠道的双向开放格局。

推进更高水平金融开放是加快构建双循环新发展格局的必然要求，是建设更高水平开放型经济新体制的重要内涵，也是开放经济条件下提高我国金融防风险能力的根本途径。《中华人民共和国国民经济和社会发展第十四个五年规划和2035年远景目标纲要》明确提出:"稳妥推进银行、证券、保险、基金、期货等金融领域开放,深化境内外资本市场互联互通,健全合格境外投资者制度。"未来,我国将持续深化资本市场互联互通,进一步优化沪港通机制,扩大沪深股通投资范围和标的,不断丰富内地和中国香港全方位、多层次的务实合作,进一步完善"沪伦通"业务,拓宽 ETF(交易型开放式指数基金)的互联互通。在稳步放开跨境投融资限制的同时,更加注重制度规则的深层次对接,不断增强政策的可预期性和稳定性,推动中国资本市场从局部管道式开放向全面制度型开放转变。稳慎推进人民币国际化,坚持市场驱动和企业自主选择,营造以人民币自由使用为基础的新型互利合作关系。

四、上海全球资产管理中心建设初步成形

上海作为国际金融中心已经初步具备了全球资源配置能力。2021年5月,上海市人民政府办公厅印发《关于加快推进上海全球资产管理中心建设的若干意见》,全方位、多角度指明了未来上海全球资产管理中心建设的目标和方向,并且明确了上海建设全球资产管理中心的具体要求。发布会上的数据显示,上海已经集聚了大批全球知名的资产管理机构,全球资产管理规模前30的资管机构中已经有17家在上海实体化运营;上海公募基金规模超过7万亿元;上海私募基金管理人4 625家,管理基金数量2.90

万只，管理基金规模 4.11 万亿元。上海证券交易所、上海期货交易所、上海黄金交易所等是全国乃至全球影响力较大的交易平台。

上海在资产管理领域已经具备较强的基础，未来将继续支持本土机构充分利用发展优势，努力打造国际一流投资银行和财富管理机构。根据《上海国际金融中心建设目标与发展建议》，上海将进一步加快国际化步伐，鼓励跨国公司在沪设立全球或区域资金管理中心，推动金融市场加强国际合作等，不断提升和增强上海国际金融中心的全球资源配置能力；继续鼓励和支持外资金融机构设立或者控股证券基金期货机构，为外资机构创造公平、良好的市场环境。

当前我国打造全球人民币金融资产配置中心的困难与挑战

我国金融领域从小到大、由弱到强，经历了跨越式的发展和历史性的飞跃，外资对我国资本市场的青睐大幅提升，取得了长足的进步，成效显著。但受限于历史和体制等原因，我国金融业和金融市场存在一定短板。打造全球人民币金融资产配置中心的目标对我国金融整体发展水平提出了更高的要求；叠加未来外部环境的不确定性增加，对我国打造全球人民币金融资产配置中心提出了更高的挑战。

一、中美博弈长期化、复杂化、多领域化

（一）金融制裁是美国打压对手的重要工具

金融制裁作为经济制裁的重要手段之一，是"9·11"恐怖袭击事件之后美国最常用的打击措施，成为限制受制裁国、组织和个人的一种重要惩罚性措施。美国实施金融制裁具有"不对称"的特点，美国是全球唯一具备发动金融制裁能力的国家，有能力影响全球货币结算网络和全球最主要的支付货币系统，可以监测环球银行金融电信协会（SWIFT）的资金流动或频繁交易，打击力度高效、精准。根据统计，2001—2018年美国实施资产

冻结涉及伊拉克、津巴布韦等19个国家，2009—2019年对金融机构进行罚款的事例达17个。在以往的案例中，常见的金融制裁手段包括财政制裁、资金冻结、禁止金融交易、制裁银行系统等。极端情况下[①]会通过SWIFT及纽约清算所银行同业支付系统（CHIPS）来切断制裁目标组织或国家与外界的资金支付清算通道。美国在国际贸易中的重要地位和美元霸权以及美国强大的综合国力，使美方金融制裁几乎无往不利，法律体系的巨大空间和制裁手段的多样化进一步扩大了美方制裁的潜在范围。

（二）全面对华竞争是美国重要的国家战略

2018年中美经贸摩擦凸显以来，美国对我国科技、金融等其他领域频繁施压，中美战略博弈呈现出长期化、复杂化、多领域化的趋势。2021年4月，美国参议院外交关系委员会通过"2021年战略竞争法案"，这是一个突出全面对华战略竞争的法案，但更为重要的是明确了美国未来对华制裁的时间表、路线图。

该法案总纲即强调中国制度、中国模式、中国政党、中国意识形态对美国造成了"威胁"和"挑战"，宣称美国必须采取政治、军事、经济、制裁等手段与中国竞争。拜登政府在2021年3月发布的《更新美国优势：临时国家安全指南》把中国定义为"系统性大国"，视中国为最大竞争者。该思想在此法案中得以充分体现。总览法案内容，美方提出"增强未来竞争力""巩固盟

[①] 以伊朗为例，美国曾试图关闭在伊朗的美元支付结算通道的措施成为遏制伊朗经济命门的撒手锏，部分替代战争手段，实现了伊朗在研发核武器道路上的部分妥协。

友及伙伴关系""强化价值塑造""加强经济管制""确保战略安全"五大战略，涵盖 17 个领域，每个领域的主基调都是对华竞争。2021 年 5 月，美国参议院议员再度抛出遏制"一带一路"倡议的专项法案，是对"2021 年战略竞争法案"中提及的"打压'一带一路'倡议"的细化，从遏制我国对外合作和加强美方国际影响力两个方向发力。

（三）金融将是中美未来重要的博弈制衡领域

近一段时间，美国对我国的制衡重心在香港、新疆、台湾、南海，主要体现为政府层面或多边游说，未来美国可能采用由政府和企业参与的精准模式对我国进一步施压。

目前，美国通过"2021 年战略竞争法案"以及多边机制积累了足够的法理依据，实质性打压举措不多。何时启用取决于美国整体遏制战略需要。但基于美方过去打压竞争对手的一贯做法，代理人模式和美国直接出头模式都可能被采用，企业和政府相互配合是重中之重，金融制裁可能成为重点领域。由于美元在国际清算中的主导地位，拒绝提供美元清算服务是美国金融制裁的核心机制之一。考虑到 SWIFT 清算系统的高效性、垄断性，人民币国际化程度仍相对较低，以及美元作为国际资产的强大吸引力，金融制裁手段可能会对我国打造全球人民币金融资产配置中心产生实质性影响。

二、我国金融体系仍需进一步优化完善

（一）金融机构体系内部结构不均衡

改革开放40余年来，我国金融机构的规模迅速扩张，金融实力明显提高。但是与发达国家相比我国金融机构体系有较大不同，内部结构不均衡问题突出。

我国金融机构体系以银行为主，在融资市场中承担了独一无二的重任。从融资规模看，2020年我国新增社会融资中，人民币贷款占比57.6%，而企业债券和股票融资仅占12.6%和2.5%。截至2020年末，人民币贷款占社会融资规模存量超过60%，企业债券和股票融资分别占9.7%和2.9%。银行在我国金融体系中占据明显的主导地位，资本市场尤其是股票市场融资功能还有很大的发展空间。从金融机构数量看，有关研究显示，我国存款性金融机构占比高达73%，而美国只有21%，我国保险和养老金以及其他非银行金融机构占比相对较低，发展不足[1]。长期以来，我国经济高速增长所需的资本依赖于商业银行类金融机构提供，其垄断性的占比在一定程度上挤压了其他类别金融机构的发展，资本市场的功能未能全面发挥，内部结构不均衡问题一直没有得到根本改善。

"十四五"规划纲要提出进一步发展国内资本市场，提高直接融资特别是股权融资比重。银行主导的金融机构体系在当下和

---

[1] 该观点来自国家金融与发展实验室理事长李扬教授在2021年中国人民大学国际货币研究所"人民币国际化"论坛上的报告。

未来经济发展的框架下开始显现出明显弊端。一是由于银行在发放贷款时存在诸多的限制，并且我国其他非银行金融机构发展不足，对于新兴企业的扶持力度较小，支持创新的能力不足；二是保险和养老金类金融机构发展的严重不足，对我国应对人口老龄化提出了巨大的挑战；三是过于依赖银行信贷融资在一定程度上制约了我国资本市场的全面发展，也会影响我国打造全球人民币金融资产配置中心的进展。

（二）金融基础设施管理效能有待提高

打造全球人民币金融资产配置中心的目标对我国金融基础设施管理提出更高要求。金融基础设施建设是金融系统有序和高效运转的重要保障，对金融市场运行的安全和管理具有重要作用，是实施宏观审慎管理和强化风险防控的重要抓手。2020年3月，中国人民银行等六部门联合印发了《统筹监管金融基础设施工作方案》，表明了金融基础设施是指为各类金融活动提供基础性公共服务的系统及制度安排，明确了我国金融基础设施统筹监管范围包括金融资产登记托管系统、清算结算系统（包括开展集中清算业务的中央对手方）、交易设施、交易报告库、重要支付系统、基础征信系统六类设施及其运营机构，指出我国在法制建设、管理统筹、规划建设等方面还有待加强。[1]

一方面，管理工作的交叉和空白导致重复监管和监管不足。

---

[1] 资料来源：中国政府网，人民银行、发展改革委等六部门联合印发《统筹监管金融基础设施工作方案》，参见 http://www.gov.cn/xinwen/2020-03/06/content_5487618.htm。

例如，我国尚未成立专门的交易报告库，由于市场监管相对分割，所以各监管主体的信息存管也相对分散；而外债管理和监测统计工作同时存在多个部委牵头的情况，导致对一些新兴金融产品存在监管不足甚至监管真空，但对重要领域的金融监管协调成本高，甚至出现多头管理问题。此外，不同监管部门的规章制度部分存在不一致和分歧，由于短期内难以有效协调，对监管效率和执法公正造成了挑战。最典型的如银行间市场交易的企业债和交易所市场的公司债监管要求差异明显，一定程度上导致监管套利的问题。整体看，监管短板不利于我国营造良好的营商环境。

另一方面，以法律法规为代表的金融基础软设施不足。在金融开放持续推进的背景下，我国金融法律体系不健全的困境凸显。我国尚未形成完善的监管法律框架体系，在金融基础设施方面的立法较为碎片化，主要依据中国人民银行、证监会和银保监会等中央金融监管部门的规章制度，关于设施建设、运行和监管的法律体系不够健全，在实际实施过程中法律效力不足。金融开放和全球资产配置中心建设对国内外法律体系的兼容性和协调性要求较高。由于我国金融业整体呈现大而不强的特征，我国在国际上关于金融领域的话语权不强，参与金融领域国际规则制定的能力不足。而在全球资产配置中心的建设中，金融机构的交往和合作将会更加频繁，我国将不可避免地面临国内法律和国际法律对接与融合的挑战。由于短期内法律环境难以有效协调，我国金融领域法律体系不健全的困境更为凸显。

（三）金融服务的国际竞争力不足成为突出表现

我国金融机构绝大多数活跃在国内市场，一直处于舒适区，主动参与国际竞争的动力不足，对国际市场的了解不足，金融服务贸易产品的国际竞争力低下，产品类型较为单一。国内金融机构参与国际竞争的程度不高，政策环境推力和主观动力不足，国际业务范围有限，并且承接业务大多是附加值较低的低端产品，其服务水平和竞争能力同国际金融服务机构还有较大差距。

我国金融服务贸易的发展，在一定程度上反映了我国金融业的国际综合竞争力。从金融服务贸易差额看，金融服务贸易整体呈现长期逆差状态。2005—2014 年，我国金融服务贸易逆差整体扩大，由 2005 年的 66.64 亿美元增长到 2013 年的 186.03 亿美元，增长了近 2 倍；2015 年以后基本在 50 亿美元上下波动。值得关注的是，保险服务一直是逆差的主要来源，这也与前面提到的我国保险服务进出口总额占比过高相匹配：我国进口了大量与货物贸易有关的保险服务，导致我国金融服务内部结构不平衡和长期逆差。2016 年以来，保险服务更是金融服务贸易项下逆差的唯一来源。2020 年的数据显示，我国金融服务贸易总逆差为 60 亿美元，其中保险服务逆差约为 70 亿美元（见表 3.6）。

表 3.6　2005 年以来我国金融服务贸易差额

时间	金融服务贸易差额（亿美元）	其中：保险服务 贸易差额（亿美元）	其中：保险服务 逆差贡献率（%）	其中：金融服务 贸易差额（亿美元）	其中：金融服务 逆差贡献率（%）
2005 年	−66.64	−66.50	99.79	−0.14	0.21

续表

时间	金融服务贸易差额（亿美元）	其中：保险服务 贸易差额（亿美元）	其中：保险服务 逆差贡献率（%）	其中：金融服务 贸易差额（亿美元）	其中：金融服务 逆差贡献率（%）
2006年	−90.22	−82.76	91.73	−7.46	8.27
2007年	−100.87	−97.60	96.76	−3.26	3.24
2008年	−116.11	−113.60	97.84	−2.51	2.16
2009年	−99.92	−97.06	97.14	−2.86	2.86
2010年	−140.84	−140.28	99.60	−0.56	0.40
2011年	−166.18	−167.20	100.62	1.03	−0.62
2012年	−173.11	−172.71	99.77	−0.40	0.23
2013年	−186.03	−180.97	97.28	−5.06	2.72
2014年	−182.89	−178.80	97.76	−4.09	2.24
2015年	−41.28	−38.18	92.48	−3.10	7.52
2016年	−77.08	−88.49	114.80	11.41	−14.80
2017年	−55.88	−74.02	132.48	18.15	−32.48
2018年	−53.81	−66.25	123.12	12.44	−23.12
2019年	−47.15	−62.23	131.99	15.08	−31.99
2020年	−60.00	−69.61	116.03	9.62	−16.03

资料来源：BOP，作者测算。

从国际市场份额占比看，无论是金融服务还是保险服务，我国出口份额占比均较低，金融服务尤甚。如表3.7所示，虽然中国内地保险服务的份额占比排名世界第八，但实际份额仅为3.72%，与英国、美国和德国等发达国家相比仍存在很大差距；中国内地金融服务出口份额占比仅为0.76%，排名甚至低于印度，国际竞争力有待提高。

表 3.7　2019 年全球保险服务和金融服务的主要出口国（或地区）

排名	保险服务	
1	英国	20.01%
2	美国	12.66%
3	德国	10.46%
4	爱尔兰	8.84%
5	瑞士	5.81%
6	新加坡	5.17%
7	法国	4.51%
8	中国内地	3.72%
9	卢森堡	2.80%
10	比利时	2.59%

排名	金融服务	
1	美国	26.51%
2	英国	15.69%
3	卢森堡	12.40%
4	新加坡	5.74%
5	德国	5.02%
6	中国香港	4.19%
7	瑞士	4.19%
8	爱尔兰	3.51%
9	法国	2.93%
10	日本	2.69%
11	加拿大	1.79%
12	比利时	1.66%
13	荷兰	1.57%
14	意大利	1.34%
15	印度	0.94%
16	西班牙	0.78%
17	中国内地	0.76%
18	瑞典	0.71%

续表

排名	金融服务	
19	澳大利亚	0.70%
20	塞浦路斯	0.65%

资料来源：联合国国际贸易中心，作者测算。

总的来看，对于全球人民币金融资产配置中心功能的发挥来说，提升金融服务能力是未来我国需要着重建设和发展的方向，管理效能的提升将提高金融资产配置的便利性，进而增强整体竞争力。

三、债券市场投资渠道仍需进一步畅通

（一）我国债券市场"大而不强"

债券市场是一国经济发展的助推器和金融系统有序运行的稳定器。高质量的债券市场不仅会促进一国经济金融的有效融合和协调统一，对于一国金融市场国际竞争力的提高也至关重要。综观活跃在国际市场上各个成熟的金融市场，发达且完善的债券市场均是其关键组成部分。当前，我国债券市场已成为全球第二、亚洲第一的债券市场，同时是世界最大的绿色债券市场，以及规模较大的主权债券市场，开放程度也逐渐提高。全球三大债券指数也陆续将我国债券市场纳入。

但相比国际上成熟的债券市场，我国债券市场的国际竞争力不足，表现为"大而不强"。我国债券市场在基础设施建设、配

套制度和开放程度上仍存在短板和限制，造成国内外投资者投资我国债券市场的渠道不畅，是未来更高水平开放和高质量发展目标下必须要解决的问题，也是我国打造全球人民币金融资产配置中心的主要障碍。

（二）境外投资者、融资者参与度明显不足

我国债券市场为国际投资者和融资者提供平台的能力有限。我国债券市场开放的广度和深度仍有较大提升空间。我国债券市场的管道式开放一定程度上限制了境外机构的市场参与度，交易品种和业务的多样性不足，为国际投资者和融资者提供的平台有限。

从投资平台看，中央结算公司和国际掉期与衍生工具协会2020年9月发布的联合白皮书显示[1]，虽然境外投资者人民币债券持有量的增速提升，但其占我国债券总量的比重偏低，近年均在2%~3%波动，不仅显著低于欧美日等发达经济体的债券市场比重，也难以匹敌马来西亚、泰国等新兴经济体的债券市场（占比区间为10%~30%）。与我国债券市场世界第二的绝对规模相比，国外投资者对我国债券市场的配置程度还有较大的提升空间。

从融资平台看，2005年国际开发机构首次在银行间债券市场发行人民币债券以来，境外发行人在我国债券市场的融资规模有所提升（朱小川，2021）。但与成熟的发达国家债券市场相

---

[1] 资料来源：中国债券信息网，中央结算公司和国际掉期与衍生工具协会发布联合白皮书，参见 https://www.chinabond.com.cn/cb/cn/gyzz/gsdt/20200916/155450883.shtml。

比，我国债券市场为国外融资者提供的平台仍十分有限。

（三）不同债券市场的统一监管和基础设施联通仍需加强

目前，我国债券市场分为银行间市场和交易所市场两大类，两大市场在规模、交易品种、交易方式上都存在一定差异。交易方式上，银行间债券市场由全国银行间同业拆借中心提供报价和交易等信息中介服务，属于场外市场，交易者需要各自寻找对手方；而交易所债券市场通过交易所市场的竞价系统进行交易，属于场内市场。证券托管上，银行间债券市场由中央结算公司和上海清算所提供托管服务，交易所债券市场的托管与结算服务都由中国证券登记结算公司提供。市场规模上，银行间债券市场是我国债券市场的主体，2020年底，我国债券市场托管余额为117万亿元，其中银行间债券市场托管余额约100万亿元，交易所市场规模约16万亿元，银行间债券市场规模远超交易所债券市场。交易品种上，银行间债券市场交易的主要债券品种有国债、政策性金融债、央票、短期融资券和企业债等；交易所债券市场主要交易国债、公司债、企业债和可转债等，其中非金融公司债是最主要的品种，2020年底存量规模达到9.18万亿元，占全国债券市场非金融企业债存量的40%。从交易工具上看，两个市场均可进行现券、回购和利率互换交易，另外银行间市场可以做远期利率协议，而交易所市场可以做国债期货交易。

两大市场的监管规则存在差异，要素在不同市场之间的流通存在阻碍，影响了资金的有效配置。首先，在监管规则方面，相似的债券品种由于监管标准不统一存在监管套利行为。例如，银行间债券市场交易的企业债和交易所债券市场交易的公司债，两者本质上都是企业发行的债券，但企业债在发行条件、定价方式、资金用途等方面的要求都高于公司债，这就形成了监管套利的空间。其次，不同债券市场之间基础设施联通尚不通畅，影响了资金的有效配置。目前，个人投资者无法进入银行间债券市场，而银行参与交易所债券市场也受到限制，银行可以在交易所进行现券交易，但回购交易仍未放开。这些限制制约了交易所债券市场的公司债、可转债、企业资产支持证券（ABS）等交易所债券品种的流动性，限制了相关发债主体的融资能力。此外，两个市场的分割也限制了资金在不同市场之间的有效配置，不利于形成统一的交易价格。

因此，债券市场相关基础设施建设的联通和制度规则的统一需要持续推进。2020年7月，中国人民银行、证监会联合发布《中国人民银行　中国证券监督管理委员会公告》，同意银行间与交易所债券市场相关基础设施机构开展互联互通合作。目前，我国债券市场在建设全国集中统一的登记结算制度体系、允许发行人和合格投资者自主选择发行方式和交易平台等方面的改革正不断推进。

四、股票市场的进一步开放存在短板

（一）我国股票市场呈现低质量扩张

我国股票市场在1990年11月建立，30多年来发展迅速、成效显著，对外开放程度明显提升。当前我国股票市场的规模总量，包括上市公司数量和总市值均已在全球股票市场位居前列，为我国企业的发展和实体经济系统的持续高效运行加码助力。但我国股票市场一直呈现低质量扩张的特征，在诸多方面存在短板，离我国资本市场高水平的开放目标尚有距离，与我国经济高质量发展的要求不相适应。

有关研究显示，美国上市公司呈现大公司引领和高科技主导的特征，而我国上市公司规模较小且以传统产业为主（李扬，2021）。从各自市场市值前10名公司的结构可以看出这种明显差别：美国市值最高的前10家公司包括苹果、微软、亚马逊、脸书等信息技术（7家）、现代消费（2家）和医疗保健（1家）领域的公司；而我国市值最高的前10家公司，则是酒业（2家）、传统金融业（7家）和传统资源业（1家）的公司。这一差异使我国股市很难灵敏反映国民经济的未来发展方向，对于可能引领未来经济的企业支持力度不足。

（二）双向开放存在"不对称"

我国股票市场的双向开放呈现明显的不对称性。一是企业融资渠道的单向性明显，企业的上市和股票的发行目前只有"走出去"而没有"引进来"。二是投资者的投资渠道开放单向性明显，境外个人和机构投资者的"引进来"较为顺利，而国内个人和机构投资者的境外投资效果不佳。这种不对称性与我国股票市场的多种短板直接相关。一是我国股票市场结构单一，主要由沪深主板、中小企业板和代办股份转让系统组成，产品种类和数量不够丰富，难以有效满足国际投资者的投融资需求；二是信息系统不够完善，国内投资者了解境外股票市场的信息渠道较为狭窄，对境外市场的个股信息了解较少；三是我国证券机构的国际化程度不够，国际人才匮乏，为国内外投融资者提供服务的能力有待提升；四是我国上市公司整体实力有待进一步提高，由于大量优质龙头型企业近几年纷纷赴海外上市，所以我国股票市场缺少真正优质的大型蓝筹企业代表，对国际投资者的吸引力不强。

（三）市场开放程度需进一步提升以满足全球资产配置的需求

我国股票市场的开放程度仍有待提高，部分领域尚未开放或开放度有待提高。例如，针对有意向在我国股票市场发行上市的境外企业，我国尚未建立起相关的制度和机制安排；股票市场的跨境交易尚处于管道式开放状态，合格机构投资者和境内外市场互联互通机制等过渡阶段的机制安排给国内外投融资者提供的平台较小，难以满足市场需求；合资券商和公募基金管理公司外资持股虽然可达到51%的控股比例，但仍有51%的上限设置，有待进一步取消持股限制，引入外资独资券商和公募基金管理公司等。总而言之，我国股票市场的体系建设尚未完善，需推进以满足国内外更加多元化的投资和融资需求，提高我国股票市场在全球资产配置上的国际竞争力。

政策建议与配套措施

打造全球人民币金融资产配置中心是一项兼备复杂性和长期性的工作，需要统筹发展与安全，系统规划，分步骤、稳妥地推进。

一、提升金融机构国际竞争力

充分发挥金融业对外开放的鲇鱼效应和内资金融机构走出去的竞争效应，深化金融供给侧结构性改革，健全金融机构体系，支持直接融资和科技创新，全面提升金融机构的国际竞争力。

（一）构建全方位、多层次金融机构服务体系

构建多层次、广覆盖、有差异的银行体系。目前，我国已形成涵盖中央银行、开发性和政策性金融、国有大型商业银行、股份制银行、城商行、农商行、农村信用合作联社等金融机构在内的以银行业为主的金融体系。但是，内部改革居多，金融有效供给增加不足。在打造全球人民币金融资产配置中心的过程中，投资者结构将更加多元化，应着力增加金融供给，做强大中型金融机构的规模服务能力，培育和完善中小金融机构，形成多层次、有梯度的银行体系。试点商业银行混业经营，促进直接融资的发展和商业银行业务转型。在商业银行业务和证券业务之间设立防火墙，以防范混业经营风险和监管套利。

发展保险、资管与各类中介服务机构，扩大非银行金融机构市场份额，提供多样化、个性化、定制化金融服务，促进金融机构多元化。推动养老机制改革，大力发展保险业，鼓励投资银行、各类基金、信托、风险投资、私募股权投资、金融租赁等非银行金融中介机构发展。

（二）发挥"干中学"作用，提升国内金融机构服务质量

利用金融业对外开放的鲇鱼效应和内资金融机构走出去的竞争效应，发挥"干中学"作用，促进内资金融机构全面学习外资金融机构先进的管理服务理念，在引资的同时做到"引智"与"引制"，以科技创新、服务转型为主要着力点，为实体经济发展提供更高质量、更有效率的金融服务，为打造全球人民币金融资产配置中心保驾护航。

（三）立足本土，做好跨境金融服务

开放意味着金融业承担着比以往更重的发展压力，面临着比以往更复杂的发展形势，只有以国家战略为发展基石，立足本土，才能做好新时代的跨境金融服务。一方面，为我国居民和企业走出去提供专业化金融服务平台，为本土客户的海外投融资提供服务；另一方面，随着金融市场开放向纵深发展，为海外客户进入国内金融市场提供专业化服务，向国外投资者提供投资国内金融市场的渠道和产品。

二、提升金融市场配置资源的能力

2020年4月,中共中央、国务院发布了《关于构建更加完善的要素市场化配置体制机制的意见》,逐步取消行政管制,发挥市场资源配置的主导作用。进一步加强和丰富期货、期权以及贵金属等金融衍生品交易活动,扩大市场选择和交易规模。

(一)健全多层次资本市场体系,完善股票市场基础制度

制定出台完善股票市场基础制度的意见。坚持市场化、法治化改革方向,改革完善股票市场发行、交易、退市等制度。鼓励和引导上市公司现金分红。完善投资者保护制度,推动完善具有中国特色的证券民事诉讼制度。完善主板、科创板、中小企业板、创业板和全国中小企业股份转让系统市场建设。

稳步扩大债券市场规模,丰富债券市场品种,推进债券市场互联互通。统一公司信用类债券信息披露标准,完善债券违约处置机制。探索对公司信用类债券实行发行注册管理制。加强债券市场评级机构统一准入管理,规范信用评级行业发展。逐步推动交易所和银行间国债市场的统一,增强债券市场流动性和定价功能,完善银行间市场的做市商评价体系,调整国债税收制度,提高国债市场流动性。推进债券市场制度规则的统一和基础设施的联通,促进形成多个市场在统一制度规则下的合理有序竞争,实现要素在各个子市场之间可以自由流动,逐步形成制度明晰、规则统一、竞争有序、透明开放的债券市场。

（二）加快建设资产证券化体系，丰富市场投融资功能

明确各类资产证券化过程中特殊目的载体（SPV）统一的独立法人地位，并赋予其充分的融资和上市功能，以加快各类证券化资产和不动产产品的推出。在积极推动公募证券化资产市场发展的同时，大力开放私募证券化资产市场，形成风险可控的试验田和孵化器，建设资产证券化体系的全生态。确立 SPV 的资产信托/管理职能和相应的税收中性待遇，避免证券化资产的额外税务成本。建立符合国际先进标准的 SPV 及其资产的信息披露平台，提高基础资产的信息披露要求，以减少市场中关于 SPV 和基础资产的信息不对称，吸引更多的海外机构和投资者参与。同时建立明确有效的破产隔离法规和实施流程。针对资产支持证券二级市场建立做市商制度，取消对机构参与的限制，以提升市场的流动性和定价功能。

（三）提升外汇市场的深度、广度和厚度

总体来看，我国外汇市场运行稳健，跨境资金流动平稳有序，市场主要参与者也更加成熟理性。为更好地推动人民币金融资产在规模和范围上进一步扩展，需要进一步加大外汇市场的深度和广度，提高汇率市场化水平，提高人民币汇率双向波动幅度，形成更合理、更均衡的市场汇率，从而实现境内外资源的高效配置。

完善银行间外汇市场，推动更多货币对直接交易，为市场主体提供更多选择。进一步丰富周边国家在我国银行间外汇市场直接交易的种类。如东盟十国中仅有三国的货币可在全国银行间外

汇市场直接交易。未来可从货币区域交易起步，在条件成熟时再进入全国银行间外汇市场。

推进外汇衍生品市场建设，解决企业汇率风险管理不足的难题。我国境内外汇衍生品交易已有一定规模，银行间市场以外汇和货币掉期为主，银行对客户市场以外汇远期为主。对标国际经验，从其他国家外汇市场的境内和境外、场内和场外两个维度看，我国境内的人民币外汇期货市场（即境内的场内市场）缺位，境外人民币外汇期货市场占据全部市场份额，制约人民币国际化向纵深发展，不利于人民币金融资产国际属性的形成。因此，应探索境内交易所上线以人民币对美元为主的外汇期货产品，布局境内人民币外汇期货市场，满足市场主体对冲人民币汇率波动风险的需求，为人民币国际化夯实基础，同时避免因境外人民币外汇期货交易量过快增长挤占境内发展空间。上海自贸区应继续发挥先行先试的改革试验田作用，在条件合适的情况下继续推出人民币兑金砖国家和"一带一路"沿线国家货币的衍生品，使中国外汇市场逐步拥有完善的即期、远期、期货、期权、掉期等金融工具。

三、完善风险处置体系与应对预案

打造全球人民币金融资产配置中心意味着更高水平的对外开放、更大规模的跨境资本流动，有可能带来更高强度的外部风险冲击。必须高度重视金融风险积聚，打造穿透式监管，提高应对外部风险冲击的能力，完善应对预案，守住不发生系统性金融风险的底线，为打造全球人民币金融资产配置中心创造稳定环境。

（一）关注资本项下跨境资本流动风险，构建"两位一体"管理框架

在稳步推进资本项目开放的过程中，应重点关注跨境资本流动风险，着力建立与开放进程相适应的外汇市场"宏观审慎+微观监管"两位一体的跨境资本流动管理框架，加强宏观经济管理部门间的协调合作，完善相关配套措施，不断推进治理体系和治理能力现代化。

首先，建立健全宏观审慎管理体系。丰富跨境资本流动宏观审慎管理的政策工具箱，以市场化方式，逆周期调节外汇市场顺周期波动，防范国际金融风险跨市场、跨机构、跨币种和跨国境传染。一是制定以防范系统性金融风险为目标的宏观政策，运用安全审查、存款准备金、利率政策、汇率政策、财政政策、外汇储备平准功能等多种调控工具，维护宏观经济金融稳定。二是丰富企业、个人和金融机构全覆盖的宏观审慎管理政策工具箱，综合运用全口径跨境融资宏观审慎等政策工具。三是建立和完善跨境资本流动宏观审慎管理的监测、预警和响应机制，建立健全包括企业、银行在内的系统重要性跨境投融资机构外汇监管制度，建立健全银行外汇业务合规与审慎经营评估框架，完善离岸市场人民币业务统计和监测框架。

其次，完善跨境资本流动微观监管手段。微观监管方面，按照国际惯例加强反洗钱、反恐怖融资、反逃税审查，加强行为监管，维护公平公正公开的外汇市场环境，坚持真实性、合法性、合规性审核，坚持跨境交易留痕原则，加强穿透式监管。严厉打击地下钱庄、违法外汇交易平台等外汇违法犯罪活动，保持监管政策和执法标准的跨周期稳定性、一致性和可预期性。

最后，深化跨部门、跨境联合监管。加强与各主管部门在事前、事中、事后的协同监管，合理把握监管强度，确保真实合规的跨境贸易和投资不受影响，避免影响实体经济，避免损害我国改革开放形象，避免恶化市场预期和市场信心。与此同时，通过签订多边、双边监管合作备忘录等多种方式，不断加强与境外监管部门的联合监管，严厉打击违法违规跨境金融活动，站在维护全球金融秩序的高度，推进跨境金融服务的全球治理，树立负责任大国的形象。

（二）防范人民币汇率短期超调风险，增强人民币汇率弹性

完善人民币汇率市场化形成机制，进一步增强人民币汇率弹性，增强汇率对外汇市场的风险缓释作用，保持人民币汇率在合理均衡水平上基本稳定，谨防汇率大起大落形成负面市场预期。尤其是考虑到非国际货币易贬难升、贬多升少的特征，应避免人民币汇率长期趋势性贬值和短期过度升值。

短期看，短时间的过度波动容易引发市场羊群效应，应防范汇率风险的传染发酵，以宏观审慎政策保持跨境资本流动有进有出、双向均衡。长期看，应保持政策的稳定性和一致性，尽量避免对人民币汇率的直接干预，保持外汇管理政策的公开、透明、可预期，进一步引导理性预期形成。

（三）谨防国内资产价格波动加大风险，守住不发生系统性风险的底线

从历史上看，外部风险向国内传导主要通过贸易渠道和金融渠道，近年来金融渠道愈加重要。1997年亚洲金融危机时期，拖累我国的外部输入性风险主要通过贸易渠道传导。21世纪尤其是2001年加入世界贸易组织以来，我国融入全球化加速，危机爆发前资本和金融项目部分可兑换。2008年开始的金融危机迅速向全球溢出，金融渠道对我国的影响远远大于贸易渠道，我国几乎与全球同步被拖入危机。

随着金融开放不断深化，未来金融领域的风险挑战依然严峻。一是跨境资本流动压力上升。风险集中释放阶段美元流动性趋紧，金融资产普遍遭遇抛售，全球资本回流美国，可能再现资本流入枯竭问题；同时，国内资本市场和外汇市场面临较大抛压，北向资金等跨境资本流出规模有所上升。二是悲观预期下市场共振。全球股、债、汇等市场联动几乎瞬间完成，悲观情绪跨境、跨市场传染迅速，一旦预期恶化形成羊群效应，危机有可能走入自我实现的恶性循环。三是海外融资渠道受阻，美国实施金融制裁的概率上升，未来中资企业海外融资难度加大。

应从根源入手，阻断国内金融市场加入全球共振，阻断输入性金融风险，密切监测互联互通机制和外汇市场。应发挥我国制度优势，转化为治理效能，从国家博弈的高度认识此次全球环境变化，守住不发生系统性风险的底线，建立抵御和吸收传染的"防火墙"；从金融委的层面统筹协调安排，建立跨部门合作机制，

提高政策的协同性和一致性，避免外部冲击通过金融渠道向我国溢出。

四、推动人民币全球跨境循环体系成熟发展

货币回流机制是人民币国际化深化的必要环节，逐步实现和完善人民币跨境循环体系，形成人民币"回流"机制将有助于扩大人民币资产使用。一方面，加大人民币贷款和人民币贸易结算，形成境外人民币沉淀，培育回流需求。有管理地开放境内国债二级市场，在限定渠道吸引境外投资者，完善市场机制，搭建回流渠道。扩大试点外国央行在二级市场配置国债，形成通畅的人民币回流循环，国债成为国际储备资产。另一方面，重点发展在岸市场，主动吸引境外长期资金成为国债的主要配置型境外投资者，并成为主要储备资产，境外人民币沉淀资金推动在岸和离岸债券市场形成双循环体系。

跨境持有的持续推进为跨境结算免除"后顾之忧"。人民币在离岸市场不断积累沉淀，国际声誉将进一步提升，能够催生非居民产生继续使用甚至持有该货币的动机，进一步丰富市场主体使用该国货币的范围，形成跨境结算与跨境持有相互促进的良性局面，可以更好地服务于以国内大循环为主体、国内国际双循环相互促进的新发展格局。

更进一步，探索当前金融市场的管道式开放向制度性开放转变，推动人民币全球跨境循环体系成熟发展。推进金融市场高水平双向开放是一项长期工作，应加强顶层设计，探索制度层面开

放的实施方案，同时做好风险防范和监测预警工作，提高境外投资者投资人民币金融资产的便利程度，实现"化零为整"，真正建成全球人民币金融资产配置中心。

五、完善金融基础设施建设

金融基础设施是开展各项金融活动的重要制度安排，中央已经明确提出金融基础设施改善中需要遵循的三条原则，即"补短板、防风险、提效率"。事实上，无论是汇率市场化、利率市场化、资本项目开放、金融交易可兑换程度，还是人民币国际化以及金融要素的市场化，都要求完善和高效的金融基础设施作为保障，以实现各项任务的顺利开展，改变市场分割现状，以及减少金融资源配置扭曲。

应完善金融基础设施赋能和治理。持续推动金融市场和基础设施互联互通，不断提升清算、结算、登记、托管等系统专业化水平。强化监管科技运用，加快金融业综合统计和信息标准化立法。推动金融监管的科技赋能，抓紧建设监管大数据平台，全力推动监管工作信息化、智能化转型。

此外，还应探索金融法律的国际化和金融法律域外适用。一方面，适当完善我国境内的境外机构的法律适用。在打造全球人民币金融资产配置中心的过程中，必然出现境外机构在我国境内开展金融业务的问题。当前我国有些金融领域法律对此并未明确。应明确境外机构在我国境内合法合规开展金融业务，解决当前境外非法交易平台在我国境内开展网络炒汇、黄金交易、证券交易，以及境外银行为我国居民境外购房提供跨境支付服务等监管缺失问题。另一方面，适当完善涉及境外的我国人员的法律域外适用，对管辖对象和管辖内容，进行合理规定。应优先使用多边／双边跨境金融监管合作，合理使用单边立法，避免美式"单边主义"，寻求在国际多边条约或双边协定法律框架下，与其他国家／地区开展跨境金融监管合作。尚未纳入多边条约或双边协定但确需管理的，可在我国国内立法中明确我国法律的域外适用。

六、加强国际金融协调与合作

当前国际环境形势更为复杂，贸易保护主义、单边主义抬头，"逆全球化"思潮涌现。为保障人民币金融资产成为境外机构和个人的投资偏好与选择，中国需要不断发挥大国作用，倡导多边合作和多边主义。特别地，可以加强跨地区、跨国界的金融协调与合作，不仅增加与发达国家间的对话交流，也可以通过技术培训、人才交流以及基础设施建设等渠道加大与发展中国家的相互协助，从而实现"多赢"局面。

具体来看，积极加强与境外资本市场监管机构的沟通和政策协调。强化跨境上市公司审计监管合作，严厉打击财务造假行为，共同维护各国投资者的合法权益，不断提高自身监管水平，健全跨境资本监测和风险预警机制，做好输入性风险防范应对，不断提高开放环境下资本市场运行的活力和韧性。

# 04

推动人民币国际化的再思考

新发展格局下人民币国际化成本收益的再思考

2009 年推动人民币跨境结算以来，人民币国际化已经走过了 10 余年的历程，并取得了重要进展。这期间，人民币的结算功能持续增强。中国人民银行的数据显示，2010—2020 年，人民币在跨境贸易中的结算额从 5 063 亿元整体增至 6.77 万亿元，在跨境直接投资中的结算额则从 280 亿元升至 3.81 万亿元。SWIFT 的数据显示，截至 2021 年 6 月，人民币支付金额占所有货币支付金额的 2.5%，较 2010 年末提高了 2.2 个百分点，在主要国际支付货币中已排在第五位。

同时，人民币国际储备货币地位也在不断提升。2016 年，人民币被纳入国际货币基金组织特别提款权（SDR）货币篮子，标志着人民币国际化的重大进展。到了 2021 年第一季度，在国际货币基金组织官方外汇储备货币构成（COFER）中人民币排在第五位，人民币在全球外汇储备中的占比为 2.5%，较 2016 年人民币刚加入特别提款权货币篮子时上升了 1.4 个百分点。根据中国人民银行的不完全统计，目前全球有 70 多个央行或货币当局将人民币纳入外汇储备。

此外，人民币的国际计价功能也取得一定突破。2018 年，俄罗斯、沙特阿拉伯、委内瑞拉等 9 国先后在双边石油交易中采用了人民币结算。同年 3 月，以人民币计价的原油期货在上海国际能源交易中心挂牌交易，同时引入境外交易者。截至目前，我国已上市原油、铁矿石、精对苯二甲酸（PTA）、20号胶、低硫燃料油、国际铜和棕榈油这7个可用人民币计价的特定品种交易期货，大宗商品领域的人民币计价功能正在培育当中。

在人民币国际化取得重要进展的同时，也要看到人民币国际化的进程并非完全顺遂，诸如减少汇率风险、减少对美元资产的依赖等人民币国际化的预期收益似乎尚未完全实现。与尚未实现的预期收益伴随出现的是人民币国际化进程中的一些显著问题，比如人民币国际计价功能的提升较大幅度地落后于结算功能的增强，以及中国企业在国际贸易的计价结算货币选择中的低话语权与中国在国际贸易中与日俱增的地位不相匹配。在加快构建国内国际双循环相互促进的新发展格局的要求下，有必要结合当前实际，再度思考和评估人民币国际化的成本与收益。

一、人民币国际化能否减少汇率风险、减少对美元资产的依赖

（一）人民币国际化应有助于减少汇率风险、减少对美元资产的依赖

从理论上来看，人民币国际化可以降低汇率风险、减少对美元资产的依赖，这是人民币国际化的两个重要收益。已有的研究就这两点也展开了较多讨论。

人民币国际化有助于缓解开放经济中的汇率风险。一是随着本币国际化程度的提高，本国市场主体在国际贸易和投资中更

多地使用本币而非外币，因此可以直接减少货币汇兑的成本和风险。二是在满足国际清算银行资本充足率时，金融机构人民币资产权重的增加也将降低外汇波动的冲击风险（高海红和余永定，2010）。三是普遍存在的汇率波动本就会对本国贸易收支、经济增长和就业产生一定的负面影响，而人民币国际化程度的提高对这些负面影响将有较显著的缓解作用。已有实证研究证明，境外人民币资产存量越大，人民币名义有效汇率升值对货物贸易收支的负面冲击就越被削弱。对微观企业运行的观察也显示，在跨境贸易人民币结算实行之后，由汇率变动带来的外贸企业困难有所减少，就业损失效应也有所减小。此外，由于"一带一路"沿线国家在开展外贸活动时能更多地使用人民币进行结算，所以与其他地区相比，汇率对该类地区就业和就业结构的影响也在减弱。四是当前人民币国际化在成为国际大宗商品计价货币方面相对滞后，我国作为多种主要大宗商品的进口国，大部分以美元计价的大宗商品不仅给我国企业经营带来了巨大的汇率风险，更不利于我国价格形势的稳定。从提高大宗商品定价权出发，强化人民币国际使用的计价职能，将有利于降低大宗商品汇率风险、保障我国经济的持续稳定发展，也将有助于减轻我国在中美博弈中面临的不确定性。

人民币国际化将减少我国对美元资产的依赖。美元成为主导性的国际货币以来，对美元资产的依赖或者说对以美元为主导的国际货币体系的依赖就成了美国之外其他主要国家所面临的现实。改革开放后至2008年全球金融危机爆发前，我国积极利用以美元为主的国际货币体系，主要使用美元参与经济全球化，实现了促进出口和利用外资的双重目标。但 2008 年之后，世界经济整体下行，美元体系的掠夺性逐渐大于其公益性。美国越来越频繁地利用其货币霸权地位转嫁本国政策成本以维持本国经济稳定，这不可避免地需要通过美元的国际货币地位利用外国投资者为其财政赤字融资，美元资产的风险可能越来越高（余永定，2010）。2020 年国际清算银行的一项研究也显示，新冠肺炎疫情后，全球金融市场对美元的依赖性继续提高，由此产生的市场互联性也可能加剧全球经济的脆弱性，依赖美元体系风险大大上升、收益大大下降。我国应持续推进人民币国际化，促使人民币沿着国际货币结算、计价和价值贮藏的职能逐步提高在世界货币体系中的地位，减少我国对美元资产的依赖，增强我国经济社会发展的安全性。

（二）事实上，人民币国际化过程是否带来了前述收益

第一，在一定条件下，人民币国际化进程反而加剧了对美元资产的依赖。在 2015 年上半年人民币升值预期逆转之前，人民币跨境贸易结算试点实际上增加了对美元资产的依赖。2011—2014 年的数据显示，跨境贸易人民币结算实付金额（进口）持续大于实收金额（出口）。进口渠道支付的人民币金额大大超过出口渠道收到的人民币金额（见图 4.1）。这意味着，原本可以通过进口渠道使用的美元外汇，在人民币跨境结算之后无法通过原有的进口渠道使用出去。这将导致美元外汇储备的额外积累，反而会加剧对美元资产的依赖性。根据相应的数据进行计算，2011—2014

年，由于推进人民币国际化，外汇储备额外增加了4 369亿美元。在进口人民币结算更多而出口结算人民币较少的情况下，推动人民币跨境贸易结算必然带来新增美元外汇储备的增加。进一步地，这和当时的汇率单边升值预期、外贸企业的定价权有关。事实上，推行本币计价比推行本币结算更为重要，因为推行本币计价能够切实帮助外贸企业减少汇率风险（余永定，2014）。

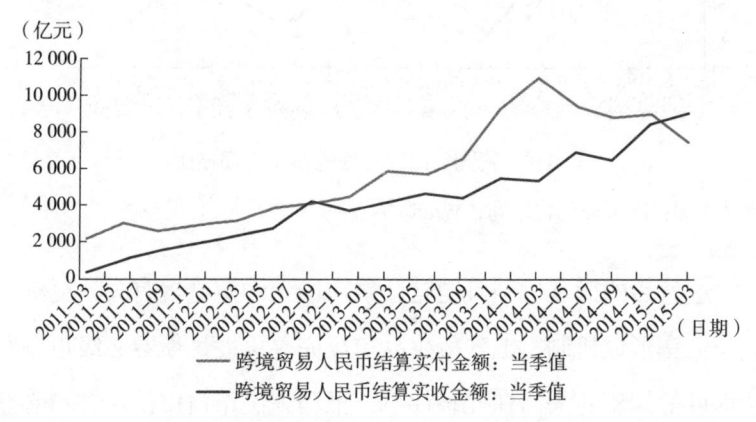

图4.1 跨境贸易人民币结算方向上，实付金额持续大于实收金额
资料来源：国家外汇管理局，Wind。

第二，在一定条件下，全口径外债的本币构成也出现了一些非合意的变化。2015年有数据以来，全口径外债的币种结构更大程度上和人民币的升值、贬值走势有关：贬值过程中，我国本币外债占比下降，升值预期时，本币外债占比提高（见图4.2）。在贬值阶段，本币外债占比提高对中国企业和市场主体有利，所以中国机构应该有更强的动机发行更多的本币外债。但数据显示的结果相反，这一结果对于外国债权人更加有利。

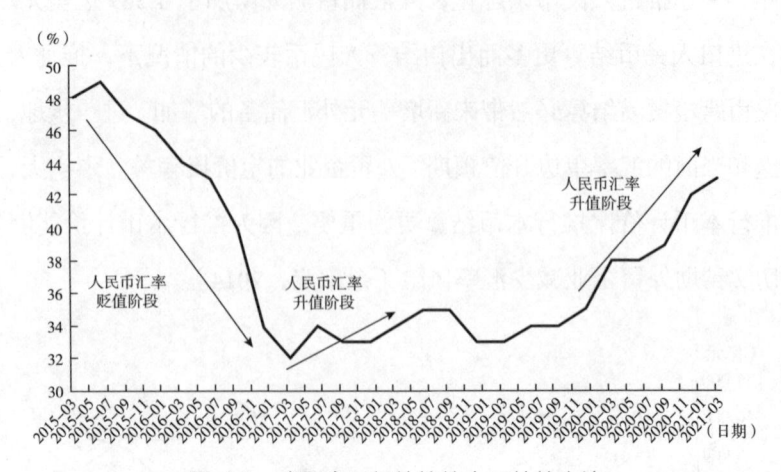

图 4.2　我国全口径外债的本币外债占比

资料来源：国家外汇管理局，Wind。

这背后的微观机制可能与金融市场上的定价权有关，更深入地与汇率形成机制、汇率衍生品市场完善程度、债券二级市场发达程度等因素有关。在此条件下，推动人民币自由使用并不必然减少中国市场主体的汇率风险，甚至可能增加汇率风险。

为什么在特定历史阶段，人民币国际化进程并没有获得预期的收益？这至少和以下三个原因有关。一是我国的国际分工地位处于上升中，外贸企业定价权偏弱。二是我国金融市场发展滞后，尤其是缺乏完善的利率、外汇衍生品市场，同时金融市场监管还亟待提升。在此基础上人民币资产缺乏流动性，风险也难以得到对冲，作为人民币资产供给方的本土机构议价能力较弱，而作为人民币资产需求方的外资机构议价能力较强。三是在人民币汇率形成机制缺乏充分弹性的背景下，外汇市场容易出现单边升值或单边贬值预期。这个条件结合外贸企业定价权偏弱、人民币资产提供方（本土负债方）在金融市场上的定价权较弱，就会使人民币国际化的收益无法获得实现，甚至其收益在一定程度上转化为成本和福利的损失。这些原因和机制的梳理，对于进一步稳慎推进人民币国际化具有重要意义。下文我们将对这三个视角进行展开分析。

二、我国的国际分工地位处于上升中，外贸企业定价权偏弱

贸易中的结算货币和计价货币有重要区别，这是值得注意的。但是结算货币的选择和计价货币的选择有相同的逻辑基础。在国际贸易的企业谈判中，结算货币、计价货币往往是由定价权更强的一方来决定的。在人民币升值预期的背景下，使用人民币作为收款结算货币、计价货币显然更为有利，而使用人民币作为付款结算货币、计价货币显然更为不利。

对照这一逻辑，结合2011—2014年的人民币升值预期，以及跨境贸易中人民币结算的实付、实收差额可以发现，在人民币汇率持续升值的过程中，我方使用人民币结算的实付金额持续高于实收金额。这反过来表明，中国企业在对外贸易中的定价权偏弱。

已有文献研究也表明，中国在成为贸易大国的同时，外贸企业的议价定价能力依然偏弱。出口方面，张欣和孙刚（2013）基于双边随机边界模型，对信息不对称条件下我国工业品出口企业的议价能力进行了实证分析，发现整体上中国出口商的议价能力明显低于国外进口商，导致实际出口价格平均低于出口基准价格。

即使对于稀土这样的特殊商品，中国作为全球稀土储量最多且拥有完整稀土产业链的国家，中国企业依然缺乏对全球稀土市场的定价权（郑国栋 等，2021）。中国稀土出口的定价权弱的重要原因是产业集中度过低、行业组织发展不足，以至于国际稀土市场上出现非对称寡头结构，即国外买方呈寡头化的集中，而中国卖方却极度分散、市场势力低下。

进口方面，有数据表明，2018年全球主要40种矿产资源中，我国有30种矿产消费量居世界第一（王安建和高芯蕊，2020）。我国能源和重要矿产消费量中占全球比例超过50%的矿种有12种，超过40%的有23种。这些矿产资源中不乏煤炭、水泥灰岩、铁、锰、铜、铝、铅、锌和磷等大宗商品，而无一例外地，我国对这些商品缺乏定价能力。同样地，在国际粮食市场中，中国虽然是国际大豆市场中最大的买方，但并不具备买方力量，大豆市场的定价权仍被美国牢牢掌握（李光泗和韩冬，2020）。中国的大宗商品定价权之所以缺失，一方面，要考虑到中国的商品需求存在刚性，并且作为买方产业组织程度依然很低，面对寡头化的国际大宗商品供应商，企业间难以协同合力形成议价能力，陷入"中国买什么，什么就涨"的价格怪圈。另一方面，大宗商品是同质化、可交易、被广泛用作工业基础原材料的商品，其金融化程度较深，大宗商品期货市场成为其价格形成的重要渠道。发达国家在历史上率先建立了涵盖期货和现货交易的大宗商品交易中心，形成了极强的定价权，中国在现阶段很大程度上成为价格的接受者。

中国企业定价权为何偏弱？至少有以下三个方面的原因：一

是加工贸易占比高，二是大宗商品进口占比高，三是中国高度依赖于对欧美等发达经济体的出口。此外，尽管部分在华经营的外资企业出口定价权较强，但是在其贸易中的计价、结算货币确定，与中国本土企业的逻辑完全不同。这也导致，即使外资企业表现出较强的出口定价权，但也不必然增加人民币的跨境使用。具体来说有以下四个方面的原因。

第一，加工贸易占比高。

2020年，加工贸易占我国进出口总额的36%。加工贸易主要分为进料加工和来料加工两种，虽然后者占比较小，但仍非常有代表性。例如，中国的A公司从日本的B公司进口了一批原材料，价值95万元，经加工后以105万元再售回给B公司。其间贸易额统计结果为200万元。但双方为了节省成本，只是支付差额，即实际跨境结算金额只有10万元。这意味着，即使这10万元的结算金额全部使用人民币结算，其占进出口贸易额的比例也只有5%。

进料加工与来料加工有所不同。但不论是哪种加工贸易形式，其附加值在整个生产过程中的占比都很低，例如，苹果手机在中国加工环节的增值不到4%。由于在分工体系中的低附加值地位，加工企业往往是被动来选择结算币种的，所以如果考虑到加工贸易，则对外贸易中人民币的使用空间也会受到制约。

第二，大宗商品进口占比高。

2019年，我国初级产品占进口总额的35%。2008年以来的大部分时候，都维持在30%以上，近年来这一比例还进一步显著上升。作为参照，日本在20世纪90年代的这一比例为40%~50%。大宗商品进口占比高直接意味着两个后果：其一，由于国际大宗商品均以美元计价、结算，所以进口环节的人民币使用将受到挤压；其二，对出口商而言，由于重要的进口成本均以美元来核算，所以如果在出口环节使用人民币结算，则将面临更大的汇率风险，或更高的风险管理成本。因此，上述两个方面均直接或间接地限制了进口环节的人民币使用程度。事实上，在资源匮乏的日本，其日元国际化也一直面临相同的问题。而这一问题的解决途径只有三个：一是国内产业结构升级，尽量减少对国外大宗商品的依赖；二是扩大进口总体规模，在此背景下大宗商品的进口占比也会下降；三是改变国际大宗商品的计价、结算货币体系。最后一点也是最为根本的解决方案，而且在这方面我们可能正面临一定的机遇。

第三，中国高度依赖对欧美等发达国家的出口。

长期以来，我国比较依赖对欧盟国家和美国的出口，2020年这一占比达到了33%。在国际贸易中，如果是发达国家与发展中国家进行交易，通常使用发达国家的货币进行结算。而1997年以来，中国的对外贸易对发达国家的依赖并没有明显改善，这种贸易方向的格局，对人民币的使用也产生了制约作用。

值得注意的是，在亚洲区内的贸易中，日元甚至也一直没有成为日本出口商的主要计价货币。日本经济学家调查研究后发现了原因：日本企业在亚洲其他地区的子公司，从日本进口中间品，经加工后出口到美国形成了三角贸易。由于出口商品最终是销往美国市场的，所以美元计价占比仍然较高。虽然亚洲区域内贸易比重看起来可能很高，但其对欧美市场的高度依赖性并没有得到根本性的改变。

2008年亚洲开发银行的一份研究报告显示，按贸易发生额来计算，亚洲区内的贸易占比高达51.8%，而对欧美的贸易占比仅为48.2%；但是，如果不考虑中间品贸易，只考察最终产品，则上述比重将分别调整为32.5%和67.5%。

近些年，中国对新兴经济体和发展中国家的投资不断上升，伴随着对这些地区的贸易量也快速增长。但是，如果这些对外投资，只是简单地将中国对美国的出口转变为第三国对美国的出口，则难以从根本上改变现有的国际分工体系格局，从而也难以改变对欧美市场的根本依赖。正是在这个意义上，国内产业结构的调整升级、在此基础上的对外贸易方式转变，以及"一带一路"倡议，都与人民币国际化具有深度的内在契合关系。

由此可见，在推进人民币国际化的进程中，尽管目前金融市场改革如火如荼，但是也需要重视实体经济中产业和贸易结构的升级。人民币成为国际货币的过程，不仅是推动国际货币发生改变的过程，而且从根本上来讲，还是推动国际分工体系格局发生改变的过程。在此过程中，我们需要协调好金融改革、实体经济结构调整这两者之间的关系。

第四，外资企业占比高带来的影响。

长期以来，外资企业在中国外贸中占比较高。2011年之前的较长时间，外资企业进口、出口占比均超过50%。2009年外资企业的出口占比达到了56%，这一度成为中国对外解释国际收支顺差时所用的一个重要理由。此后，这两个比例呈现出下降趋势，但是到2018年外资企业进口、出口占比仍然维持在44%、42%的较高比例。不过这一情况在近两年来出现了剧烈的变化，2020年这两个比例分别下降到了28%、24%。

外资企业在外贸中占比较高，为什么会对跨境贸易中的人民币自由使用产生影响呢？外资企业的经营决策普遍受制于海外的母公司或海外所有者，其缺乏财务独立性。与中国本土企业不同的是，对外资企业而言，使用人民币结算并不意味着汇率风险的消失，反而意味着汇率风险的上升，因此外资企业并不会自然倾向于使用人民币来计价结算。当然，在使用人民币结算具有套利空间的情况下，外企对人民币结算可能会有较大的兴趣，但这种条件只存在于一时，这种基于套利行为的可持续性也可能受到条件变化的考验。

三、人民币产品的吸引力在于收益性而非流动性，这影响了其议价能力

在构建双循环新发展格局的过程中，我们"必须坚定不移扩大开放，持续深化要素流动型开放，稳步拓展制度型开放，依托国内经济循环体系形成对全球要素资源的强大引力场"。金融市场开放、人民币国际化也正是这样一个过程。在此过程中，从外国投资者的视角来看，其通常关注金融产品三个方面的特性：流动性、风险性和收益性。

首先，流动性取决于这个金融市场的广度、深度，以及监管和运行体系的有效性。其次，对于跨境投资者而言，风险性在很大程度上取决于这个市场的利率衍生品、外汇衍生品的发达、完善程度。如果一个金融市场的流动性不佳，而且也无法对利率和汇率风险进行有效对冲，则这个金融市场必须要提供足够高的溢价补偿才能够获得外国投资者的青睐。某些时候这种条件是成立的，例如货币面临持续的、确定性的升值预期——但在这种条件下，外资对该金融市场的热情是暂时的、不可持续的。

总体而言，在缺乏流动性和风险对冲工具的条件下，在人民币金融产品市场中，我国机构对外资机构的议价能力也将受到较大影响，从而使人民币国际化的初衷受到一定程度的影响。具体来说，在人民币资产的供给方和需求方之间，作为人民币资产需求方的外国投资者议价权可能更强，而人民币资产供给方的本土机构议价能力较弱。最后的结果是，人民币国际化可能导致无法实现预期的收益，甚至面临一定的损失。

在日元和美元的比较研究中，有研究者发现，基于市场网络的交易媒介职能以及由此带来的更强流动性，美元作为国际货币的地位享有很强的惯性（Ogawa and Sasaki，1998）。而此前，有研究也揭示了，一旦一种货币在国际范围内成为交易媒介，则其受欢迎程度将是具有历史惯性的（Swoboda，1969；Tavlas，1991）。这种历史惯性也是由美元具有更强的交易媒介职能（流动性）带来的。因为美元资产在流动性以及安全性方面更具优势，所以在国际投资者的效用函数中，收益性成为相对比较次要的考虑因素。而对于人民币这样正处于货币国际化进程中的货币，一方面面临着金融市场流动性的局限，另一方面对于人民币是否已经成为国际安全资产仍然尚有争论，在此背景下，人民币金融资产对国际投资者的吸引力主要就在于其收益性。因此，在国际金融市场上，人民币金融资产相对缺乏议价能力。

金融市场的发展相对不成熟表现在多个方面。以债券市场为例，中国债券市场还面临诸多问题，在缺乏一个具有深度、广度、有效运行的债券市场的背景下，人民币国际化也难以具有有效的金融市场载体。因此，我们迫切需要采取改革措施来推动债券市场的发展，在此基础上的人民币国际化才能够实现其初衷（见图4.3）。具体来说有以下六个改革方向。

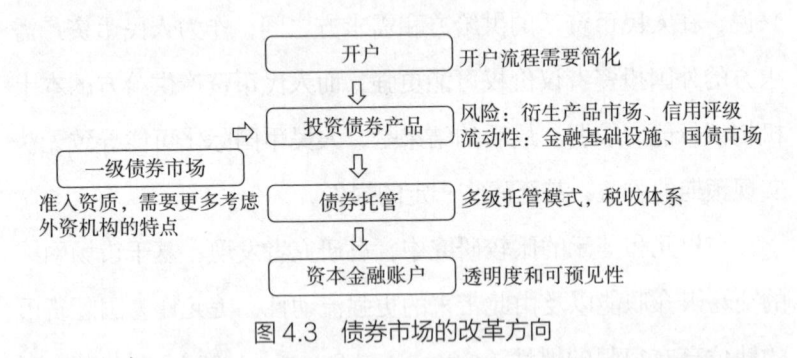

图4.3 债券市场的改革方向

第一，从债券市场的风险视角来看，一方面，应加快发展债券和外汇的衍生品市场。同时逐步扩大境外投资者参与衍生品的交易。此外，境外投资者还不能参与国债期货市场。另一方面，逐步打破信用评级的下限，重塑国内信用评级的公信力。目前国内、国际信用评级存在较大错位。部分情况下国内信用评级未能真实地体现风险，对债券定价的指导作用有限。

第二，从流动性视角来看，特别要加强国债市场的流动性建设。要从金融基础设施的高度来认识国债发行，真正发挥国债收益率曲线作为债券市场无风险收益率曲线的基准作用。目前，我国国债买卖价差仍高于成熟市场。流动性不足也使部分券种难以在市场上找到对手方，进而导致交易无法实现。

第三，在交易开始阶段，应显著提升开户流程的便利度。目前，境外主体投资银行间债券市场只需要备案，但完成备案及开户耗时长、流程烦琐。完成全部交易前流程通常需耗时数月。

第四，交易过程中的托管业务方面，中国银行间债券市场应从一级托管模式，逐渐向多级托管模式转变。同时，应增强境内托管机构的联通，全面实现电子化操作，提高交易效率。在税收环节，应明确税收政策，以便计算税后收益并合理安排缴税资金。当前，税收安排不明确，仅有部分券种的特定税收安排散见于一些文件之中。这给境外投资机构的成本核算、预留资金等方面带来了不确定性。

第五，增强跨境资本流动政策的透明度、可预见性，避免政策本身波动对市场预期造成冲击。目前，国际投资者对这方面的政策仍有担忧，这对境外投资者参与中国债券市场的意愿产生了较大影响。跨境资本流动政策不宜出现大幅度反复。因此，资本账户开放应在权衡各种条件的情况下渐进推进，并保持不断走向开放的趋势和时间上一致的政策框架。

第六，在债券一级市场的资质标准方面，将外资机构的特点更多纳入考虑。中国债券市场国际化程度的提高，需要借鉴外资机构的竞争力和国际网络优势。在债券主承销商资格、发行人民币债券资格等方面，可以让外资机构发挥更多作用。

四、在汇率形成机制缺乏弹性的情况下，单边升贬值预期放大了结构矛盾

在人民币国际化进程中，人民币汇率形成机制改革经历了一个反复的过程。人民币汇率形成机制一度比较缺乏弹性，这也对应着过去外汇市场存在比较频繁和常规的干预。随着内、外部环境发生变化，这种机制本身就容易带来单边升值或贬值预期。而这种本身就容易扭曲市场的行为，还与外贸企业定价权偏弱、人民币金融产品提供者的议价能力较弱结合在一起，对人民币国际化的收益（以及初衷）产生冲击和影响。

第一，汇率形成机制缺乏弹性，带来了跨境套利交易（张斌和徐奇渊，2012）。在人民币汇率市场化之前推进人民币贸易结算和发展离岸人民币市场，会带来大量的无风险套利机会，离岸人民币市场的发展将被货币当局补贴下的套利交易所主导，而且会对在岸人民币市场形成显著冲击。

在这种局面下，不仅人民币国际化的各项初衷难以实现，而且给货币当局带来了财务损失，以及给货币政策操作带来了更多困难。因此，推进人民币国际化，首先应该推进更加彻底的人民币汇率市场化，改革的次序不能颠倒。

第二，汇率形成机制缺乏弹性，再结合微观企业定价权的偏

弱状态，这也强化了对计价、结算货币的不利选择。计价货币、结算货币是由微观企业在国际谈判、协商过程中确定的，企业的定价权是关键因素。一般而言，企业总是倾向于选择本国货币来结算，这样可以减少汇兑成本并避免汇率风险，或是根据货币汇率的升值、贬值预期进行趋利避害的选择。因此，对结算货币的选择实质就是交易双方对定价权的争夺。最终的选择必然对拥有较强定价能力的一方有利，而定价能力较弱的对手方将承担更多汇率风险或损失。

在人民币单边升值的预期下，对中国出口的外国企业可能会倾向于接受以人民币作为收款时的计价和结算货币。但这种情况对我国进口商不利。相关研究指出，如果公众相信人民币将继续升值，那么只有人民币的收款方机构最有动力参与人民币国际化业务（Eichengreen，2011）。在这种单边升值的预期下，人民币计价、结算行为必然是失衡的。显然，这种失衡是建立在人民币单边升值预期，以及国内外贸易企业不对称的定价权基础上的。因此，就出现了前文所描述的2011—2014年人民币收、付失衡的情况，这也进而使人民币国际化偏离了减少汇率风险、减少对美元资产依赖的预期收益，甚至在一定程度上增加了风险和成本。

第三，汇率形成机制缺乏弹性也给外债的币种结构管理及其优化带来了更大挑战。前文提及国内债券市场缺乏流动性、利率和汇率风险缺乏对冲工具等问题，在此背景下，外国投资者投资人民币债券等金融产品，就需要获得更高的风险溢价或流动性溢价。

特别是在人民币单边贬值的预期下，外国投资者对于购买人民币金融资产的积极性会大幅减弱，而在人民币单边升值的预期下，外国投资者购买人民币金融资产的积极性又会过度高涨。这表明汇率形成机制缺乏弹性，以及国内金融市场发展滞后，在此条件下推动金融市场的开放，实际上呈现出的本币外债变化方向并不利于中国本土的负债方。我们已经看到，在人民币升值周期，本币的外债占比上升；而在人民币贬值阶段，本币的外债占比下降。

综上所述，回顾人民币国际化的历史我们可以看到，微观企业的定价权偏弱、金融市场发展滞后以及汇率形成机制缺乏弹性等，都使人民币国际化的收益未能达到预期，甚至带来了额外的风险和成本。而随着中国经济、金融在近些年来取得新进展，以及进入新发展格局，上述条件都在发生着变化。

首先，越来越多的文献研究表明，中国外贸企业的国际竞争力在上升，同时国内市场集中度的提高也推动了中国企业在国际市场上的议价能力。其次，人民币汇率形成机制的改革也取得了显著进展，人民币汇率以2019年8月破7为标志，其弹性明显扩大，对美元的波动性得到了显著增强。最后，我国金融市场的改革和开放也在加速推进中，同时，我国金融监管的进一步完善也将为人民币国际化提供更加坚实的基础。在上述条件日趋成熟的背景下，人民币国际化的推进也将为新发展格局提供更强的动能支撑。

货币国际化难题

货币国际化的载体是一国的国际收支，货币国际化的进程势必伴随着本币资金流的跨境流通，而成功的货币国际化则需要这种本币的跨境流通畅通且有持续动力。然而，货币国际化进程中似乎伴随着和国际收支相关的难题。在新兴货币国际化国家开始货币国际化的早期，经常账户多呈现顺差状态，以支持这一货币的可行度，因此，资本总体将流入该国，而货币的国际化则意味着本币需要尽可能多地流出，这在经常账户总体顺差的格局下意味更多外币——尤其是在位国际货币的流入。这推动了在位国际货币在新兴货币国际化国家的使用，由于新兴货币国际化国家也是经济上系统性重要的国家，对于在位货币而言，新兴货币国际化国家的货币国际化将带来在位货币国际使用的进一步拓展。而之后受限于各种原因，在新兴货币国际化国家的货币国际化进入瓶颈期乃至倒退之后，在位货币的国际地位会得到进一步彰显。也就是说，新兴货币国际化过程，也是在位货币国际地位加强的原因。本章首次提出这一货币国际化难题，概括日德货币国际化进程中这一难题的具体体现，总结应对这一难题的经验和教训，分析人民币在国际化进程中在多大程度上遇到这一难题，并为人民币下一步的国际化提供参考。

一、货币国际化难题：历史视角

从国际收支视角抽象出的货币国际化难题，其核心含义在于，新兴货币在国际化进程中，会新增更多对于在位货币的使用需求，继而进一步强化在位货币的国际货币地位，由于新兴货币的国际化地位并不稳固，在国际化进程中容易出现反复乃至国际化的倒退，而被强化的在位货币反而不受影响，甚至地位更强。本节基于日元和德国马克国际化这两个案例，来提供验证这一难题的历史视角。总体来看，日本和德国一直较难克服这个难题，两国货币国际化的高点止步于20世纪90年代初，之后则走上了不同的道路。

1973年，美元-黄金本位制崩溃和布雷顿森林体系瓦解，美元的第一次贬值从1977年开始，美元国际储备地位也相应转入下行周期，从1976年在全球外汇储备中86.6%的高份额，到20世纪80年代末占比不足60%。[①] 美元国际地位的阶段性式微，也为德国马克和日元的崛起创造了历史条件。1979年底，德国马克已成为全球第二大储备货币，占比高达11.7%，日元则为第三大储备货币，占比为3.6%。在20世纪80年代末至90年代初，两大货币在全球外汇储备中的占比，也分别达到19.1%和9.4%的历史峰值（见图4.4）。但不同于美元在20世纪中期完成了国际化进程，替代英镑、改变金本位，成为真正意义上的国际货币，日本和德国的货币国际化的高点出现于20世纪90年代，之后则走上了不同的道路。

---

① 77.8%的占比排除了欧洲货币单位（ECU），1979年ECU被纳入全球储备货币，导致主要货币的储备占比出现口径差异。

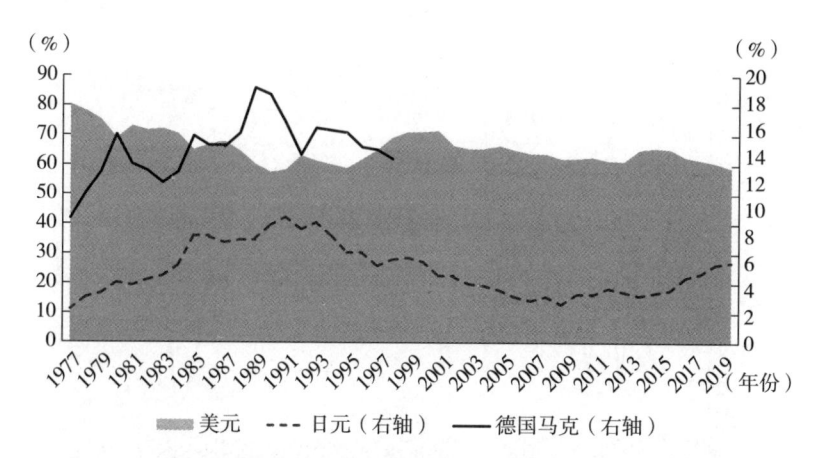

图 4.4　三大货币在全球外汇储备中的占比趋势（1977—2020 年）

注：1977—1993 年的数据综合了 1985—1994 年的 IMF 年度报告（ECU 排除在外），1995—2020 年的数据使用了 IMF COFER 数据库的数据，因为 1995 年之后的 IMF 年度报告将 ECU 纳入计算，所以比例口径发生较大变化。本文将 1994 年的数据取前后两年的平均值处理，1994 年的数据本身不具参考性。

资料来源：IMF 年度报告（1985—1994 年），IMF COFER 数据库。

从历史情形来看，日元和德国马克都面临国际化难题。首先，两国的货币国际化确实与顺差格局相伴，顺差是货币国际化的支撑，顺差下降时国际化趋势也会转弱。日本和德国在 20 世纪 70 年代中前期，基本保持顺差国的地位，此为货币国际化的经济基础。随着 1980 年前后美元小幅贬值和美国经常账户转顺趋势，日本和德国经常账户顺差转逆，国际化趋势也相应回落。在 20 世纪 80 年代初至 90 年代前期，日本和德国的经常账户顺差再次达到高位（见图 4.5、图 4.6），两国的货币国际化也有所提速，并在 20 世纪 90 年代初期达到峰值。由此，国际化难题的前提条件得以满足，即货币国际化的前期进程伴随着顺差的积累。

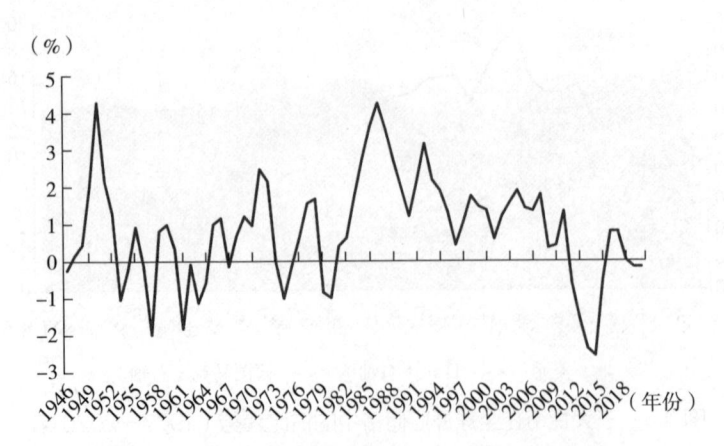

图 4.5　日本经常账户差额占 GDP 的比重趋势

资料来源：CCAD，Wind。

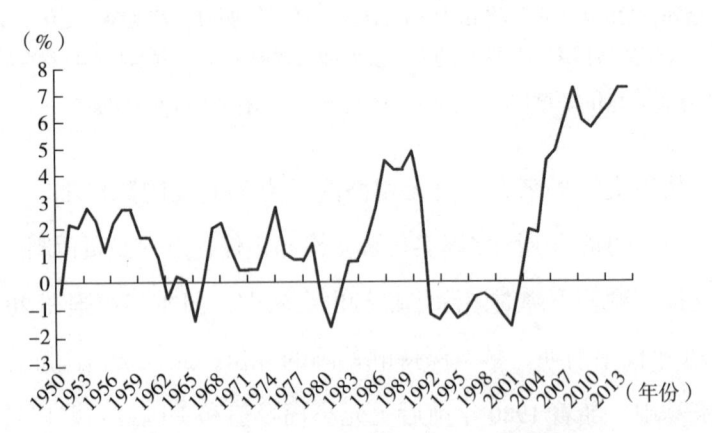

图 4.6　德国经常账户差额占 GDP 的比重趋势

资料来源：CCAD，Wind。

其次，在顺差时期开展货币国际化并助推本币流出，就必然会带来更多外币资产的流入。由于数据可得性，这里能够获取的是外汇储备资产的情况，所以采用外汇储备规模变化来做分析。

在日本和德国的国际化进程中，两国外汇储备快速积累。具体来看，在日元国际化的 1979—1987 年，德国马克国际化的 1977—1989 年，外汇储备均呈现显著上升趋势。这背后反映的逻辑体现了货币国际化难题：在一国顺差过程中推进货币国际化，在本币资金流出的过程中会有更多的外币资金流入，这些资金往往就是以在位货币计价的资金和资产，这一过程助推在位货币进一步扩大其国际使用范围。从日本和德国的货币国际化经验中，都能看到外汇储备积累的上升，由于外汇储备当中的主权货币资产仍以在位货币为主，所以在位货币在这两个新兴货币国际化国家的使用得到提升。

最后，日元和德国马克的国际化步伐开始放缓乃至停滞，货币国际化难题进一步显现。货币国际化的停滞与两国国内经济增速换挡有关。日本在 20 世纪 80 年代经历了资产泡沫破裂后，基本面衰退对日元国际化造成直接冲击，日元从 1991 年占全球外汇储备 9.40% 的历史高位，到 1997 年下滑至 5.77%（见图 4.7）。德国在 20 世纪 90 年代实现统一后，经济建设红利逐渐耗尽，并从 1995 年开始呈现衰退迹象，自 1999 年正式启用欧元，而德国马克渐渐退出历史舞台时，其在全球储备中的份额已跌至 13.79%，而在民主德国和联邦德国合并前，德国马克的储备占比一度接近 20% 的历史峰值（见图 4.8）。20 世纪 90 年代中期美元重新走强，进一步弱化了国际市场将德国马克和日元作为美元替代货币的动机。1995 年，罗伯特·鲁宾出任美国财政部长，对外推行"强美元"战略，至 2001 年克林顿政府结束任期，美元持续保持稳步升值态势。同期，美元在全球外汇储备中的占比稳步扩大，至20世纪90年代末重回70%的历史高位。

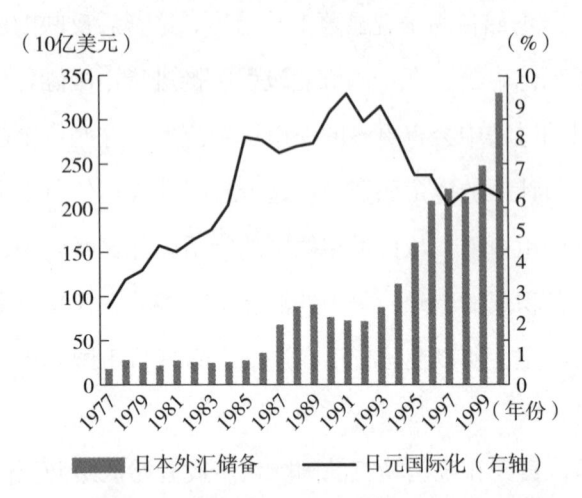

图 4.7　1977—2000 年日元国际化与日本外汇储备走势

资料来源：FRED/IMF IFS，IMF 年度报告。

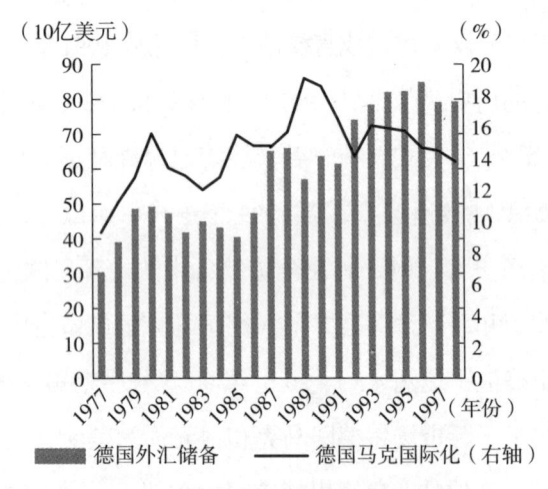

图 4.8　1977—1999 年德国马克国际化与德国外汇储备走势

资料来源：FRED/IMF IFS，IMF 年度报告。

货币国际化难题的根源在于，在法币本位下的国际货币体系中，如同汇率是两种货币的相对价格一般，一种货币在国际贸易和国际金融市场上只有和另一种货币交换，特别是和国际货币体系中的在位货币交换，才能体现其价值。因此，新兴货币的国际化进程往往为在位货币铺开了更为广阔的货币使用网络，从日本和德国的情况来看，这一难题无法回避。

从造成难题的深层次原因来看，货币更替面临较强的体系惯性，很大程度上是因为在位货币形成的网络效应短时间内难以被新兴国际货币国彻底替换和颠覆，货币国际化难题实质上加剧了这种体系惯性。研究指出，四个长期要素决定了某一种货币的国际储备地位，分别是经济和贸易权重、金融市场深度、对货币价值信心（通胀预期），以及网络外部性。其中，国际货币的网络效应代表了商业网络中的主要参与者，包括进出口商、借贷者、货币交易商等，对于选择哪一种货币达成了共识，这种共识具有一定的外溢效应——当某一种货币广泛应用于贸易结算时，也会很自然地被广泛用于金融交易结算，进而成为外汇交易货币和小国家的货币锚，最终成为国际储备货币的重要选择（Chinn and Frankel, 2007）。商业网络一旦形成货币选择的共识后便很难改变，因为涉及交易成本，这也导致了在位货币的更替具有较强的体系惯性。

日元和德国马克除了受制于体制惯性，也从未真正达到能够替代美元的临界点。研究认为，国际货币竞争中存在"倾翻现象"（Tipping phenomenon），国际货币替代速度与基本面之间不是简单的线性关系（Frankel，2012）。在货币替代初始，基本面变化对替代率的影响很弱，但随着货币国际化程度的提高，特别是当货币替代率超过另一种国际货币的关键时点时，影响呈加速趋势（Chinn and Frankel，2007）。日本和德国不仅没有能力在货币国际化期间赶超或颠覆美元的网络效应，支持日元和德国马克国际化的先决条件也较为薄弱：一是美国国力尚存压倒性优势，日本和德国难以匹敌；二是日本和德国在全球的债权地位尚未形成规模性的影响力；三是虽然日本和德国从20世纪80年代中后期也调整了对货币国际化的态度，纷纷主动推进资本市场发展，但两国金融市场的广度和深度始终难以与美国相抗衡。

此外，日本和德国在货币国际化的过程中，始终缺乏将本国货币的国际地位制度化的契机和能力。事实上，美国也一直对潜在的新兴国际货币国保持高度警惕，譬如对日本和德国先后发起《广场协议》和《卢浮宫协议》，扭转两国的顺差优势。综上，"先天不足"、体系惯性和货币在位国前瞻性的压制举措，共同导致了日元和德国马克难以成为替代美元的商业共识，当美元影响力重新回升时，两国的货币国际化进程不可避免地出现衰退，这也是日本和德国始终受制于货币国际化难题约束的结构性原因。

二、日本和德国的经验与教训：解决难题抑或与难题共舞

在美国实力尚难赶超的前提下，日本和德国的货币国际化缺

乏先天条件，注定难以颠覆美元主导的全球货币格局。事实上，日元和德国马克的国际化一开始并非国内最优目标，而更多由国际市场出于寻求美元替代货币的目的所驱动。后期，二者在应对货币国际化难题方面走上了不同的道路。从效果上看，日本通过实施"黑字还流"，在东亚地区构建起日元的商业网络，并实现资产端的日元输出。但由于负债端并没有实现同等进度的日元国际化，并且在外汇市场上难以与美元匹敌，所以日元在东亚的国际化基础不稳，反而强化了美元的地位。从区域货币合作来看，欧洲的实践相较亚洲更为成功，其为挣脱货币国际化难题提供了有益启示。一方面，德国通过倡导欧元，在区域内实现"去美元化"；另一方面，欧元在发展过程中，不一味寻求对美元的替代，而是通过与美元深度绑定，以相互依存的关系实现共赢，最大限度地化解货币国际化难题的不利影响。

日本在日元国际化进程中，更多是将解决货币国际化难题作为主要抓手。其着眼于降低经常账户顺差，同时通过政府开发援助形式加强日元的国际使用。

继1985年9月日本签订《广场协议》推动日元升值以降低顺差规模后，1987年9月美国国会再通过决议，要求日本将政府开发援助（ODA）规模[1]增加至国民生产总值的3%（徐启元和

---

[1] 随着日本经济发展和对外贸易顺差累积，1978—1997年，日本一共有5次大规模的对外援助增加计划。1989年，日本ODA提供额排名第一次世界第一。1990年将第一的位置让位于美国后，日本在1991—1999年连续排名世界第一。此后，随着日本经济长期不振，日本ODA的力度也明显减弱。

陈璐，2018）。在国际压力持续加码的背景下，日本政府通过实施拓展版的 ODA，即"黑字还流"计划，将过高的贸易盈余、外汇储备和私人资本，以 ODA 和商业贷款等形式，流向发展中国家，削减日本国内的国际收支顺差，进而纠正全球国际收支失衡。这一时期日本的"黑字还流"具有以下特征：第一，"黑字还流"不仅是 ODA 规模的简单扩大，还积极吸纳私人部门参与；第二，无论是日本官方还是民间资本，对东亚地区的偏好十分明显（见表 4.1）；第三，与以社会福利为重点的"社会基建"不同，日本 ODA 以及"黑字还流"主要流向与经济相关的基础设施领域和重工业。

表 4.1 "黑字还流"第二期 200 亿美元计划达成金额国家分布
（截至 1988 年 9 月）

国家	达成金额（亿美元）	国家	达成金额（亿美元）	国家	达成金额（亿美元）
印度尼西亚	24.4	中国	8.0	阿尔及利亚	2.5
阿根廷	3.7	加纳	1.0	巴基斯坦	0.2
印度	11.6	特立尼达和多巴哥	0.6	委内瑞拉	1.1
塞内加尔	0.3	土耳其	5.8	哥伦比亚	3.0
菲律宾	5.5	葡萄牙	1.2	智利	1.2
突尼斯	0.5	巴巴多斯	0.4		
斯里兰卡	0.9	EADB	0.05		
肯尼亚	0.7	韩国	0.3		

注：EADB 为东非发展银行。
资料来源：神沢正典：「戦略援助」と「黒字還流」——日本の援助をめぐる諸問題，阪南論集：社会科学編，第 25 卷第 1・2・3 号。

但"黑字还流"对日元国际地位的提升有限。从经常账户国际化的视角来看，长期以来，东亚地区的贸易结算主要以交易对象国的货币与美元进行。即便在日本通过"黑字还流"构筑的双边投资和贸易网络中，但凡有美国介入的情形，美元仍被作为结算货币的首选。而在无日本参与的国际贸易中，使用日元结算的情况基本没有。这主要是因为日本在东亚地区构建的跨境供应链欠缺完整度，某些环节对外依赖度大，对结算货币的话语权远未达到垄断地位；日元在东亚地区的外汇市场渗透度较低，难以颠覆美元的垄断地位，在结算中使用的便利度不足。

从金融账户国际化的视角来看，日本在实施"黑字还流"期间，日元以贷款形式或无偿援助的形式投放到被援助国后，多以"还贷"的形式回流日本。"还流"未在金融系统中形成"环流"，对日元国际化尤其是日元的金融国际化帮助有限。究其原因，在于日本在负债端的货币国际化推进力度不足，其中既存在主观限制，也存在客观约束。一方面，日本金融市场较同时期欧美金融市场相对落后，在海外金融市场的渗透度不足，交易额有限。从日元资产种类来看，短期国债、政府短期证券市场尚不发达，外国货币当局持有的日元外汇储备手段匮乏（付丽颖，2010），日元作为储备货币的吸引力不足。此外，东亚地区各国本身存在的金融管制、金融市场深度不足等问题，也大大限制了日本在当地的金融渗透能力。[①] 另一方面，负债端的货币国际化，也取决于

[①] 亚洲金融危机爆发后东亚地区管制增强，进一步抑制了日元在东亚地区的国际化进程，日本对亚洲地区的资金从流出转向流入，而同期流向欧洲的资金增加两倍。

货币输出国自身的经济实力、政策可信度等基本面因素。日本20世纪80年代末至90年代初的国内资产泡沫虚涨和破裂，造成日本的国际经济地位显著下降，"黑字还流"难以从根本上对冲日本宏观经济颓势带来的负面影响，日本的高位顺差优势亦无法转化为对日元国际化的实际推动。

亚洲金融危机的爆发推动亚洲各国开始关注区域货币合作，并在相关领域形成了初步的共识和进展。这一时期亚洲货币合作的主要目的在于构建区域性的金融安全网，具有"危机驱动"的特征。从日本的参与情况和主导作用来看，1997年9月，日本提出建立"亚洲货币基金"，这也是亚洲的第一个货币合作计划，但因遭到美国和IMF的反对而搁浅。同年11月，美国、日本与IMF在亚太地区高级财经金融会议上达成新共识，即在IMF的主导下建立亚洲金融合作机制。2000年5月，东亚13国财长通过《清迈倡议》（CMI），将东盟10国的外汇储备与中日韩的储备联系起来。2009年2月，东盟和中日韩的财长会议扩大了"清迈倡议多边化"（CMIM）共同储备基金的规模。其中，日本出资占储备库总额的32%（冯邦彦和武艳杰，2003）。然而，由于受到IMF援助框架的约束，在2008年全球金融危机爆发期间，许多东亚国家纷纷转向央行间货币互换协议，特别是与美联储的互换协议，以解决外汇流动性短缺，CMIM并没有发挥出应有的作用（李晓，2011），美元在危机时期的避险地位反而得到巩固与加强。

东亚各国在汇率协同机制与共同货币单位等方面同样没有获得实质性进展。在汇率协调方面，2005年5月的东盟和中日韩财长会议与其后的中日韩会议提出维持汇率稳定与加强政策协调的意见，但因主权让渡等敏感问题，此后的讨论始终没有触及区域性汇率机制建设等关键性问题。在共同货币方面，中国香港金融管理局在1998年首提构建亚洲共同货币的建议，东盟和中日韩财长会议进一步探讨了缔造共同市场货币的可能性。许多日韩学者也在21世纪初积极探讨对区域共同货币单位的构想。[①]在实践层面，亚洲开发银行在2006年参考欧洲货币单位计划研制并推行亚洲货币单位（ACU），但亚洲开发银行最终放弃了公布亚洲货币单位的计划，虽然未公布理由，但主要国家的分歧和立场差异是主要原因（李晓，2011）。

亚洲各国由于受制于IMF援助附加的苛刻条件，并且区域内缺乏汇率协调和共同货币，亚洲金融危机后至全球金融危机前，东亚各国纷纷增加外汇储备规模作为防范危机的自救措施，进一步强化了对美元的支撑和依赖（见表4.2）。

表4.2　2000—2006年外国（地区）对美国国债的持有情况

单位：10亿美元，%

	2000年	2001年	2002年	2003年	2004年	2005年	2006年
东亚	528.3（50.88）	508.9（50.09）	633.8（53.32）	828.6（57.41）	1 105.5（61.6）	1 205.2（62.46）	1 234.4（60.95）

[①] 包括黑田和川井（Kuroda and Kawai, 2002）等提出的亚洲货币单位、小川和清水（Ogawa and Shimizu, 2005）提出的亚洲通货单位（AMU），以及穆恩、李和永（Moon, Rhee and Yoon, 2006）提出的区域货币单位（RCU）。

续表

	2000年	2001年	2002年	2003年	2004年	2005年	2006年
其中：日本	317.3（30.56）	292.9（28.83）	373.8（31.45）	491.2（34.03）	698.9（38.95）	672.8（34.87）	618.1（30.52）
总计	1 038.3（100）	1 016.0（100）	1 188.6（100）	1 443.3（100）	1 794.5（100）	1 929.6（100）	2 025.3（100）

资料来源：美国财政部国际资本系统（TIC），李晓（2011）。

德国在德国马克国际化的进程中，以及之后推进欧元发展的过程中，将解决货币国际化难题和与货币国际化难题共舞并行推进。

在解决货币国际化难题方面，德国很早就意识到"国家间的政治性制度安排是实现货币国际化的有效手段"（曾刚、何勇和李丹，2017）。事实上，德国官方从未公开表明追求德国马克的国际化，而是将其隐藏在"隔离美元在欧洲的渗透"和"区域一体化"这两大集体目标中。为摆脱美国势力的渗透，欧洲一体化设想早在20世纪50年代就开始酝酿了。欧洲在1950年成立支付同盟，在1957年撤离欧洲经济共同体，在20世纪60年代末成立关税联盟，并在1993年正式完成市场一体化。通过促进贸易投资便利化和欧洲经济货币一体化，在区域内部构建起高度互信的商业网络，并借助区域合作的力量拓展可以与美元相抗衡的经济实力。

在货币地位方面，先是在区域内完成对美元的替代，建立起以德国马克为主导的欧洲货币体系。欧洲共同体各国在1979年建立"欧洲货币体系"（EMS），并在1993年设立"欧洲货币单位"。随着1999年1月欧元正式流通，第二次世界大战结束以来美元主导的欧洲货币格局也成了历史（曾刚、何勇和李丹，2017）。这一区域导向的制度化安排优点也是显而易见的：一方面，在区域内实现德国利益的最大化，譬如在区域内保留其主要出口国地位、统一货币以消除区域间贸易的汇率风险；另一方面，德国虽然放弃了德国马克的国际地位，但获得了欧盟内部的货币主导权。借助欧元的势力，德国得以在全球货币体系中发挥更大的话语权和影响力。

接续德国马克的欧元，则更多地选择与货币国际化难题共舞。"确保相互依存"比"确保相互摧毁"更加重要。任何货币的国际化，本质上都需要进行货币对的交易，如果对于货币国际化的思路不是直接挑战在位货币的地位，选择与货币国际化问题共舞则可能是一个更为明智的选项。尽管从欧元诞生之日起，有关其取代美元的讨论就没有停止过，但是在欧元的发展历程中，其与美元的深度绑定也是不争的事实：美元和欧元是国际外汇交易市场上最活跃的货币对，这凸显了作为国际货币的潜在参与者，接入全球最活跃的外汇市场的重要性。此外，欧洲地区也拥有最有深度的离岸美元市场，这也加强了美元和欧元之间的绑定，增加了两种货币之间的互补性，而非竞争性。

欧元区的形成，使在欧元区内各国之间使用同一种货币成为可能。在欧元区内各国进行的欧元跨境支付，也将成为欧元区国际化的一个重要部分，而这一部分，并不受货币国际化难题的约束。事实上，欧元和美元均为在全球交易占主导地位的货币，在2021年6月SWIFT公布的最新数据中，欧元甚至短时间内超过美元成为全球交易最活跃的货币，欧元和美元的金额占比分别为 39.03% 和 38.35%，然而，这一超越的主要动因来自欧元区内的支付，如果扣除欧元区内的支付，美元仍然是交易最活跃的货币，美元和欧元的占比分别为 40.94% 和 40.16%。这表明，欧元区内的跨境支付交易成为巩固欧元国际地位的重要基础。

然而，欧元区的国际化经验似乎难以复制。相较于德国在欧洲一体化和欧元形成过程中始终把握主导权并发挥积极影响，日本在推动亚洲货币合作时显得有心无力。首先，亚洲各国经济结构差异较大，在政治、社会、文化等方面的集体认同感较弱，难以形成类似于欧洲的单一或共同市场。特别是受限于历史原因，东亚地区对日本政府的信任度不高，与日本联合实现单一货币面临较大的国内政治阻力。其次，欧洲的货币合作和统一货币是围绕并服务于欧洲经济一体化需求的，区域货币合作的制度安排体现出一致性和连贯性的特征。亚洲的货币合作更多体现为金融危机后的反思，服务于构建区域金融安全网的目标，并没有和区域经济一体化的目标挂钩。再次，日元受制于自身局限性，难以担当起主导性区域货币的角色。与德国相比，日本经济的长期停滞导致日元缺乏内在价值的稳定，不适合作为区域货币的锚，或作为区域的中心货币。而与美元相比，日元在国债收益率方面存在差距（樊纲和黄益平，2011），并且在亚洲地区的金融国际化程度不高，作为储备货币的吸引力不强。最后，日本在推动区域货币合作的过程中，始终面临来自美国方面的干预和阻力。斯蒂格利茨（Stiglitz，2002）的相关研究表明，美国作为现行国际金融制度的最大受益者,[①] 享受着国际铸币税的红利。欧元的成功让美国警惕任何可能脱离美元体系的区域货币的诞生,并阻挠东亚各国在货币合作方面的努力(冯邦彦和武艳杰,2003)。上述这些问题,在人民币国际化进程中也同样存在。

三、我国面临更大的货币国际化难题

当前,我国面临的货币国际化难题显著大于日本和德国。日本和德国在20世纪八九十年代推进货币国际化期间,外汇储备占GDP的比重均在3%~5%。而我国的外汇储备在2010年左右接近GDP的50%,此后这一比重持续下降,但在2020年仍然高达23%。

近年来我国在外汇储备方面对美元资产的依赖有所缓解。2012年,我国持有的美债存量首次出现下降。特别是近5年来,我国所持美债规模基本在1.6万亿美元水平上下小幅波动(见图4.9)。除了控制美债规模的增长之外,我国外汇储备的结构也从最初的单一美元资产,逐渐转向以美元为主导的多币种平衡。

尽管如此,我国并未实质性地摆脱货币国际化难题的约束。数据显示,当人民币国际化加速推进时,国内的美元资产快速累积。从人民币国际化的推进节奏来看,我国在2009年正式开启人民币国际化,2010—2015年为加速推进期,2015—2018年为放缓

[①] 斯蒂格利茨指出,现行的国际金融制度要求除了美国以外的所有国家都必须储备大量的外汇,这些外汇储备大多投资于美国国债,使美国以极低的成本获得全球资本。美国是这套制度的最大受益者,也因此致力捍卫现行体系,并在世界范围内大力推行资金流动的自由化。

调整期。由于目前人民币国际化主要体现在跨境贸易和投资渠道上，从数据来看，当人民币跨境支付和结算量在2012—2015年处于上升区间时，我国的外汇储备与所持美元规模也同样有所攀升（见图4.10、图4.11）。

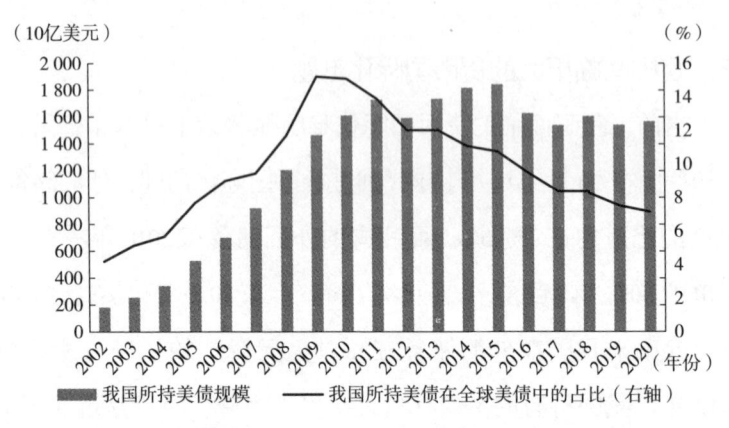

图 4.9　2002—2020年我国所持美债规模及全球占比
资源来源：美国财政部国际资本系统。

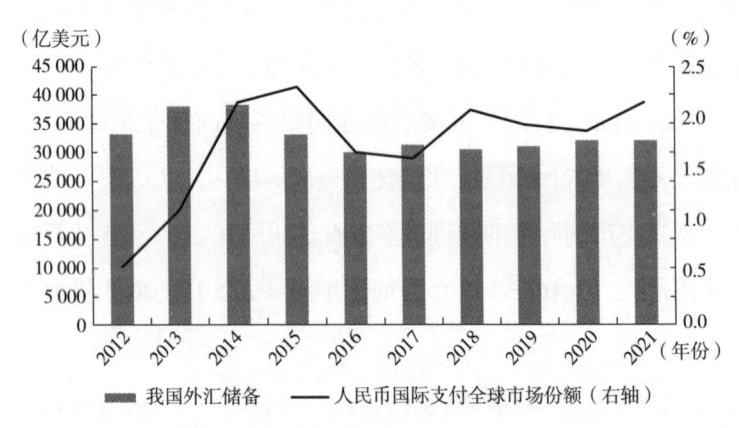

图 4.10　2012—2021年我国外汇储备与人民币国际支付

注：2021年数据截至当年8月。
资料来源：国家外汇管理局。

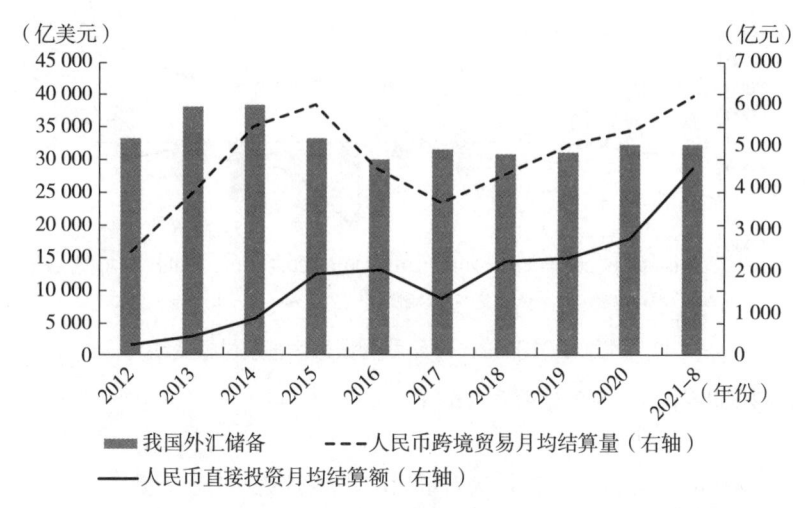

图 4.11　2012—2021 年我国外汇储备与人民币贸易和直接投资结算量

注：2021 年数据截至当年 8 月。

资料来源：国家外汇管理局。

从最新的情况来看，新冠肺炎疫情暴发以来，顺差再度出现，虽然外汇储备上升并不明显，但是货币国际化的难题实质上从官方部门转向了私人部门（见图 4.12）。美元流动性在国内银行间市场非常充裕，根据彭博社 2021 年 6 月的报道，基于 5 月末数据，金融机构境内各项外汇存款合计已逾 1.01 万亿美元，过去一年大幅攀升 36%。其更多体现为国际收支的逻辑，即人民币国际化在不断深入的同时，由于回流渠道并不通畅，人民币总体呈现净流出状态，而美元总体呈现净流入状态，这导致人民币流出越多，积累的美元就越多，反而会增持更多的美元资产。

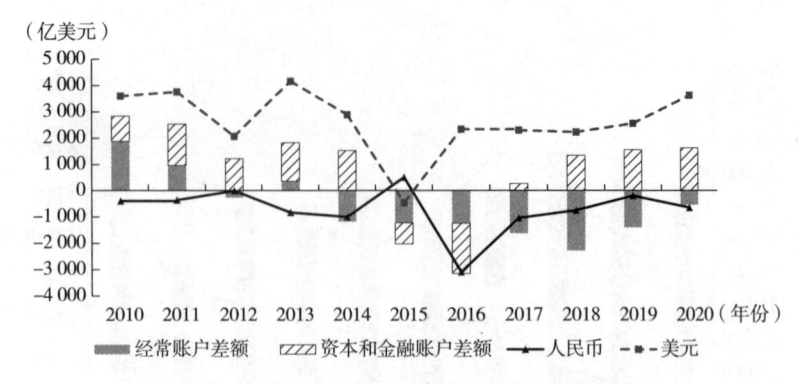

图 4.12 2010—2020 年我国银行代客收付款变动

资料来源：国家外汇管理局。

因此，我们需要加强关注货币国际化难题对进一步推进人民币国际化的现实意义和政策启示。从理论上来说，人民币国际化的推进有助缓解涉外企业面临的汇率风险和外币贬值造成的外汇资产缩水，同时人民币国际地位的提升也对改革国际货币体系有着极为重要的意义。然而，从国际收支的概念和货币国际化历史出发，货币国际化难题似乎难以避免，即人民币国际化在推进过程中，同时带来了美元及其资产在境内的积累，一定程度上也巩固了美元的影响力。这在中美关系复杂化的背景之下，成为人民币国际化不得不面对的一重现实约束。对此，需要仔细研究货币国际化难题的内在逻辑和发生条件，并进一步总结日本和德国应对这一难题的经验教训，在制度安排层面有的放矢、未雨绸缪，实质性地提高人民币国际化推进的效果。

加强离岸与在岸市场互动融合
推动人民币国际化

前文对德国、日本货币国际化的历史经验进行了回顾和分析。其中与中国具有共性之处的是，同样作为顺差国的德国与日本共同面临货币国际化的难题。在此背景下，德国的推动区域货币合作模式，以及日本的"黑字还流"模式，都对中国具有启发意义。事实上，在区域合作领域，日本也曾尝试推动东亚区域货币合作。中国也在东亚区域货币合作中起到了积极推动的作用。此外，中国也在推动"一带一路"倡议，如何充分发挥人民币在"一带一路"建设中的作用也是值得研究的问题（详细请参见第五章）。从这个视角来看，日本的"黑字还流"模式对中国也有借鉴意义。

不论是推动区域货币合作，还是强调发挥人民币在"一带一路"建设中的作用，中国的实践都和德国、日本的历史经验有共同之处，从而可以借鉴其经验。然而，我国在推动人民币国际化过程中的一个重要特色，就是主动构建了离岸人民币市场。在国内金融改革尚未完成的背景下，我国政府主动设计推动，并且离岸市场和在岸市场之间通过有限的管道式开放进行连接，两个市场之间存在两个汇率、两个利率。在此背景下，人民币的离岸、在岸两个市场的互动有其自身的约束条件，也有其特殊的定位。

我们将从主要国际货币的离岸市场和在岸市场互动的共性出发，结合离岸人民币市场和在岸人民币市场互动的特性，以及新时代双循环新发展格局的背景和要求展开具体分析。

在在岸人民币市场未完全开放的背景下，推进离岸人民币市场的发展是推动人民币国际化的现实可行选择。随着在岸市场的逐步开放和完善，应进一步推动离岸市场和在岸市场的互动融合，促进中国和全球金融市场的互联互通，共同推动人民币国际化的发展。

离岸市场与在岸市场协同发展是人民币国际化的内在要求。离岸人民币市场与在岸人民币市场协同发展有助于进一步推动人民币国际化进程。一方面，在岸人民币市场的发展是离岸人民币市场发展的基础和依托，在岸人民币市场的不断开放与发展壮大，将进一步提升离岸人民币市场在全球市场的地位。另一方面，离岸市场是对在岸市场功能的补充和完善。离岸人民币市场设立的目的，一是在我国境内尚未实现人民币完全可兑换的情况下，提供一个离岸的可自由兑换的缓冲区，将所引致的国际化风险与境内市场隔离，并可识别人民币国际化过程中出现的问题与风险，以积累经验。在这一过程中，离岸市场的发展也可以倒逼在岸市场的改革与完善。二是人民币跨境使用规模的扩大也支持了离岸人民币市场的发展，离岸市场的存在可以进一步与我国金融市场和全球金融市场密切联通，可以满足全球投资者多元化的需求，丰富的人民币计价投融资产品也进一步强化了人民币国际化功能。

离岸市场与在岸市场协同发展有利于避免离岸市场对在岸市场造成冲击。随着离岸人民币市场的迅速扩大，其汇率和利率变动对在岸人民币市场产生了越来越大的影响甚至引导作用。为此，需要建立与离岸市场对应的在岸市场，以缓冲离岸市场对在岸市场的影响和可能的冲击。根据国际清算银行每3年一次对各国央行就外汇市场和衍生品市场发展进行的调查，2019年4月，全球外汇日交易量达到6.6万亿美元，人民币外汇交易占4.3%。其中，离岸人民币外汇交易量占全球人民币外汇交易量的70%以上。随着我国金融开放的不断推进，国际金融市场与我国金融市场日益联通，一旦全球金融市场动荡加剧，离岸人民币市场将成为国际风险传播的渠道，从而对在岸市场造成冲击和影响。为此，随着离岸人民币市场与在岸人民币市场不断相互影响，推动离岸人民币市场与在岸人民币市场协同发展，有助于保证人民币市场的平稳运行。

离岸市场与在岸市场协同发展是双循环新发展格局的要求。双循环新发展格局也赋予人民币国际化新角色。"以国内大循环为主体、国内国际双循环相互促进的新发展格局"为人民币国际化带来新的机遇。一方面，国内大循环的畅通将进一步促进国内金融市场和金融体系的完善，这有利于提高人民币资产的供给数量和质量，在岸人民币市场被不断夯实，这是人民币国际化的根基。另一方面，国内国际双循环将进一步提升中国金融开放的水平，促进人民币国内、国际使用的便利，满足国内外主体对于人民币资产的需求。新发展格局对在岸人民币市场和离岸人民币市场协调发展提出新的要求。一是应不断完善在岸金融市场。只有建立发达的境内金融市场，才能为人民币国际化提供坚实的资金支持和市场基础。二是应进一步推动在岸金融市场的开放。充分发挥人民币国际化的"主场效应"，以人民币资产的国际化推动实现人民币国际化。三是促进离岸市场的发展，推动人民币在全球范围内承担贸易结算、投资、融资和储备货币的功能。在双循环新发展格局下推动在岸市场与离岸市场协调发展，构建完整的人民币国际化发展链条。

离岸市场与在岸市场协同发展来自主要货币国际化的经验与教训。货币国际化过程中都不可避免地要处理好离岸市场和在岸市场的关系。美元、英镑、日元等主要国际货币，其国际化最初都是由在岸市场发展起来的，但离岸市场对于这些货币的国际化也发挥了重要影响。例如，美元国际化在很大程度上受益于伦敦的美元离岸市场的深度和广度支持，伦敦的欧元离岸市场迅速发展成为欧元国际化的新动力，日元在离岸市场发展方面的欠缺成为其国际化发展的制约因素。但美欧日对离岸市场发展的态度并不完全一直是积极的，一个重要原因在于，离岸市场的发展将给本国经济金融运行带来不可控因素。为此，各国在推动货币国际化的过程中，都在努力把控离岸市场和在岸市场之间的联动关系，以达到既能推动货币国际化的目标，同时又尽量降低对国内经济造成的负面影响。

一、主要货币离岸市场和在岸市场协调发展的经验教训

（一）主要货币离岸市场的情况

货币离岸市场最早起源于欧洲美元交易，20世纪70年代，欧洲离岸金融市场中欧洲英镑、欧洲马克、欧洲瑞士法郎等币种出现，离岸市场开始逐渐向其他地区扩散，离岸市场逐步形成。目前，国际上已形成纽约、伦敦、东京、中国香港、新加坡等货币离岸市场。根据国际清算银行的统计，2020年，美元、欧元、日元、英镑四种货币在离岸市场的使用份额分别占到了47.78%、26.54%、5.06%、5.15%。

1. 美元离岸市场

第二次世界大战结束后，"马歇尔计划"的实施和苏联及一些东欧国家等经济互助委员会的成员将美元资产转存到西欧形成了欧洲美元市场的雏形。1957年英镑危机爆发使伦敦各大商业银行为逃避外汇管制开始大量吸收美元存款并向海外客户提供美元贷款。20世纪60年代，美国金融监管当局为了平衡贸易和财政赤字，进一步收紧对金融业的管制，导致大量美元外流到欧洲，此后出现了长时间的国际收支逆差，欧洲美元市场规模逐渐扩大。20世纪70年代，两次石油危机使石油价格飙升，石油输出国积累了大量石油美元，并将其投放到欧洲美元市场生息获利，而出现国际收支逆差的石油进口国则纷纷向欧洲美元市场举债，石油美元客观上壮大了欧洲美元市场。

为改善美元外流的境况，美国金融监管当局在1981年批准

设立了纽约离岸金融市场,即国际银行设施(IBFs)。IBFs 具有以下特点:一是所有获准吸收存款的美国银行、外国银行均可申请加入 IBFs,在美国境内吸收非居民美元或外币的存款,与非居民进行金融交易;二是市场交易享受离岸市场的优待;三是存放在 IBFs 账户上的美元视同境外美元,与国内美元账户严格分开。IBFs 开辟了在货币发行国境内设立本币离岸金融市场开展本币离岸金融交易的先例,突破了离岸金融中货币应游离于货币发行国境外的桎梏,但离岸货币依旧是"自由货币"。

在欧洲美元市场蓬勃发展的同时,新加坡、中国香港等地也形成了亚洲美元离岸金融中心。以新加坡为例,1968 年新加坡政府批准创设的 ACU 账户的资产规模仅有 3 316 万美元,之后 3 年迅速增长至超过 10 亿美元。2021 年 6 月,新加坡 ACU 账户资产规模约为 5 340 亿美元。

离岸美元融资市场有着广泛的参与者——非美国银行、非银行金融机构、央行及政府部门、非金融企业等,银行尤其是非美国银行仍然是美元流动性体系中的核心部分。数据显示,海外美元债权市场中非美国银行比重远大于美国银行,2018 年已经超过 12 万亿美元(Barajas et al., 2020)。

2. 日元离岸市场

日本在 20 世纪 50 年代中期至 70 年代初实现了经济的高速增长,一跃成为世界第二大经济体。而日元在《广场协议》签署后迅速升值,使日本在国际贸易和国际资本流通领域面临的压力加大。由于日本境内资本市场的发展相对滞后,大量日元交易在欧洲市场发生,在此背景下,1984年5月日元-美元委员会成立,要求日本加速金融自由化和日元国际化。

1986年,日本东京离岸市场(JOM)正式挂牌成立,其业务范围主要包括欧洲日元交易和外汇交易。JOM的主要参与者,是经日本财务大臣批准的在日本注册的银行及其他金融机构,以及在日本注册银行的外国银行。外国机构参与JOM受到较多限制,例如资金必须来自外国居民,离岸业务的交易对象须为外国居民等。

JOM建立后发展迅猛,到1995年,JOM的总资产规模从最初的88.7亿美元迅速发展到667.7亿美元,年均增长速度达25%。随着离岸账户中欧洲日元交易的迅速增长,日元资产占东京离岸市场总规模的比重快速上升,从1986年的21%上升至1995年的68%。

1995年后,受亚洲金融危机的影响,JOM交易额增速放缓,日本在岸市场的资本交易限制减少,JOM的交易量开始逐步萎缩,总资产规模也从1995年的高位下滑至2006年的386.5亿美元,日元资产的比重也降至36%。2007年以后,受全球金融危机的影响,资金回流日本,JOM总资产规模逐步恢复到20世纪90年代中期的水平,但日元资产占比却降至JOM设立之初的水平,为24%(沈继锋和王凡平,2017)。

3. 英镑离岸市场

英镑的国际化进程领先于其他货币。18世纪,英国通过开辟新航路拓展了贸易范围,促成了英镑国际地位的提升。工业革命后，英国凭借其强大的经济实力，率先使用金本位制度，并在20世纪初将英镑与黄金挂钩，使英镑成为世界上最早的主权国际货币，据统计，20世纪初英镑在国际结算中的比例超过90%。

随着国际货币体系的演化和发展，英国的离岸金融业务逐步集中在伦敦，而伦敦的离岸市场和在岸市场的金融体系交叉混合，二者在业务运作和资金流通上基本没有隔阂，联系紧密。第二次世界大战结束后，英镑的国际地位被美元取代。1957年英国政府为应对英镑危机实施了对英镑的外汇使用管制，促使银行转向吸收和使用美元。在外汇使用管制取消以后，伦敦仍然不直接开展英镑的国际业务，居民与非居民之间进行本币交易只能通过离岸市场，而彼时随着伦敦成为外汇交易中心，英镑在伦敦之外的离岸市场规模大幅缩减。

（二）主要国家货币离岸市场与在岸市场协调的变化和经验教训

1. 美元离岸市场与在岸市场的协调

美元的离岸市场与在岸市场的关系可以基本理解为，美元通过经常账户赤字离开美国并最终通过资本账户盈余重新进入美国。如图4.13所示，在离岸市场中，美元是外国央行的主要储备资产，也是重要的全球贸易和国际商业的首选货币。非美国银行通常接受美元存款，然后通过传统贷款或以美元计价的证券购买等方式将这些美元存款借出。与此同时，非美国金融机构以及主权国家和非美国企业在离岸市场发行以美元计价的债券。最终，美元存款会流向终端用户，出于风险承受能力或监管原因，他们选择通过资本账户将美元再投资回美国在岸资产。无论该投资采取投资组合流动（国债、公司债券、股票）还是外国直接投资（房地产、工厂所有权等）的形式，美元最终都会作为存款存入一家美国银行，在美联储的银行准备金为对其持有的资产，从而实现了美元整个国际循环的闭环。①

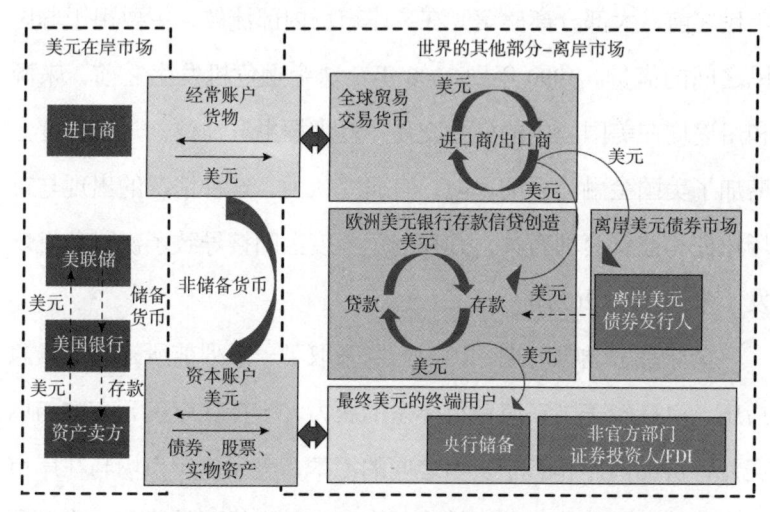

图 4.13　美元离岸市场与在岸市场的循环

资料来源：Andrew Norelli，"Examining offshore dollar liquidity in light of the three phases model"，J. P. Morgan Asset Management，2018.

美元离岸市场和在岸市场高度互联互通，需要美国在两个市场进行流动性调节以促进美元市场的稳定。从历史经验来看，美

---

① 资料来源：Andrew Norelli，"Examining offshore dollar liquidity in light of the three phases model"，参见https://am.jpmorgan.com/au/en/asset-management/adv/insights/portfolio-insights/fixed-income/fixed-income-perspectives/examining-offshore-dollar-liquidity-in-light-of-the-three-phases-model/。

国离岸市场与在岸市场保持着良好互动。即使在20世纪60年代美国加强金融管制时，离岸市场和在岸市场的清算与结算都未受影响，从而使美国本土的在岸市场为欧洲美元市场的发展提供了保障。随着美元离岸市场的壮大，大部分离岸美元并没有从上述循环中进入在岸市场，而是保持在离岸市场外循环。20世纪90年代之前，大部分离岸美元在离岸市场内部流转，主要用于非居民之间的借贷。1990年到2008年全球金融危机发生之前，来源和用途均在美国境内的资金交易一度占据主导地位，一定程度上增加了美国金融体系的风险，有研究认为，这种情况的出现与市场扭曲和监管套利有关，并在一定程度上间接导致了次贷危机爆发（朱隽 等，2021）。

全球金融危机时期，美国当局采取了一系列前所未有的紧急措施，以减轻美国在岸银行体系的压力，维持在岸美元存款与以美元计价的离岸和影子货币之间的汇率，美元离岸市场与在岸市场上来源和用途均在美国境内的资金交易规模开始降低，来源和用途均在美国境外的资金交易比重有所上升。

此后为稳定欧洲美元市场，美联储与十四国央行建立了美元互换额度，使这些央行事实上能够在自己的资产负债表上创建离岸美元作为公共货币，并将其贷给在其管辖范围内注册的银行。某种意义上，美联储有效地将其他中央银行变成了其分支机构，通过加强对离岸市场的影响力来舒缓在岸市场的压力。

2. 日元离岸市场与在岸市场的互动

受到政策红利和国内经济高速增长的影响，日本的离岸金融市场一开始就受到在岸市场的经济助推，使离岸市场中本币的比重不断提高。但日本国内的金融市场发展相对不足，有效的利率传导和价格机制没有形成，从而导致离岸市场和在岸市场之间出现价格信号扭曲。此外，因为日本政府没有在离岸市场和在岸市场之间建立有效的防火墙，大量投机套利的资金先进入离岸市场，再从离岸市场循环至在岸市场，这使大量不受控的国外资金进入日本国内，加剧了日本本土资产流动性不足、定价扭曲、资产泡沫等问题。

日本在岸市场和离岸市场另一个鲜明的特点是，离岸市场仍然建立在本国国内。与美国建立 IBFs 夺取离岸市场的定价权和主导权不同，日本在建立离岸市场时，境外并未有成规模的、成熟的市场充分使用或储备日元，日元更多地只用于日本企业的贸易及投资活动中，20 世纪 90 年代日元在全球官方储备中的比例也不到 10%，与美国发展离岸市场的环境完全不同。而东京离岸市场的建立，虽然促进了日元离岸金融市场的发展，但是日元的互动范围并未得到有效拓展，反而加剧了与在岸市场的冲突。

东京离岸市场也有其积极影响，由于其资金与海外的日元市场形成联动关系，所以在一定程度上促进了在岸利率水平与东京离岸市场趋同。东京离岸市场采取的一些优惠措施，如取消法定存款准备金、存款保险和利息税，不受境内利率限制等，对推动东京离岸市场与日元国际化起到了积极的作用。

（三）对人民币国际化的借鉴意义

1. 美元离岸市场与在岸市场协调的经验借鉴

美元离岸市场与在岸市场有很好的相互支持。20世纪80年代之前，更多的是在岸市场支持离岸市场。当IBFs建立并逐步完善和发展后，经营欧洲美元业务的，或者与美国银行有国际结算业务往来的银行，都会在美国境内银行开立账户存放美元资金用于清算，因此，欧洲美元市场需要借助在岸美元清算体系来完成交易的清算，这对于占据离岸市场主导权和调控离岸市场与在岸市场的关系具有重要作用。离岸市场的资金一定程度上反哺了在岸市场，遏制了本土资金外流现象，改善了美国的国际收支状况，增强了美元国际化的地位。这对于我国建设人民币清算基础设施和推进资本账户可兑换也具有重要参考意义。

美元离岸市场的发展也给在岸市场带来了金融稳定风险。尽管IBFs账户设置中将离岸美元与在岸美元严格分离开来，但由于市场产品丰富和资金流通自由度较高，许多资金仍然从离岸市场进入在岸市场套利，再通过离岸市场规避监管，从而将外部风险传导至在岸市场。我国在建设离岸人民币市场，以及搭建离岸市场与在岸市场的互动机制时，仍然要将防范风险传导和把控金融稳定作为重中之重。

2. 日本离岸市场与在岸市场建设的经验教训

日元发展过程中面临的一个主要问题是，日本国内金融市场发展不足，日本金融体系公共部门占比较大，税收、政府对所持债券的交易意愿低等因素，降低了本土金融市场的流动性，无法使市场机制充分发挥作用。另一个主要问题是，1995年后，东京离岸市场上日元的权重不断下降，严重阻碍了日元国际化的进程，导致日元的国际化变成了外币的国际化，与设立之初的目的南辕北辙。

日本的经验对于人民币国际化具有重要的参考意义。一方面，只有在岸金融市场有所发展才能为离岸金融市场提供源源不断的发展能量；另一方面，货币国际化应由本国的企业和金融机构在离岸市场以及境外金融活动中主动使用，扩大本币的适用范围和接受程度，这样才能更好地使本币在离岸市场上循环和沉淀。

此外，日本政府对于离岸市场管控较严，但对离岸市场和在岸市场的互动把控不足，导致本土金融空转和国际资本套利，这在一定程度上加剧了资产泡沫的形成和破裂。因此，在人民币国际化建设进程中，仍需要把握好离岸市场与在岸市场的良性有序互动，才能同时壮大离岸、在岸两个市场，保持金融稳定，进一步提升人民币的国际地位。

二、在岸人民币市场与离岸人民币市场的协调互动机制

离岸人民币市场的出现和发展是人民币国际化过程中的过渡阶段，在当前境内对跨境资金流动仍有管制的环境下，离岸市场和在岸市场人民币汇率、利率价格存在一定差异，各种产品也存在价格差异，同时由于离岸市场和在岸市场存在资金联通的渠道，所以价格差异也会保持在一定幅度以内，未来随着人民币国际化进一步推进和中国资本账户进一步开放，离岸市场和在岸市场的

联动将更加有效。

当前，离岸人民币市场以香港离岸市场为代表，一方面香港背靠内地，和内地经济往来密切；另一方面香港资本市场经过多年的发展，各方面制度比较健全，人才优势突出，具备发展离岸人民币市场得天独厚的条件。随着人民币国际化的深入，新加坡、伦敦和中国台湾的人民币外汇市场也迅速发展，但在规模和市场深度上还和中国香港市场有一定的差距。2021年7月，《中共中央 国务院关于支持浦东新区高水平改革开放打造社会主义现代化建设引领区的意见》出台，为上海打造全球离岸人民币中心带来新机遇。

（一）离岸人民币市场的发展

随着我国经济发展和国际贸易、国际结算等需求的日益旺盛，离岸人民币市场逐步发展起来。从发展历程来看，人民币的离岸使用最初主要是边境贸易结算，在香港、澳门回归以及我国加入世界贸易组织之后，随着边境贸易结算规模的不断扩大，香港、澳门人民币业务稳步发展，中国人民银行于2003年、2004年分别批准在香港和澳门设立人民币清算行。2008年全球金融危机后，离岸市场建设提速，跨境贸易人民币结算试点、RQFII、沪港通、沪伦通等制度相继推出，人民币双边本币互换、人民币清算行和金融基础设施蓬勃发展，陆续形成了中国香港、伦敦、新加坡三大离岸人民币中心。同时，人民币的适用范围和人民币业务不断扩展，全球离岸人民币市场的网络体系初步形成。

2014年3月，中国银行发布离岸人民币指数（ORI），通过对人民币在离岸金融市场上资金存量规模、资金运用状况、金融工具使用等方面的发展水平的综合评价，反映人民币在国际金融市场上的发展水平。从图4.14来看，离岸人民币指数2011—2015年保持上升态势，这一阶段正是RQFII、沪港通、债券通等机制落地和实施的阶段，可以看出对人民币国际化具有重要的提升作用；2016—2019年在"三去一降一补"的大背景下，尽管出现波动，但离岸人民币指数并未有明显回落，反映出离岸人民币市场企稳，并不断进行结构优化；2019—2020年离岸人民币指数继续上升，表现出离岸人民币在规模、活跃度等方面进一步提升。

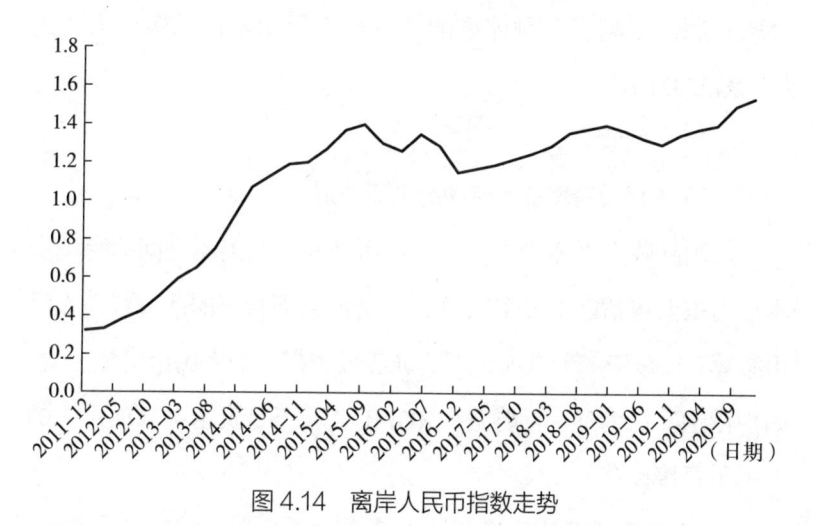

图4.14 离岸人民币指数走势

资料来源：Wind。

从规模来看，根据中国银行的数据，2020年，跨境人民币结算量突破28万亿元，同比增长44%。人民币跨境收支规模扩大，带动境外人民币资金结存余额增加。2020年第四季度末，非居民持有的人民币存款约1.99万亿元，较2019年末增长7.8%。2020年离岸人民币债券发行量增至2 700亿元，较2019年增长12%。境外投资者持续增持人民币债券，年末非居民持有的以人民币计价的债券超过3.3万亿元，较2019年末增长47%[①]。

  从我国的实践来看，离岸人民币市场在人民币国际化进程中具有重要的促进作用。离岸市场通过提供产品、金融创新、价格发现、风险对冲等渠道，极大地促进了人民币的国际使用。在境内依然保持资本管制的环境下，境外离岸人民币市场在一定程度上可以看作放松资本管制的试点，通过竞争促进国内逐渐放宽金融管制，提高了金融体系的效率和人民币资产的吸引力（朱隽 等，2021）。

（二）人民币跨境资本流动的主要渠道

  从国际收支平衡表上看，人民币在在岸与离岸之间的跨境资本流动主要包括以下三个渠道：一是经常项目下的跨境贸易人民币结算；二是资本金融项目下的证券投资相关的人民币资金流动，如沪港通、深港通、债券通、RQFII等；三是资本金融项目下的人民币直接投资。

1. 经常项目下的跨境贸易人民币结算

  跨境贸易是人民币输出到离岸市场的一个重要渠道，同时也

[①] 资料来源：新浪财经，中行：人民币在离岸市场使用份额逐季攀升，参见http://baijiahao.baidu.com/s?id=1697057513329546438&wfr=spider&for=pc。

是人民币回流通道之一。2009年4月，中央决定在上海、广州、深圳等地进行跨境贸易人民币试点工作，这是提升人民币国际地位的关键一步。随着人民币国际化的不断推进，跨境贸易人民币试点城市由4个发展到全国各地的20个，跨境贸易结算规模也不断扩大。受市场人民币贬值预期、人民币回流机制不畅等因素的影响，2016—2017年跨境贸易人民币结算额出现下降，但从2018年起逐步上升。2020年，人民币跨境贸易结算发生额达6.77万亿元，在货物贸易上的使用比例最高达到了18.9%。总体来看，跨境贸易人民币结算额体量较大，是在岸人民币与离岸人民币回流的重要渠道之一。

2. 资本金融项目下的证券投资相关的人民币资金流动

RQDII（人民币合格境内机构投资者）和RQFII是在岸－离岸市场机构投资者进行跨境金融交易的重要渠道。2014年11月，中国人民银行发布《关于人民币合格境内机构投资者境外证券投资有关事项的通知》，该通知表示人民币合格境内机构投资者可以通过向境内机构或个人募集资金用于境外投资。RQDII拓宽了境内机构投资者的投资渠道，是在岸市场资金流向离岸市场的重要通道，可以推动境外人民币资金池不断扩大。2011年，允许以RQFII投资境内证券市场，设立的起步金额为200亿元。2013年3月，中国证监会发布《人民币合格境外机构投资者境内证券投资试点办法》。RQFII业务的推出解决了离岸市场上可交易人民币资产种类单一的问题，为境外机构投资者对冲人民币风险提供了更多选择，并为离岸市场人民币回流到在岸市场提供了新渠道。

自 2002 年实施 QFII 制度、2011 年实施 RQFII 制度以来,来自全球 31 个国家和地区的超过 400 家机构投资者通过此渠道投资中国金融市场。2019 年 9 月,RQFII 投资额度限制取消。

随着内地进一步推动金融开放,内地与香港不断开拓资金互联互通新渠道,沪港通、深港通及债券通的交易规模不断扩大。2014 年 11 月,沪港股票交易互联互通机制试点正式启动。沪港通作为在岸人民币和香港离岸资本市场沟通的桥梁,在促进两地资金流通和资本的全球布局中发挥着重要作用。2016 年 9 月,《深圳证券交易所深港通业务实施办法》发布;同年 12 月,深港通正式建立,在原来港股通可交易股票的基础上新增了股票,扩大了交易范围。2017 年 7 月 3 日,债券通的"北向通"开通,通过内地和香港金融市场基础设施间的联通,国际投资者可以在不改变原有交易结算制度安排和习惯的情况下,接入并投资内地银行间债券市场所有类型的债券,是中国债券市场对外开放的重要里程碑。随着沪港通、深港通的相继建立以及债券通的开通,在岸、离岸市场逐步实现互联互通,两地资本市场双向开放程度加大,联系更为紧密。"三通"的建立不仅有利于上海、香港自身金融建设的发展和完善,还有助于提升中国资本市场的竞争力,增强投资者的信心。2020 年末,沪港通、深港通北向交易规模分别约为 9 万亿元、12 万亿元,沪港通、深港通南向交易规模分别约为 3 万亿港元、2.5 万亿港元,均再创新高。债券通全年累计成交约 5.9 万笔,成交总额达 4.8 万亿元,较 2019 年增长 82.8%;通过债券通入市的境外机构投资者(含产品)已达 2 352 家。

3. 资本金融项目下的人民币直接投资

直接投资也是离岸人民币和在岸人民币跨境流动的重要渠道。一是人民币对外直接投资。国内企业参与国际项目建设和拓宽海外并购，使用人民币直接投资以实现流出，与各国政府在人民币对外直接投资上达成投资框架建议。"一带一路"倡议提出以来，香港离岸人民币中心始终充当境内资金与"一带一路"沿线国家项目之间的"超级联络人"角色，为"一带一路"沿线国家项目提供金融服务。二是境外投资者可以对我国进行跨境直接投资促进资本回流。2011年，我国实施《外商直接投资人民币结算业务管理办法》等一系列管理办法，境外持有人民币的投资者直接投资国内更加便捷。根据中国人民银行的数据，2019年，跨境人民币结算中直接投资的规模为2.78万亿元，其中FDI人民币结算规模为2.02万亿元、对外直接投资人民币结算规模为7 555亿元。

总体来看，境内和境外金融市场的直接联通成为中国资本账户开放的一个新趋势，这使以人民币进行跨境投资的比例逐步上升。目前证券市场跨境投资已成为人民币跨境使用最主要、增长最快的渠道。截至2019年底，经常项目、直接投资和证券投资项下人民币跨境收付金额合计分别为6.04万亿元、2.78万亿元和9.51万亿元，同比增速分别为18.2%、4.5%和49.1%。这与金融交易大额高频、开放制度原则上不允许跨币种套利以及境外衍生品市场发达且交易自由有关，因此，国际投资者倾向于在离岸市场进行人民币融资、汇兑和对冲交易，然后通过人民币进行跨境投资。根据香港金融管理局的数据，香港离岸人民币外汇交易量已占全球人民币外汇交易的 70% 以上。作为海外离岸人民币市场的枢纽，自 2016 年起，香港离岸人民币存款规模保持稳定，但人民币外汇交易规模仍快速上升，而后者则与跨境金融市场投资的快速发展紧密相关。

（三）离岸人民币和在岸人民币资产价格联动机制

根据金融市场的无套利均衡原理，同一种资产如果在不同市场上的价格存在不一致的情况，则可以通过在不同市场上进行低买高卖的操作实现无风险套利，获得无风险利润。由于目前中国存在一定程度的跨境资本流动性管制，人民币的跨境流动还受到限制，所以在境内外人民币市场上出现了"一种资产、多种价格"的状况，但各个市场之间仍通过各种渠道产生联系。

一是人民币国际化带动的离岸市场和在岸市场融合。人民币国际化带来的跨境资本流动性管制放松是离岸市场和在岸市场融合的根本动力，2009 年中国人民银行和中银香港签署清算协议之后，人民币可以通过跨境贸易的形式在境内外进行流动，同时 RQFII、境外人民币贷款等资本项下的人民币跨境流动规模不断扩大，人民币回流渠道不断增多，慢慢促进了境内外人民币汇率、利率市场的融合，也促进了包括人民币即期、远期、掉期、期权等产品价格的趋同。

二是市场参与者利用价格差异在不同市场之间进行交易。由于境外市场限制较小，对市场信息的反应快于境内市场，所以境内外人民币外汇市场上经常会存在价差，部分跨国企业在境内外都设有分支机构，可以在境内外市场上从事人民币外汇产品交易，利用不同市场的价差，在价格较低的市场上买入，在价格较高的市场上卖出，获得收益，各个市场通过跨市场套利交易、择机选择市场交易而存在一定的联系。同时，由于境外人民币市场没有实需背景要求，在境外不同人民币外汇曲线之间的套利也是金融机构的一种重要的交易模式。

三是在岸市场定价机制不断市场化改革促进了境内外价格趋同。以人民币即期外汇市场为代表，2015年中间价定价机制改革前后，在岸市场人民币即期汇率和离岸市场人民币即期汇率之间的价差出现了大幅收窄，两个市场的价格走势基本保持一致形态。由于还涉及人民币利率市场化改革的影响，外汇衍生品目前仍然持续存在较大价差的情况，未来随着国内人民币利率市场化改革的推进和资本项目的不断开放，离岸市场和在岸市场人民币外汇衍生产品的价格也将进一步趋同。

三、离岸人民币市场发展的特色

我国离岸人民币市场的构建和发展与美元、日元离岸市场相比均不相同，我国离岸人民币市场主要有以下几个发展特色。

一是离岸人民币市场建立在中国金融改革尚未完成的背景下。与美元等主要国际货币不同，美元、日元离岸市场产生时，美国和日本已基本实现资本项目自由可兑换，其在岸市场已经实现了利率和汇率的市场化决定，不存在对金融资产的价格管制。而离岸人民币市场建立之初，我国金融改革和金融体系诸多基础建设还尚未完成。香港离岸人民币市场是建立时间最早的离岸人民币市场。2003年11月，中国人民银行在香港提供人民币清算业务。2004年1月，香港的银行开始为本地居民提供人民币存款服务，开创了离岸人民币使用的先河。彼时，我国刚刚加入世界贸易组织，资本项目依然处于管制状态，利率市场化和汇率市场化改革更未启动，金融市场仍有大量基础设施和制度建设需要完善。虽然此后汇率市场化、利率市场化、金融开放、金融市场的建设不断取得实质性进展，但各项金融改革依然尚未完成，仍在推动中。

二是离岸人民币市场是在市场需求的基础上政府主动设计构建的。离岸人民币使用最初始于边境贸易结算，应市场需求而产生，政府主动设计构建。香港离岸人民币中心是全球规模最大的离岸人民币中心，对人民币存款、贷款、证券融资、清算行、跨境支付等相关业务起到了重要的推动作用。从香港离岸人民币市场的发展中可以清晰地看到市场需求和政府推动的双重因素。2001年中国加入世界贸易组织之后，边境贸易规模进一步扩大，人民币在边境贸易中作为直接支付货币的需求也不断扩大。香港和澳门回归后，港澳地区对人民币需求上升。2003年和2004年，中国人民银行批准在香港和澳门设立人民币清算行，香港离岸人民币市场开始稳步发展。2007年7月，国家开发银行在香港成功发行首只离岸人民币债券。2008年全球金融危机爆发后，人民币资产吸引力上升，海外人民币使用需求增加，中国政府再度顺势而为，推动人民币在跨境贸易投资中的使用，离岸人民币市场发展提速。2009年7月，跨境贸易人民币结算开始试点，香港人民币业务从个人业务扩大到以人民币结算和融资为主的公司业务。2010年12月，香港金融管理局获批投资内地银行间债券市场，成为第一家进入内地银行间债券市场的境外机构。2011年内地推出RQFII试点制度，也率先从香港试点。2014年以来，内地与香港金融管理部门推动设立沪港通、深港通、债券通等资本市场互联互通机制，政府陆续在香港市场推出人民币国债、人民币央票以及人民币地方政府债，也推动了香港离岸人民币的使用。

从市场规模也可以看出，香港离岸人民币市场是在市场和政策的共同推动下形成的。2008年全球金融危机后，因汇率稳定、资产收益率相对较高，离岸人民币需求上升，香港离岸人民币存款规模在2015年7月达到9 941亿元的历史高点。2015年8月，人民币汇率弹性加大，人民币一度出现贬值，香港离岸人民币存款规模迅速缩水。2017年初，香港离岸人民币存款规模降至5 072亿元，仅约最高点时的一半。2017年以来，随着人民币汇率形成机制的不断完善、中国内地高水平金融开放的进一步推进以及离岸人民币金融产品的丰富，香港离岸人民币存款规模再度上升，并呈现出趋势性上升的势头。2021年8月，香港离岸人民币存款规模达到8 427亿元（见图4.15）。

三是离岸人民币市场与在岸人民币市场形成双重汇率、双重利率。和在岸人民币市场相比，离岸人民币市场管制较少，风险对冲工具和衍生工具较为发达，更容易发挥"价格发现"功能，因此70%以上的人民币外汇交易发生在离岸市场。人民币加入

SDR 时，IMF 选择伦敦离岸市场的汇率作为人民币定值汇率，也充分体现了离岸市场"价格发现"的重要作用。目前，离岸人民币市场与在岸人民币市场已经形成双重汇率。以香港离岸人民币市场为例，离岸人民币汇率和在岸人民币汇率常年存在基差，并且在汇率出现单边升值或单边贬值预期时，该基差还会扩大。但因在岸人民币汇率形成机制也在不断完善，总体来看离岸、在岸人民币汇率波动趋势是一致的。而离岸人民币市场的人民币拆借利率和在岸银行间市场的人民币拆借利率基本是两套形成机制和投资者结构，相互之间不存在互动和关联，因此形成了两套价格，这一点在境内外市场均有发行股票或债券的企业和机构上也体现得非常明显。

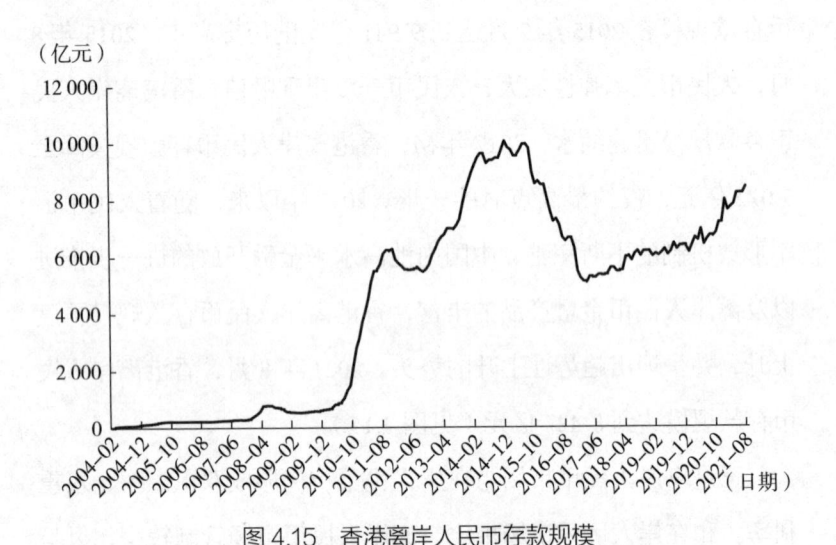

图 4.15 香港离岸人民币存款规模

资料来源：Wind。

四是离岸人民币市场与在岸人民币市场依靠管道式开放实现互联互通。在岸人民币市场依然存在资本管制,离岸人民币市场与在岸人民币市场主要依靠 RQFII、"债券通"、"陆港通"和"理财通"等管道式开放的措施实现互联互通。在这种互联互通机制下,由境内流向离岸市场的人民币并不能自由使用,不能流向香港以外的境外市场,卖出境外资产后将自动结算回人民币返回境内账户。理论上,在在岸市场存在管制的情况下,在岸市场和离岸市场之间不可避免地会出现套利套汇及随之而来的跨境资本流动。从我国的实践来看,张明(2020)研究发现,香港离岸人民币市场和内地在岸人民币市场之间确实出现过规模较大的离岸和在岸套利套汇活动。尽管管道式开放不是离岸市场和在岸市场互联互通的长久之计,但此类管道式金融开放丰富了投资者结构,离岸市场的"价格发现"也促进了境内金融市场的价格发现。

四、离岸人民币市场建设的定位选择

一是厘清离岸市场与货币国际化的关系。离岸市场是货币出现境外使用需求后的产物,并不是先有离岸市场再有货币境外使用需求的。这一点从美元、日元以及人民币离岸市场的发展中均可以看出。常见的误解是,中国政府为了推动人民币国际化,强行主动造出了香港离岸人民币市场。这一看法过于片面和刻板。我国推动中国香港、新加坡、伦敦等多地的离岸人民币市场建立,均是在人民币跨境结算、境外使用需求上升的情况下顺势而为的。在人民币汇率贬值、境外需求下降后,也可能明显地看出离岸人民币市场规模的下降。与此同时，虽然离岸市场发展并不是货币得以国际化的根本推动力，但离岸市场对于这些货币的国际化也发挥了重要影响（如美元、欧元的经验），遏制离岸市场发展会制约该国货币国际化（如日元的教训）。

二是离岸人民币市场的发展可为在岸金融市场的发展和金融监管提供试点与参考，并倒逼在岸市场改革。香港离岸人民币市场是境外人民币使用需求增加和我国在岸市场管制共同催生的产物，其依附于跨境贸易、证券投资需求以及价格双轨制的产生，内地和香港的金融管理部门也推出了一系列政策和人民币衍生品以留住此部分人民币境外需求，形成了离岸人民币市场。在我国境内尚未实现人民币完全可兑换的情况下，离岸市场的建立为人民币的跨境使用提供了一个可自由兑换的缓冲区，将资本项目开放所引致的国际化风险与境内市场隔离，并可识别人民币国际化过程中出现的问题与风险，以积累经验并就此完善金融监管。在这个过程中，离岸市场的发展也可以倒逼在岸市场的改革与完善，汇率市场化改革、境内金融市场的完善以及金融再开放均与离岸市场的价格发现功能有关。

三是离岸市场不应以规模为导向，而应以制度建设为导向。我国应该引导建设一个好的离岸市场，而非一个大的离岸市场。从短期来看，离岸市场的规模取决于境外人民币需求，需求与汇率、利率以及金融开放等诸多因素相关，这并非政府可以强制决定的。离岸市场的建设不应该也不可能以规模为导向。相反为避免离岸价格对在岸价格造成冲击，金融监管部门还应通过市场化手段打击离岸市场的投机炒作行为。从长期看，随着我国资本账户可兑换程度的提高、汇率市场化改革的进一步推进以及境内人民币产品的丰富，香港等离岸人民币市场对投资者来说存在的必要性可能下降。离岸市场的规模庞大并非完全必要，甚至可能对在岸市场造成冲击。即便从货币国际化的中长期视角看，离岸市场建设的关键是通过基础设施、产品、制度等建立一个不遏制货币国际化需求的稳健发展的离岸市场，而不应以规模为导向衡量和引导离岸市场发展。

健康、可持续推动人民币国际化

回顾我国推进人民币国际化所取得的阶段性成绩，展望未来的新发展格局，人民币国际化仍然大有可为。在此背景下，我国需要进一步发展完善国内金融市场，推动金融开放和人民币跨境使用，同时推动离岸人民币市场和在岸人民币市场的融合发展，推动人民币国际化健康、可持续发展。具体建议包括两个方面。

一、推动汇率制度和外汇市场建设，完善金融基础设施配套

第一，保持人民币汇率的充分弹性，进一步推进汇率形成机制的市场化改革。尤其是增强人民币汇率形成机制的透明度，加强与市场沟通。过强的升值预期不利于人民币的债务方，过强的贬值预期则不利于人民币的债权方。由此可见，汇率的双向预期非常重要，这对于避免资金流向的羊群效应、增加外汇市场的流动性至关重要。短期而言，丰富人民币汇率风险对冲工具、活跃人民币外汇市场是人民币国际化的重要技术前提。在中国产业链的全球布局尚未丰厚之前，要避免让人民币使用方陷入货币"二选一"的困境。从长期来看，国际上在汇率升贬时期采取不同的国际化推进战略，普遍规律是，升值时期推动资产端国际化，贬值时期推动负债端国际化。

基于通胀、政策面等因素的考量，人民币兑美元仍有上升空

间。我国可把握这一重要窗口期，循序渐进地推进资产端的人民币国际化。一方面，加快推进利率与汇率价格的市场化建设，进而为人民币资产定价奠定扎实的市场基础；另一方面，从资产类型来看，我国可重点考虑从国债切入，并逐步拓展到其他资产。与发达经济体相比，我国国债应进一步发挥应有的金融功能，加强财政央行的政策协调，完善国债衍生品市场和做市商制度，进一步提高国债市场的定价效率。

第二，夯实外汇市场建设，特别是外汇衍生品市场的发展，充分满足涉外企业的避险需求，提升境外主体主动使用人民币的意愿。从"黑字还流"的设计思路来看，"援助和贷款—投资和贸易—本币国际化"是日本推动日元国际化的发展路径。但事实上，"黑字还流"仅帮助日本完成了"援助和贷款—投资和贸易"这一过程，"投资和贸易—本币国际化"链条同样值得关注。而货币国际化通常要经历"贸易结算货币—国际金融交易结算货币—外汇交易周转货币—小国货币锚"的演变过程（Chinn and Frankel，2005）。换言之，只有足够有深度的金融市场、外汇市场，才能够更好地支撑一国货币从结算货币向储备货币转变。

目前，我国在国际支付、跨境贸易和直接投资项下的人民币结算都取得了长足进步，但在全球外汇市场中的发展相对滞后，这反映了我国外汇市场，特别是外汇期货市场发展不足的短板。如果说，跨境人民币结算基础设施建设将在极大程度上提升境外人民币使用的便利度，那么人民币外汇衍生品市场的深度，就决定了海内外相关参与者是否愿意主动维护"将人民币作为主要结算货币"的商业共识。具体来看，需要在逐步提高汇率灵活度的前提下，逐步增强外汇市场的流动性、丰富外汇衍生品套保工具，争取推动进入全球外汇交易的 CLS 系统。相应地，在制度层面，应在管住货币总量和外币的基础上，有序、稳妥地推进资本市场的开放程度。

第三，人民币在海外使用的推广和深化应关注金融属性和商业网络的拓展，可考虑适当加强相关制度化安排。国际金融研究所指出，截至 2020 年 5 月，我国是世界上低收入国家最大的债权国。2019 年，中国对世界各国的未偿债权为 5.5 万亿美元，约占全球 GDP 的 6%。中国在海外的债权主要以银行贷款和贸易预付款的形式存在。2013 年"一带一路"倡议提出以来，至少有 7 300 亿美元被直接用于 112 个国家的海外投资和建设。[1] 面对庞大的海外债务规模，应充分把握债务重组的重要契机，加强与双边货币互换和人民币跨境使用相关的制度安排，借势提高人民币在海外市场和商业网络的渗透力和影响力。

借鉴日本"黑字还流"的教训，我国应进一步拓展"还流"的内涵，具体可以从两个维度展开思路。一是属性拓展。面对大规模的海外债务，我国在对外"还流"的过程中，应该努力将"债性"向"股性"等金融属性拓展，努力让贷款和援助"活"起来。二是产业链拓展。不仅向基建、下游进行"还流"，也要关注产

---

[1] 资料来源：Marketforces Africa, "Surging global debt: How much is owed to China?", 参见 https://dmarketforces.com/surging-global-debt-how-much-is-owed-to-china/?share=jetpack-whatsapp。

业链上游，关注资源丰富国，通过"还流"增强对资源品的定价权，有助于增强人民币的"资源属性"。不仅如此，也要将最终消费端与生产端有机结合。此外，参考德国以区域一体化的思路推动"去美元化"的经验，可考虑加强与我国周边政治互信度较高的国家和区域之间的货币联系，以经贸合作为基础，逐步打通人民币与小币种间的兑换机制和结算安排，有的放矢、循序渐进地推进区域货币合作，在区域内形成美元体系之外、以人民币为主导的商业共识。

第四，重视私人部门在人民币国际化中的作用，应重点加强中资机构的国际化能力建设。"黑字还流"与传统 ODA 最大的差别之一就是，前者有商业银行的广泛参与。仅靠官方背景机构主导，人民币国际化的潜力未必能得到完全释放。本币国际化最终需要私人部门广泛和深度参与，"黑字还流"提供了一个较好的先行范例。我国银行在服务跨境业务和国际竞争力方面，与发达国家的银行存在较大差距，主要体现在全能化的经营管理能力不强，特别是全球财资管理、投资银行等业务方面缺乏经验储备，兼具专业化和国际化背景的人才建设不足等。中资银行的国际业务能力，也是我国落实人民币国际化的微观基础，相关业务深耕的程度也决定了人民币主导的商业网络拓展深度，需要重点关注和加强。

二、积极推动在岸市场和离岸市场融合发展

在本章第三节中，我们明确了离岸人民币市场建设的定位。

一是离岸人民币市场的发展顺应了境外人民币的使用需求，离岸市场在跨境和境外人民币使用中发挥着特定的重要作用，但是也要看到离岸市场的发展并不是货币得以国际化的根本推动力。二是离岸人民币市场的发展可为在岸金融市场的发展和金融监管提供试点和参考，并倒逼在岸市场改革。三是离岸市场不应以规模为导向，而应以制度建设为导向。在此基础上，对推动离岸市场和在岸市场融合发展，我们提出以下建议。

第一，完善面向国际的离岸、在岸人民币金融产品，促进人民币资金跨境双向流动。随着我国金融市场的对外开放，境外投资者持有人民币金融资产的意愿和规模持续上升。目前形成了以直接入市和互联互通机制为基础的多渠道双向开放框架，其中香港等离岸人民币中心主要发挥通道作用。未来离岸、在岸市场应共同开发适应投资者需求的金融市场产品和工具，离岸人民币市场要进一步发行以人民币计价的基础金融产品，完善在岸人民币市场的人民币衍生品资产品种，在中国外汇交易中心开展人民币外汇期货交易试点，通过离岸、在岸的金融产品匹配完善进一步促进离岸市场和在岸市场的协调联动。

第二，完善离岸人民币基础资产和收益率曲线，扩大离岸人民币资金池。目前，香港离岸人民币市场人民币衍生品的发展提前于基础资产的发展，人民币外汇期货、A股期货等金融衍生品均已发行，但离岸市场缺乏有效的利率曲线和利率衍生市场，仍然只是一个隐含利率市场。未来，可在离岸人民币市场发行多种期限的国债、政金债、央行票据，完善离岸人民币市场的人民币资产收益率曲线，并在此基础上发行系列利率衍生品和离岸人民币融资产品。扩大离岸人民币资金池，让持有人民币的企业和机构可"一站式"在离岸市场存放、管理、调拨和投资。此外，应与国际金融市场继续深化绿色债券合作，推动离岸人民币市场绿色投融资，占据绿色债券的定价权，打造亚洲绿色金融中心。

第三，丰富外汇对冲工具以协助投资者管理人民币汇率波动风险。从市场需求来看，随着境外机构不断增持人民币债券等中国资产，以及人民币汇率波幅逐步扩大，对冲人民币汇率风险、利率风险的需求在不断上升，投资者对于国债期货、人民币期货等风险管理和跨币种对冲工具的需求也将进一步上升。未来应进一步优化人民币外汇交易中的工具结构，积极发展对冲工具，尤其是离岸人民币和在岸人民币的汇率与利率差价的相关衍生品。此外，持续加强金融创新，可优先选择对华经贸往来密切的货币开发人民币兑非美元货币套期保值产品，在贸易融资等业务中，嵌套外汇风险管理工具。

第四，进一步探索离岸、在岸金融市场的互联互通，促进离岸市场与在岸市场协调发展。双循环将推动人民币国际化再上台阶，离岸人民币回流渠道将不断拓宽，境外投资者人民币资产配置需求也将不断上升，畅通的国内与国际双循环将增强国际市场人民币使用场景。因此，应进一步拓展离岸市场资金供应渠道，提升跨境人民币结算和支付比重，积极探索离岸与在岸金融市场和金融基础设施互联互通。通过进一步建设和扩大离岸市场与在岸市场在股市、债券、理财、保险等金融市场上的互联互通机制，为人民币跨境融资、回购和流动性管理等业务提供金融基础设施支持。

第五，加大离岸人民币市场流动性操作。中国人民银行作为人民币的最后贷款人，有必要直接进行离岸流动性操作，以熨平离岸流动性和利率的过度波动。更重要的是，以境内利率作为"锚"来调控离岸利率，将境内外利差控制在合理区间，有助于维持境内外汇率及其预期的相对稳定。这在缓减离岸市场对在岸市场冲击和危机传导的同时，也能提升我国在全球人民币定价中的话语权。值得注意的是，自2018年11月起，中国人民银行就开始常态化地滚动式发行离岸人民币票据，调节并收紧长期离岸流动性。这是中国人民银行进行离岸流动性操作的一个开端。未来，中国人民银行的离岸人民币流动性操作会拓展至常规流动性调节和紧急流动性供给。

第六，支持浦东新区在风险可控的前提下发展离岸人民币交易，探索人民币自由可兑换路径。支持上海在人民币可自由使用方面先行先试，在符合反洗钱、反恐怖融资、反逃税以及展业三条原则的要求下，进一步便利企业贸易投资资金的进出，探索临港新片区内资本自由流入流出和自由兑换，助力上海成为新发展格局下联通国际市场和国内市场的重要枢纽与桥梁。一是支持浦东新区发展离岸人民币业务，未来进一步通过外汇期货试点、离岸人民币债券市场建设等创新，吸引更多外资机构配置人民币资产，满足全球投资者的需求。二是统筹发展在岸业务和离岸业务。结合上海临港新片区离岸业务先行先试的政策窗口，发挥陆家嘴金融要素市场、金融基础设施和人才资源优势，积极配合离岸业务发展，扩大跨境支付结算、本外币一体跨境资金使用试点，加快推动上海发展更具国际竞争力的离岸人民币中心。三是探索支持资本项目可兑换路径。支持浦东新区创新人民币金融产品，扩大境外人民币境内投资金融产品范围，促进人民币资金跨境双向流动。

第七，进一步推进离岸金融法律与监管制度创新试点，为上海全球离岸金融中心建设提供有力保障。上海离岸人民币中心建设面临的最大问题是，当前关于上海离岸人民币交易并无统领性、基础性法规，市场机构或遵循他国（地区）规则在境外市场开展交易。上海可借助浦东新区先行先试的"立法权"，择机针对离岸人民币交易单独立法，确定其发展的大方向、大原则。一是建议完善离岸金融法律法规，制定完善更高位阶的离岸金融法律，进一步规范离岸金融市场监管法律规则，明晰境内外机构离岸金融市场准入和经营条件，明确离岸货币与资本市场主体责任，以及离岸存款与离岸贷款的支付、交割等交易细则；二是建议借鉴纽约等成功的离岸金融市场采取的内外分离模式，严格区分离岸与在岸账户开立、资金调动和筹集使用，针对离岸金融市场和业务进行差异化监管，不断完善金融监管机制；三是吸取东京离岸金融市场放松汇率管制、合规审查过度宽松的经验教训，稳妥推进人民币汇率机制改革，完善金融基础设施和数据交易系统，加大离岸账户反洗钱、反恐怖融资以及金融套利等行为识别，确保离岸金融市场有效监管。

05

充分发挥人民币在"一带一路"建设中的作用

新形势下"一带一路"建设亟须扩大人民币的使用

一、"一带一路"建设是新发展格局的重要组成部分

党的十九届五中全会提出,要加快构建以国内大循环为主体、国内国际双循环相互促进的新发展格局。新发展格局是根据我国发展阶段、环境、条件变化提出来的,是重塑我国国际合作和竞争新优势的战略抉择。新发展格局不是封闭的国内循环,而是开放的国内国际双循环。中国经济已经深度融入全球经贸体系,中国是全球第一大贸易国和第二大直接投资目的地,是全球价值链的重要枢纽和制造中心。在这一背景下构建新发展格局,必然要求建设更高水平的开放型经济新体制,需要协同推进强大国内市场和贸易强国建设,更好地利用国际国内两个市场、两种资源。

"一带一路"建设是新发展格局的重要组成部分,有利于推动国际循环的高质量发展。这是中国经济在新发展阶段的一些重要特征决定的,具体体现在以下三个方面。

第一,贸易的高质量发展。改革开放之初,国内市场规模较小,内需不足以充分拉动中国经济的快速发展,资本、技术甚至原材料都相对短缺。我国选择了外向型发展的道路,通过积极融入国际经贸体系,参与国际分工,充分发挥劳动力的比较优势,创造了中国经济增长的奇迹,中国也成为全球第一大贸易国。

随着中国经济进入高质量发展阶段，我国对外贸易结构的不适应性日渐显现，突出表现在一般贸易占比较低。2005年之前，加工贸易在出口总额中所占的份额始终保持在55%的高位；1998年以来，加工贸易顺差持续超过一般贸易（见图5.1）。加工贸易曾在我国经济发展过程中发挥了重要作用，但在这种贸易方式下，国内承担的生产并非核心环节，附加值相对低，客观上增加了中国经济发展对外需的依赖。因此，推动贸易高质量发展、建设贸易强国，还需进一步提高一般贸易的占比。

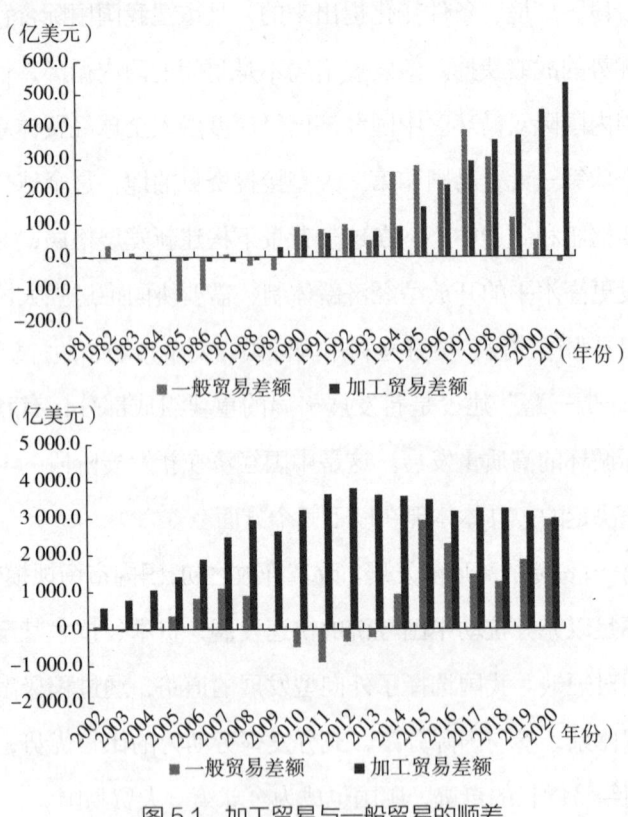

图5.1 加工贸易与一般贸易的顺差

加强与"一带一路"沿线国家的贸易联通是优化贸易方式的重要途径。我国加工贸易的主要对象是发达经济体，由双方比较优势决定，调整贸易方式需要时间。提高一般贸易的比重，需要进一步让贸易市场多元化，"一带一路"倡议是重要的潜在领域。一是共建"一带一路"国家在全球GDP和贸易中的占比超过40%，强化贸易联系有较大的发展空间。二是我国对"一带一路"沿线国家的贸易总体上比较平衡，有较大的进口需求，对完善国内经济循环有重要意义。三是"一带一路"沿线国家相当一部分是发展中经济体，长期看经济增速较高，市场潜力很大，对华产品进口需求也不小。

第二，国内储蓄的对外投资需求。中国储蓄率较高，在相当长一段时间内有力支撑了经济高速增长。随着中国经济由高速增长阶段进入高质量发展阶段，投资边际收益有所下降，国内投资机会一定程度上趋近饱和，市场主体会自发地选择对外投资。此外，市场主体境外配置资产也有分散风险的考虑，"不把鸡蛋放在同一个篮子里"。"一带一路"沿线国家是我国储蓄多元化配置的重要目的地。从2014年开始，中国对外直接投资超过外商直接投资，在中国除去离岸中心的对外直接投资中，新兴市场经济体占比已经超过美日欧三大发达经济体。

第三，比较优势转移的客观规律。随着经济发展水平提升、结构转型升级，一国原有的比较优势下降，一些产业就会向优势更显著的国家寻求转移。这是比较优势动态演进的客观规律。中国经济快速发展曾经极大地受益于比较优势转移。如表5.1所示，中国对美国制造业贸易逆差的扩大，在很大程度上是承接日本、亚洲四小龙的产业转移。

随着中国经济发展进入新的阶段，一些产业也会遵循此规律，加大对"一带一路"沿线国家的投资。一些劳动密集型、低附加值的产业转移的背后，是比较优势动态演进的客观规律，对此应有客观的认识。中国在生产效率、营商环境和基础设施上有明显的优势，制造业体量较大而享有规模效应，在未来一段时间内仍然有能力保持全球制造业中心的地位。

表5.1 各经济体在美国制造业贸易逆差中的占比

单位：%

时间	中国	日本	亚洲四小龙	德国	东盟（不含新加坡）	墨西哥	其他
1990年	10.3	49.4	25.7	10.2	-1.9	6.1	0.2
1995年	24.2	45.3	10.8	10.0	5.7	13.1	-9.1
2000年	25.5	24.9	9.1	8.3	3.6	11.5	17.1
2005年	37.0	15.1	3.7	8.5	4.2	9.4	22.1
2008年	57.6	16.5	1.6	8.6	5.8	11.1	-1.2
2009年	70.5	14.6	1.7	8.0	6.8	13.0	-14.6
2010年	67.1	15.1	-0.2	7.9	8.1	11.0	-9.0
2011年	67.6	15.0	-0.2	10.4	6.1	11.1	-10.0
2012年	70.6	16.9	0.1	12.2	5.6	11.7	-17.1
2013年	72.6	16.4	-1.4	13.8	5.2	12.8	-19.4
2014年	67.7	13.5	0.4	13.2	5.2	13.6	-13.6
2015年	59.5	11.2	1.7	11.1	7.3	13.6	-4.4
2016年	55.4	11.0	1.9	9.2	8.2	14.3	0
2017年	56.1	10.5	1.2	8.5	8.1	14.7	0.9
1990—2017年的变化	45.8	-38.9	-24.5	-1.7	10.0	8.6	0.7

二、新形势下"一带一路"建设面临机遇与挑战

"一带一路"是开放、包容的国际合作倡议，目前覆盖的地域范围已扩展至全球。学界较为常用的"一带一路"沿线国家覆盖东亚、中亚、南亚、东南亚、西亚、中东、北非和中东欧等地区的64个国家。这些国家以发展中国家为主，世界银行的数据显示，中等收入与低收入国家占比为65.6%。从20世纪60年代起，"一带一路"沿线国家在全球GDP中的占比一直稳定在10%以下，进入21世纪后比重快速上升，2019年已达到16.5%。

"一带一路"沿线国家的经济发展程度、政治体制、文化历史、宗教状况存在差异，经贸合作的重点各有不同。东南亚各沿线国家之间经济联系密切，经济发展活力较强，部分国家与中国在产业链上较为互补，东盟地区已成为中国第一大贸易伙伴。中亚和中东地区沿线国家发展模式较为倚重能源，一些国家经济结构相对单一，经济发展模式面临转型压力。南亚地区与中国有着历史悠久的经济文化往来，近年来经贸合作不断加强。中东欧国家是中国在欧洲的重要伙伴，中国与希腊等国在港口等方面的合作已成为"一带一路"建设的标志性项目之一。

近年来，"一带一路"倡议的概念进一步延展至共建"一带一路"国家，范围扩大至拉丁美洲和非洲，"一带一路"沿线国家之间的差异更显著，但合作空间也在扩大。中国与非洲和拉美国家在资源、产业、市场等各方面都存在较大互补性，"一带一路"建设正成为"南南合作"的重要平台。"一带一路"投资项目已经走进非洲，在赞比亚、肯尼亚等国走出贫困陷阱、推动绿色转

型的过程中起到了重要作用。

从机遇看,一是世界多极化和经济全球化使全球经济力量对比发生重大变化,新兴市场和发展中国家在全球经贸体系中的地位不断提升,有强烈的内在动力去探索更多合作的模式与伙伴,"一带一路"建设已成为国际合作的重要平台和公共品。二是中国与"一带一路"沿线国家的经贸联系日益紧密。优势互补的特征明显,体现在投融资合作、大宗商品贸易、基础设施建设合作等领域。随着中国经济进入高质量发展阶段,互补性会进一步提升,特别是中国国内市场的做大做强,将成为"一带一路"沿线国家重要的外需来源。三是数字经济是新的潜在合作领域。近年来,数字经济较快发展。中国在该领域具备先发优势,是未来深化"一带一路"合作的重要潜在领域,一些具备条件的"一带一路"沿线国家可借助数字经济获得更快的发展,而数字普惠也能为相对贫困的国家解决发展中的难题。

从挑战看,一是新冠肺炎疫情对"一带一路"沿线发展中国家的冲击更加明显。由于公共卫生条件相对落后,发展中国家受影响程度高于发达国家,经济复苏相对缓慢。二是与疫情冲击相对应,"一带一路"沿线国家的债务问题值得关注。疫情冲击下,沿线各国财政收入锐减,债务问题日益严重。高债务挤压了"一带一路"沿线国家用于经济发展的资源,导致相关国家经济复苏乏力。三是"一带一路"沿线国家金融发展程度差异较大,治理能力参差不齐。部分沿线国家的金融市场存在脆弱性,容易面临资本流动的冲击,金融稳定存在潜在风险。部分沿线国家内部法制仍有待健全，产权保护仍不到位，营商环境不佳，投资吸引力不高。四是"一带一路"沿线国家共同面临气候变化等长期性挑战，减排形势严峻。当前，"一带一路"沿线多个国家已提出碳中和目标与计划，也逐步开始退出火电等高碳排放行业。但由于发展方式仍属于高碳排放型的粗放式发展，产业结构和能源消费结构碳排放强度仍然较高。

三、扩大人民币的使用是"一带一路"建设抓住机遇、应对挑战的关键

总体来看，人民币国际化与"一带一路"建设是相互促进、相辅相成的。从人民币国际化看，相当一部分文献认为"一带一路"倡议是人民币国际化有望取得突破的领域，朱隽等（2020）提出可以"一带一路"倡议为主战场促进人民币跨境使用。从"一带一路"建设看，机遇在于发展的前景和潜力，挑战在于目前发展不充分和不均衡，相关工作的着力点是深化经贸合作、加快经济发展。而扩大人民币的使用是深化经贸合作的重要抓手，重要意义体现在以下三个方面。

首先，扩大人民币在贸易中的使用有利于"一带一路"建设中的贸易联通。贸易中大量使用美元等第三方货币，汇率风险和汇兑成本相对较高，扩大人民币在贸易中的使用可降低双边贸易的汇率风险和汇兑成本，实现更紧密的贸易联系。

其次，扩大人民币在投融资中的使用有利于"一带一路"投融资合作。人民币资金是弥补"一带一路"建设资金缺口的重要

来源。中国储蓄率较高，并且境内市场主体也有用人民币向外投资的动力。使用人民币资金开展投融资合作，通过合理的回报形成示范效应，撬动更多的当地储蓄和国际资本，形成正反馈循环。

最后，扩大人民币的使用有利于维护金融稳定。全球金融危机爆发后，一些新兴市场经济体从维护金融稳定的考虑出发，寻求与中国签订货币互换协议，并推动在双边贸易和投资中扩大本币的使用。更多地使用人民币会减少双边经贸往来对美元的依赖，在面临国际收支压力时，可通过货币互换获得人民币的流动性，从而缓解压力，维护国际市场对本国经济和金融体系的信心。

扩大人民币贸易计价结算

我国与共建"一带一路"国家的贸易联系日益紧密,双方贸易金额在我国贸易总额中的占比超过40%,我国也已成为50多个国家的最大贸易伙伴,人民币贸易计价结算有很大发展空间。

一、我国与共建"一带一路"国家贸易往来现状

近年来,"一带一路"倡议获得了更广泛的国际认同和支持,参与共建"一带一路"的国家不断增多。截至2021年12月,我国已与140多个国家、32个国际组织签署200多份"一带一路"合作文件。这些参与共建"一带一路"的国家广泛分布在亚洲、欧洲、非洲、拉丁美洲、大洋洲等地区。绝大部分是发展中国家,也有意大利、卢森堡等发达国家。其地域面积占全球陆地面积超过50%,人口占全球超过60%,经济体量和贸易规模占全球均超过40%。

我国与共建"一带一路"国家的贸易联系日益紧密。总量上,2020年我国与共建"一带一路"国家的贸易金额达到1.89万亿美元,占我国贸易金额的40.5%(见图5.2)。结构上,我国与共建"一带一路"国家的贸易更为均衡。2015年之前多数年份为逆差,2015—2017年出现顺差,2018年小幅逆差,2019年和2020年恢复顺差(见图5.3)。

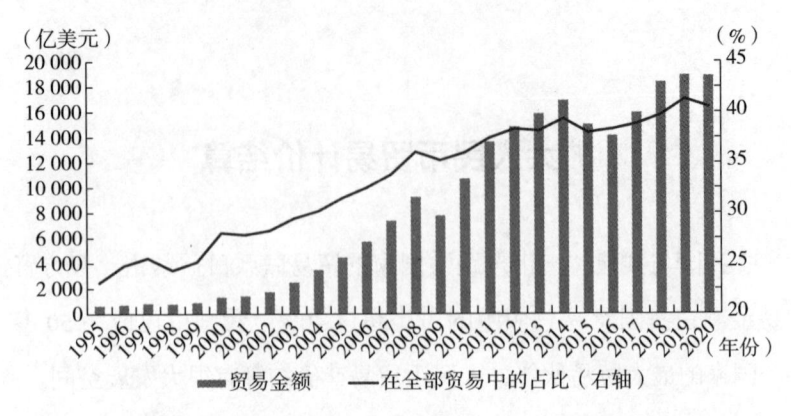

图 5.2 我国与共建"一带一路"国家的贸易规模

资料来源：中国海关。

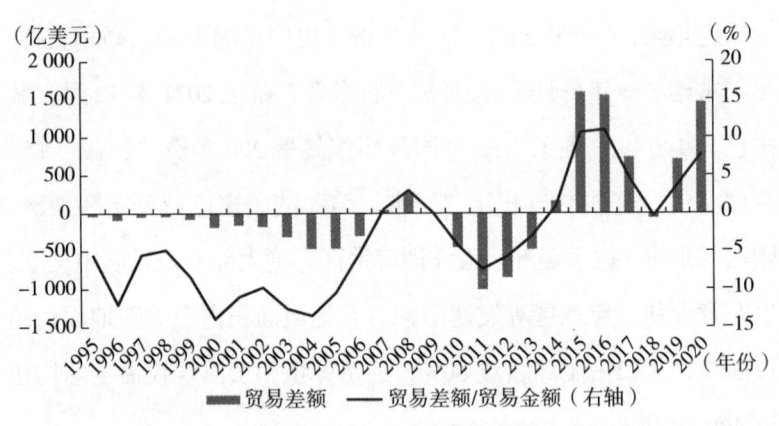

图 5.3 我国与共建"一带一路"国家的贸易差额

资料来源：中国海关。

从区域分布看，我们将这 140 多个共建"一带一路"国家大致分为亚太地区、南亚地区、中亚地区、西亚地区、非洲地区、欧洲地区和拉美地区。如图 5.4 所示，我国与亚太地区的贸易规模最大，2020 年的贸易金额占我国与共建"一带一路"国家贸易金额的 53.1%；第二是欧洲地区，占比为 18.1%；第三是西亚地区，占比为 10.8%；第四是非洲地区，占比为 8.5%；然后是拉美地区、南亚地区和中亚地区，占比分别为 5.3%、2.1% 和 2.0%。

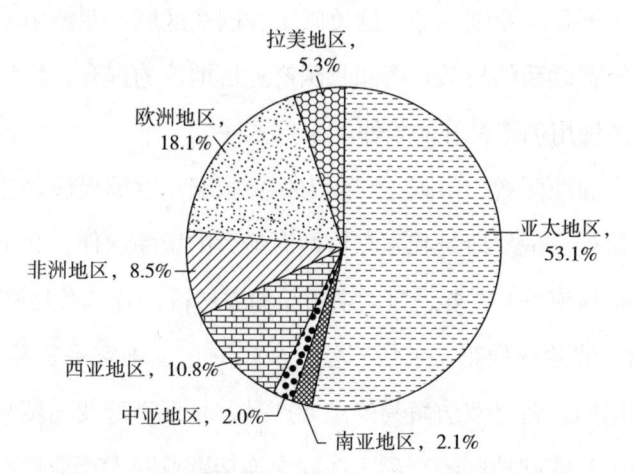

图 5.4　我国与共建"一带一路"国家的贸易分布

资料来源：中国海关。

从亚太地区看，区域产业链分工的特征明显。在该地区，我国的前三大贸易伙伴是东盟、韩国和蒙古。其中，东盟也是我国在全球的第一大贸易伙伴。从贸易结构看，我国对东盟是贸易顺差，对韩国和蒙古则是贸易逆差，这在很大程度上反映了区域经济一体化程度的提升。韩国相对处在我国产业链的前端，向我国输送技术产品；蒙古是我国原材料的重要供给来源；东盟位于我国产业链的后端。

随着亚洲产业链合作的深化，我国与亚太地区的经贸合作将更加紧密。一方面，《区域全面经济伙伴关系协定》的签署进一步加快了区域经济一体化进程。另一方面，我国在区域产业链中的地位也在不断上升。从我国与东盟的贸易情况看，2012年之前，我国对东盟为贸易逆差，2012年之后变为顺差。我国对东盟的出口扩大主要是工业制成品，这反映了我国在区域产业链中地位的变化。经贸联系的日益紧密和我国产业链地位的提升，将为扩大人民币的使用创造良好的条件。

从欧洲地区看，中国正在成为相关国家在欧洲板块之外的重要贸易伙伴。俄罗斯是我国在该地区最大的贸易伙伴，我国对俄罗斯是贸易逆差，主要进口大宗商品和原材料，出口工业制成品。意大利、波兰分列第二、第三位，我国对这些国家是贸易顺差，机械和运输设备是双边贸易的主要产品，呈现出产业内贸易的特征。中国与欧洲地区的贸易正在成为连接欧亚两大产业链板块的枢纽。对很多欧洲地区的共建"一带一路"国家而言，欧盟成员仍是主要贸易伙伴，但中国是欧盟之外的重要贸易伙伴。

从拉美地区看，我国对该地区主要出口工业制成品，进口原材料，总体是贸易逆差。智利、秘鲁、巴拿马是前三大贸易伙伴。其中，智利、秘鲁向我国出口大量的原材料，也有少数工业制成品，我国对其是贸易逆差。而巴拿马主要是转口贸易，我国出口产品经巴拿马再出口至其他国家，我国对巴拿马是贸易顺差。

从西亚地区看，我国主要进口石油，出口工业品和消费品，总体上是贸易逆差。其中，沙特阿拉伯、阿联酋、伊拉克贸易规模排名前三，也是我国重要的石油进口来源地。我国对沙特阿拉伯和伊拉克是贸易逆差，对阿联酋是贸易顺差。阿联酋经济结构相对多元化，并不单纯依赖石油产业，因此自华进口规模相对较大。

从非洲、南亚和中亚三个地区看，我国主要进口原材料，出口工业品和消费品，总体上为贸易顺差。当地经济波动相对大，我国贸易金额也有比较大的起伏。比如受疫情影响，2020年我国与非洲地区共建"一带一路"国家的贸易金额同比下降11.3%。

二、人民币贸易计价结算有巨大的潜力

经过10多年的发展，人民币贸易计价结算取得了巨大进步。从结算看，2009年跨境经常项目人民币结算金额仅为19.5亿元，2020年达到4.79万亿元，增长了2 455倍。从计价看，政府层面，我国对外贸易、国际收支等经济数据已经实现人民币计价。企业层面，中国银行发布的2020年《人民币国际化白皮书》指出，20%的受访工商企业表示在跨境交易中坚持使用人民币报价；超过三成的受访境内工商企业表示，与一年前相比，其签订的以人民币计价的贸易合同占比有所增加。

也要注意到，人民币贸易计价结算与其他主要储备货币相比仍有不小的差距，与中国第一大贸易国的地位不相称，仍有巨大的发展空间。从结算看，2020年人民币结算在全部货物贸易中的占比仅为约15%（见图5.5），与美元在美国贸易结算中占比超过80%、欧元在欧元区贸易结算中占比超过50%相比，仍存在明显差距。从计价看，相关学者借助日本企业贸易计价调查的结果指出，亚洲经济体之间的贸易中，美元仍是主要币种，人民币计价

落后于美元与日元（Ito et al., 2018）。结合中国银行的调查结果看，尽管 20% 的受访工商企业用人民币报价，但在最终的贸易合同中，人民币计价比重也许达不到 20% 的水平。

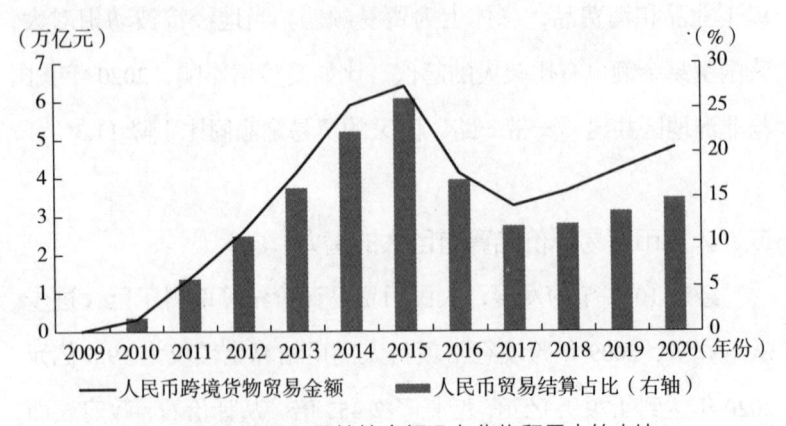

图 5.5　人民币贸易结算金额及在货物贸易中的占比

资料来源：中国人民银行。

以下制约因素是人民币贸易计价结算潜力尚未充分发挥的重要原因。

第一，贸易联系对货币国际地位的影响下降，而金融交易中本币的使用对货币国际地位的影响上升。中国已超过美国成为第一大贸易国，但在贸易计价结算中，美元的全球占比近年来一直维持在 50% 左右（Gopinath, 2015；Maggiori et al., 2019），而人民币的占比相对低，与美元有比较明显的差距。国际货币基金组织 2020 年发布的工作论文《不断演变的国际货币体系与储备货币》为这一现象提供了一种解释。其分析发现，2008 年全球金融危机之后，贸易联系对本币的储备货币地位的影响在下降。2008

年之前，一国与某种储备货币的发行国双边贸易规模在该国贸易总额中的占比每增加1个百分点，该国官方储备中这一储备货币的占比会增加0.28个百分点；但2008年之后，这一指标下降至0.1个百分点。与之相对应的是，金融交易中的使用对货币国际地位的影响在上升。特别是国际债券计价，这也是国际货币基金组织评估货币是否"广泛交易"的指标之一。2008年之前是每增加1个百分点，对应储备货币占比增加0.13个百分点，2008年之后是增加0.15个百分点。

由此可见，人民币的国际地位未能充分体现中国的第一大贸易国地位，贸易联系之于货币国际地位的影响下降是一大原因。而中国的金融实力、开放程度和影响力相对主要储备货币发行国仍有差距，对人民币国际化水平的提升构成一定的制约。值得注意的是，贸易联系和金融交易中使用的两项指标，恰好可与国际货币基金组织SDR审查中的出口标准和可自由使用标准对应起来。在人民币加入SDR货币篮子的过程中，满足出口大国的门槛是没有争议的，讨论的重点在于是否满足"广泛使用"和"广泛交易"的可自由使用标准。这也反映了我国的金融实力、开放程度和影响力与第一大贸易国的地位存在差距。在新一轮SDR审查中，这一短板会继续对人民币的评估结果产生影响。

第二，我国在全球价值链中处在加工制造的中段地位，企业议价能力不强，推动对手方接受人民币计价结算存在难度。加入世界贸易组织以来，中国积极融入国际贸易体系和全球价值链，成为全球最主要的制造中心，在加工制造环节具有巨大的优势。

但我国的制造中心地位主要集中在低附加值部分，企业谈判和议价能力相对有限。一方面，对于一部分核心技术和关键零部件，我国尚需要依赖进口，并且上游行业集中度相对高，存在卖方市场现象，比如用于芯片制造的光刻机等，我国企业话语权和定价权有限。另一方面，我国一部分出口的产品附加值相对低，可替代性强，竞争力主要体现在较低的价格上，出口企业在谈判和议价中处于相对弱势的地位。

以本币计价结算，贸易企业自动规避汇率风险和汇兑成本，相关风险和成本由对手方承担，是对企业自身有利的选择。因此，议价能力较强的企业更有能力推动本币计价结算。我国企业议价能力相对弱，在推动对手方接受人民币计价结算上就会面临困难和障碍。

第三，新兴市场尚未真正走出"原罪"，国际市场对新兴市场货币的需求并不稳定。20世纪拉美债务危机和亚洲金融危机之后，学术界对新兴市场的脆弱性进行了深入的反思，提出了"原罪"理论，即新兴市场被迫大量借入外币债务，导致货币错配，当本国经济面临压力时，偿债压力与汇率贬值会相互强化，造成较严重的冲击。吸取这一教训后，相当一部分新兴市场大力发展本币债券市场，并吸引国际投资者投资本币债券，从而解决本国企业货币错配的问题。

然而，全球金融危机之后新兴市场仍然面临跨境资本流动出现波动和汇率大幅贬值的冲击，这表明"原罪"的问题可能并没有从根本上得到解决。相关研究指出，国际投资者持有本币资产，只是将货币错配的问题从新兴市场的借债人转移到发达国家的投资人身上。当市场波动时,发达国家的金融机构还是会选择抛售新兴市场的资产,导致债务危机和汇率贬值相互强化,并没有从根本上消除货币错配(Carstens and Shin,2019)。

"原罪"尚无法从根本上解决,表明国际市场对新兴市场货币的需求并不稳定。中国作为最大的新兴市场,人民币作为近年来快速崛起的国际货币,境外机构显示了对人民币资产的巨大需求,但这种需求也容易出现波动。根源在于,人民币国际化的程度目前与核心储备货币还有一定差距。从根本上解决"原罪"问题,人民币国际化程度还需要进一步提升,让人民币跨境使用的需求达到持续稳定向好的状态。

三、大宗商品是人民币贸易结算有望取得突破的重要领域

中国已成为国际大宗商品的重要参与者,市场影响力增加,为人民币计价创造了很好的条件。2020年,中国原油进口每日1 085万桶,全球占比约12%;全年进口11.04亿吨铁矿石,全球占比约73%;未锻造铜进口668万吨,全球占比约50%。以上三项中国进口均排名全球第一。

大宗商品人民币计价的探索也取得了积极的进展。一是在铁矿石贸易结算中取得突破。2020年5月,宝钢与必和必拓完成了首单以人民币结算的铁矿石交易,宝钢与必和必拓、FMG(福斯特库金属集团)已经达成一定数量的常态化人民币结算的安排。2020年7月,鞍钢也与澳大利亚力拓完成了首单人民币结算的铁

矿石交易。二是 2014 年上海黄金交易所推出了黄金国际板，采用人民币计价结算，打破了黄金市场"西方定价、东方消费"的传统格局，2016 年推出了"上海金"定价交易机制，提供首个以人民币计价的黄金基准价格。三是人民币计价的大宗商品期货市场对外开放程度不断提升。2018 年中国原油期货在上海国际能源交易中心正式挂牌交易，以人民币计价交易，并向境外投资者全面开放。同年，铁矿石期货也向境外投资者开放。芝加哥商业交易所在 2019 年 10 月上线了以"上海金"作为基准价的期货合约。

但目前大宗商品贸易绝大部分仍以美元计价。我国作为全球最大的大宗商品进口国，却仍然是价格的被动接受者，长期面临"买得越多、价格越贵"的尴尬状况，这也增加了我国面临的输入型通胀风险。2021 年以来，能源、金属、农产品等大宗商品集体涨价，对我国生产企业的影响明显，成本上升压力较大，2021 年我国 PPI 同比达到 8.1%。而国际大宗商品价格上涨，并不完全源于实体经济供需，市场预期和金融市场交易扮演了重要的角色，反映了大宗商品的金融属性，以及全球低利率环境和流动性过剩的背景下金融市场估值调整和价格波动。由于外币计价、缺乏定价权，大宗商品已成为境外市场向我国实体经济溢出的一大渠道。

"一带一路"沿线国家是我国大宗商品的主要进口来源地，可在这一区域率先推动人民币大宗商品计价。中国与"一带一路"国家在能源（原油、燃料油、天然气）、工业原料（棕榈油、甲醇、天然橡胶）和农产品（水稻、棉纱）上贸易规模很大。更加紧密的贸易联系，为人民币计价提供了良好的基础。

大宗商品计价需要金融市场的支持，这是人民币需要补上的短板。从美元的经验看，其在大宗商品贸易计价中一直维持较高的占比，与近几十年金融市场发展路径密切相关。全球大宗商品贸易定价机制包括三种。

一是供需双方直接商定现货价格。常见于尚未得到广泛认可的期货品种或期货市场的初级产品。最有代表性的是铁矿石行业的"长协年度谈判机制"，即由日本新日铁公司、法国阿赛勒公司与美国钢铁公司分别代表亚太、欧洲和美洲的钢厂与全球三大矿业公司（澳大利亚的必和必拓、力拓以及巴西的淡水河谷）每年谈判一次，价格一旦确定，未来一年的铁矿石交易就以此价格为准。这一机制已于2010年被指数机制替代。

二是期货价格引导现货价格。这是国际上大部分大宗商品的定价方式，现货价格多以期货合约价格为基准价，再加上相应的升贴水。该定价方式显著减少了大宗商品交易中的价格搜寻成本，提高了交易效率。但随着金融机构的不断加入，价格变化周期也从年度变为半年度、季度、月度，甚至会每日变化，波动不断加大。

三是以商品价格指数为基础进行定价。部分全球性资讯机构采集全球价格分析后做出的某些商品的报价得到了行业认可而被推广，成为一些国际大宗商品的报价基准，被称为该商品的价格指数。例如，铁矿石行业从2010年开始就以普氏能源资讯的铁矿石价格指数作为全球定价的基础；亚洲原油定价由于缺乏成熟的原油期货市场，所以也主要以普氏的迪拜原油和阿曼原油的现货平均价格指数为基础确定。

美国发达的期货市场是美元大宗商品计价的基础。包括能源、粮食和矿产品在内的主要大宗商品品种均已形成国际期货市场，定价中心全都集中于英美等发达国家，并且几乎均以美元计价。其中，能源定价中心是纽约商品交易所（原油、天然气）和洲际交易所（原油），农产品定价中心是芝加哥期货交易所，有色金属定价中心是伦敦金属交易所。

由此可见，美国金融市场尤其是期货市场的快速发展最终决定了美元当今的主导地位。要推动人民币大宗商品计价，就需要补上金融市场的短板，加快大宗商品期货市场的发展。

根据上述分析，我们认为推动人民币大宗商品计价需要从两个方面入手。一方面，以我国议价能力较强的大宗商品作为重点突破。目前，在铁矿石、铜、大豆、橡胶等产品的国际市场上，我国作为买方的市场力量和话语权增强，有望在人民币计价结算上继续突破。铁矿石人民币计价结算可进一步巩固现有成果，将人民币计价结算合同长期化、常态化，同时进一步提高人民币计价结算的比重。一些农产品贸易具备推动人民币计价结算的潜力。我国是东盟天然橡胶的主要进口方，有机会推动该产品的人民币计价。

另一方面，推动境内商品期货市场的发展和开放。目前期货法已经"二读"（草案二次审议），要加快期货法出台步伐，尽快补足法律短板，以法律形式确立"终止净额结算制度"等衍生品市场的基础制度，实现与国际接轨。进一步丰富产品类型，加快境内市场的开放，吸引境内外市场主体的参与，提升市场深度和广度。可在与"一带一路"沿线国家的贸易中，探索推广"人民币商品期货价格＋升贴水"的定价方式，推动人民币计价结算的发展。

四、人民币贸易结算可在重点国家和地区取得突破

近年来，人民币贸易结算取得了显著的进步。特别是2019年以来，受贸易保护主义、新冠肺炎疫情的冲击，我国货物贸易金额总体增长有所放缓，但人民币结算逆势上涨，2019年和2020年分别同比增长16%和13%。也应看到，人民币贸易结算仍有巨大的发展空间。除总量上与主要储备货币发行国存在明显差距外，从结构看，中国香港、新加坡等离岸金融中心在人民币贸易结算中占据较高的份额。以东盟为例，新加坡对华贸易在东盟对华贸易中的占比仅为13%，但其跨境人民币结算量占东盟的90%。这固然有新加坡金融服务更发达、管制相对少，从而有利于人民币贸易结算发展的客观因素，但也表明在与我国经贸联系紧密的国家和地区推动人民币贸易结算仍有很大的潜力。

进一步推动跨境贸易人民币结算的发展，可以从以下三个方面入手。

一是可以与我国签署本币结算协议的国家和地区为重点推动人民币贸易结算。2008年以来，我国先后与越南、老挝、哈萨克斯坦等9个"一带一路"沿线国家签署了双边本币结算协议。

2020年1月6日，中国人民银行还与老挝中央银行签署了双边本币合作协议，将本币结算范围由边境贸易扩大至两国已放开的所有经常项和资本项下的交易。这些国家的市场主体对人民币贸易结算显示了更大的兴趣和动力，有望推动人民币贸易结算取得新的进展。

二是协调降低部分国家使用人民币的政策障碍。一些国家有意愿发展人民币贸易结算，但实践中进展不足，原因在于其资本账户仍未完全开放，对使用人民币仍存在政策障碍。比如，一些国家尚不允许其银行开立人民币账户，不支持其金融机构在当地外汇市场兑换人民币，也不允许企业以人民币结算。未来，可考虑在双边和区域对话机制中进一步推动相关国家放松限制，满足市场主体使用人民币的需求。

三是可借助海外工业园区的建设带动人民币计价结算。从日元国际化的经验看，日本企业在20世纪八九十年代将生产基地向东南亚国家转移，有力地推动了对东南亚出口中的日元计价。借鉴日本的经验，可充分利用我国与"一带一路"沿线国家合作建设产业园区的机会，加快人民币贸易计价结算的发展。目前，"一带一路"沿线国家已经与我国合作建设了74个海外产业园区。中资企业的集聚不仅能增加人民币的供给，也会增强企业的集体议价能力，从而推动人民币贸易计价。

五、发展人民币贸易融资有助于人民币贸易计价结算

全球金融危机之后，人民币贸易融资快速发展，在人民币加

入SDR货币篮子的过程中发挥了重要的作用。国际货币基金组织SDR货币审查主要有两条标准：一是货币发行国的出口，二是货币的可自由使用。中国满足出口大国的门槛没有争议，讨论的重点在于人民币是否满足"广泛使用"和"广泛交易"的可自由使用标准。传统上，国际货币基金组织在考虑"广泛使用"时考察货币的官方储备占比、国际银行负债占比和国际债券占比，在考虑"广泛交易"时考察外汇交易占比。就这些指标看，当时人民币不仅明显落后于美元、欧元、英镑和日元，部分指标上还落后于瑞士法郎、加拿大元、澳大利亚元等。贸易融资是2015年评估的补充指标，也是人民币唯一跻身全球前三的指标。国际货币基金组织援引SWIFT的数据指出，2015年第一季度人民币在全球贸易融资中占比3.9%，仅次于美元的85.6%和欧元的7.2%。人民币在贸易融资上的出色表现，有力支持了人民币满足可自由使用的评价标准。

2015年之后，人民币贸易融资快速发展的势头有所减弱。截至2021年5月，人民币在全球贸易融资中占比1.79%，仍保持全球第三的排名，但份额较2015年有较明显的降低。离岸市场人民币汇率和利率波动加大是一大原因。不少境外市场主体比较习惯于在离岸市场配置和管理人民币资产，离岸人民币价格波动加大会降低其接受人民币的意愿，特别是贸易融资以短期限为主，价格波动的负面影响更明显。

从人民币贸易融资曾经取得的成绩看，该领域具有很大的潜力，在我国与共建"一带一路"国家经贸往来日益紧密的背景下，应进一步挖掘人民币贸易融资的发展潜能，通过不断完善贸易融资服务，为使用人民币创造条件。

一是发展银团贷款，并更多使用人民币。完善贸易融资服务需要加强中外资金融机构的合作。通过银团贷款，各金融机构可发挥自身在资金和技术上的专长，提高服务效率，控制项目风险；同时也可降低单个机构的资金负担，使大额的贸易融资成为可能，也更有机会推动借款人使用人民币。

二是通过与多边开发机构第三方合作扩大贸易融资中人民币的使用。多边开发银行长期深耕发展中国家，贷款经验丰富。通过与之加强合作，可实现优势互补，有利于贸易融资业务开展。

三是探索通过跨境人民币贸易融资转让平台鼓励人民币使用。贸易融资一级市场主要是金融机构向企业提供的贸易融资产品，二级市场则是这些融资产品的再交易，二级市场的活跃会促进一级市场的发展。2020年11月，中国人民银行和上海票据交易所推出了跨境人民币贸易融资转让服务平台，在推动二级市场的发展上迈出了重要步伐。下一步，应持续推动市场建设，提高市场的标准化程度和透明度，提高市场深度和流动性，降低融资成本；同时吸引更多投资者参与，丰富产品类型和结构，增强市场广度。充分发挥跨境人民币贸易融资转让平台的作用，提升人民币贸易融资产品的竞争力和吸引力。

六、完善人民币国际化的支持体系

在人民币国际化进程中，人民币跨境结算基础设施、双边本币互换和离岸市场发挥了不可或缺的支持作用。进一步扩大人民币的使用需要进一步完善支持体系。

首先，完善人民币跨境结算的基础设施。跨境结算基础设施是人民币国际化的重要载体，目前已发展出三种模式：代理行、人民币清算行和人民币跨境支付系统。这三种模式各具优势，将在未来一段时间长期共存，需要加强统筹协调。特别是人民币清算行与人民币跨境支付系统之间既相互补充，又有一定的替代性，需要对人民币清算行有新的定位，使二者协调配合，形成合力。

人民币跨境结算基础设施要加强对"一带一路"沿线国家的覆盖。目前，人民币清算行和人民币跨境支付系统直接参与者与间接参与者大多集中在亚洲和欧洲，分布结构高度相似，未能实现对全球贸易伙伴的全覆盖，特别是对位于非洲、南美洲等的"一带一路"沿线国家的覆盖不足。理想状态下，难以设立人民币清算行的地区可重点推动当地金融机构作为直接参与者或间接参与者接入人民币跨境支付系统；对于肯尼亚、巴西等明确提出设立人民币清算行需求的经济体，也可以考虑以设立清算行的方式打通跨境人民币支付结算渠道。

其次，充分发挥人民币货币互换的作用。人民币货币互换诞生于全球金融危机后，为"一带一路"倡议的贸易投资合作起到了重要的促进作用，这与美欧等发达经济体货币互换主要服务于金融稳定存在差异。但人民币货币互换在促进贸易投资方面的作用仍有进一步提升的空间，可以从以下两个方面着手改进。

05
充分发挥人民币在"一带一路"建设中的作用

一方面，针对以便利贸易投资为目的的货币互换，可适当延长发起和动用期限。用于跨境贸易投资的人民币互换资金，若发起和动用期限较长，企业无须担心资金周转，投资者可从事较长期的投资活动以提高收益。因此，如果对手方央行以便利贸易和投资为目的，可考虑适当延长互换资金的发起和动用期限，以更好匹配需求。

另一方面，针对以便利贸易投资为目的的货币互换，可适当扩大资金规模。相当一部分共建"一带一路"国家与我国签署货币互换以服务贸易投资为出发点，但目前人民币互换主要是向这些国家的金融市场提供人民币流动性，尚不能充分满足跨境支付结算的需要。可考虑将两国贸易量作为决策变量之一，适当扩大互换规模。

除此之外，继续发挥好离岸人民币市场的作用。离岸市场是人民币国际化的关键一环。在我国资本项目仍存在一定管制的背景下，境外主体持有、配置和管理人民币资产的需求一部分是通过离岸市场满足的。更好地发挥离岸市场的作用，要推动各离岸市场形成区域差异化定位，如日本、韩国等地理位置较近的离岸中心可侧重于发展人民币在区域贸易和投资中的使用，对欧洲离岸中心，重点促进人民币在外汇和金融交易中的使用。促进离岸市场与在岸市场的互联互通，实现在岸与离岸协同发展。

从更好地满足"一带一路"倡议中人民币业务需求的角度看，扩大人民币贸易计价结算需要为贸易活动提供便利的货币兑换、套期保值的金融服务。"一带一路"沿线国家中，相当一部分国家本国的金融市场发展和开放程度不足,与贸易相关的配套金融服务需要依靠离岸人民币市场来提供。这就需要离岸人民币市场提高市场深度和服务能力,发展与"一带一路"建设项目相匹配的较长期限的人民币衍生品。

扩大人民币在投融资中的使用

近年来，我国与"一带一路"沿线国家的投融资合作不断深化，取得了显著的成绩。2019年我国对共建"一带一路"国家直接投资达到221亿美元，占同期我国非金融直接投资的16.2%；如果排除中国香港、开曼群岛、英属维尔京群岛等离岸中心，我国对共建"一带一路"国家的非金融直接投资占比超过50%（见图5.6）。同时，投资结构不断优化，早期主要集中于能源行业，现在广泛分布在制造业、电力、批发与零售、研发等领域，行业分布日益科学。

进一步深化"一带一路"投融资合作仍有巨大的潜力。从总量看，我国对共建"一带一路"国家的投资在保持增长的同时也出现过波动，投融资合作的稳定性有待提升。从国别分布看，我国对外投资的区域分布目前相对集中，有多元化分散投资的空间。亚洲周边国家是我国对外直接投资的主要目的地，我国对东盟的直接投资2019年超过130亿美元，占我国对共建"一带一路"国家直接投资的近六成。这一方面反映了区域经济一体化进程，我国与亚洲周边国家经贸往来更加紧密；另一方面也反映了"一带一路"沿线国家在营商环境上存在差异，我国在一些"一带一路"沿线国家的投资面临客观条件的约束。

扩大人民币在投融资中的使用有利于"一带一路"投融资合

作。人民币资金是弥补"一带一路"建设资金缺口的重要来源。中国储蓄率较高,并且境内市场主体也有用人民币向外投资的动力。使用人民币资金开展投融资合作,通过合理的回报形成示范效应,撬动更多的当地储蓄和国际资本,形成正反馈循环。

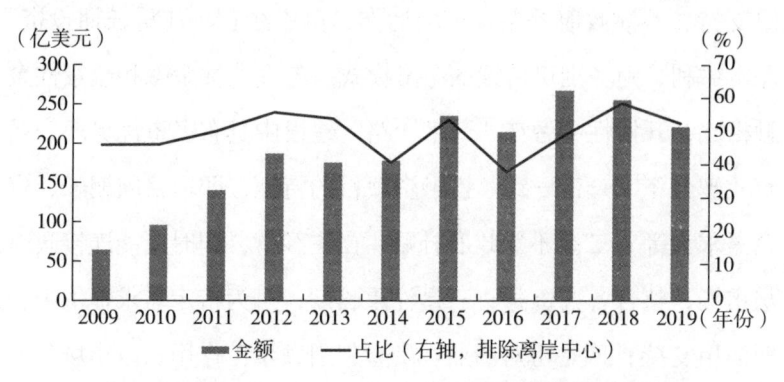

图 5.6　我国对共建"一带一路"国家的非金融直接投资
资料来源:中国商务部。

一、发展开发性金融

从国际经验来看,按照市场利润和国家战略之间价值取向的不同,金融支持对外贸易和投资主要有三种模式。商业性金融主要遵从市场化原则,追求利润;政策性金融主要服务国家战略,目的不在于获得盈利;开发性金融则是在服务国家战略的同时强调保本微利和可持续发展(周小川,2015)。相对应地,三者在资金成本上存在梯度,商业性金融资金成本较高,政策性金融最低。

其中,政策性金融可能存在资金效率问题,还可能增加财政负担,并且"一带一路"投融资需求较为庞大,政策性金融能够发挥的作用有限。商业性金融支持中短期业务做得好，但缺少中长期融资的支持，长期业务往往有空缺，需要加以补充。同时，商业性金融机构的行为是顺周期的，还有"嫌贫爱富"的特点。

从中国的实践探索看，开发性金融是服务国家战略、依托信用支持、不靠政府补贴、市场运作、自主经营、注重长期投资、保本微利、财务上可持续的金融模式。与商业性金融和政策性金融相比，开发性金融在"一带一路"建设中具有多重优势。一是有效契合了"一带一路"投融资项目的特征，即项目周期长、资金需求大等；二是不靠政府补贴、自主经营，同时还能连接政府与市场，整合各方资源；三是注重长期，可为特定需求提供中长期信用支持；四是可对商业性资金起引领示范作用，以市场化方式给予支持，对商业性金融和政策性金融进行有益补充。

开发性金融在"一带一路"投融资合作中发挥了重要的作用。国家开发银行发挥长期积累的基础设施建设、中长期投融资和国际业务经验与优势，提供了全方位、多产品的综合金融服务支持。近年来，国家开发银行在"一带一路"沿线国家开展的国际业务余额约1 600亿美元。截至2020年10月，累计完成共建"一带一路"专项贷款合同签约4 312亿元等值人民币，发放贷款3 105亿元等值人民币。

进一步发挥开发性金融对"一带一路"建设的支持作用，应更多地使用人民币。人民币是我国开发性金融的主要融资币种，在"一带一路"建设的开发性金融业务中使用人民币，能够使资产与负债的币种匹配，提升可持续性。

从市场建设和项目生命周期的角度看，政策性资金、开发性资金与商业性资金三者可以是"孵化—先行—跟进"的关系。政策性资金成本较低且不强调盈亏，主要介入那些具有较强的正外部性、确有必要开展但没有利润的项目，提供财政补助或贴息。开发性资金可以在项目的低利润时期进入，提供较低成本的资金支持，帮助项目做大做好。商业性资金可以待项目成熟、回报稳定后进入，此时项目已经运行一段时间，积累了一定的资信，市场融资成本较初始阶段更低。开发性金融介入时，如果以人民币提供，将提高对人民币的接受程度，后续投入的商业性资金也更可能以人民币跟进。

开发性金融可更多聚焦基础设施建设等正外部性项目。这些项目改善了当地的公共品供给，增强了商业吸引力和可持续性。运输、供水、电力、电信等基础设施条件良好的地区，更容易吸引各类资源的流入，提高生产效率和经济效益。国家开发银行已经在铁路、公路、电力和公共基础设施建设领域开展了大量的投融资，积累了较丰富的经验。下一步，开发性金融可在基础设施投融资中扩大人民币的使用，资金接受方可用人民币采购中资企业的设备和产品，推动人民币贸易计价结算和投融资的联动。

二、充分发挥出口信贷的作用

"一带一路"建设中，出口信贷是融资服务的重要方式之一，也是实现中国与"一带一路"沿线国家优势互补的重要桥梁。中国在成套设备、工程装备、项目承建、劳务等方面具有竞争力。

中国本身地域辽阔，地理环境多样，在基础设施建设方面积累了非常丰富的经验。国内一些行业产能充裕，也需要开拓海外市场。"一带一路"沿线以发展中国家和新兴市场经济体为主，多数国家处在经济建设和社会发展的关键时期，在工业基础、基础设施建设上有短板，同时本国资金来源也相对有限，需要依靠外部融资，而基建项目投资周期长、风险大、占用资金多，获得国外的纯商业性资金具有一定难度。基于双方的特点，中国与"一带一路"沿线国家可借助出口信贷实现互惠互利的经贸关系。

出口信贷是扩大人民币使用潜力较大的领域。金融机构使用人民币对外发放贷款，接受方得到的人民币资金可用于进口我国的货物和服务，支付我国的劳工承包、项目承包等费用，既深化了投融资合作，又促进了人民币跨境使用。在实践中，"一带一路"沿线国家的许多重大项目是在人民币出口信贷的支持下得以成功落地的。

近年来，我国出口信贷发展很快。我国的出口信贷业务包括买方（面向国外借款人）和卖方（面向中国企业）两种。买方信贷包括两优贷款（"援外优惠贷款"和"优惠出口买方信贷"）、自营贷款，以及两优和自营混合贷款。卖方信贷则分为人民币优惠利率出口卖方信贷和商业性出口信贷两类。中国进出口银行是提供出口信贷的主要机构。中国进出口银行的年报数据显示，2015—2019 年，出口卖方信贷和买方信贷余额分别增长了 31.8% 和 69.1%。截至 2019 年，这两种贷款的余额分别达到 3 194.6 亿元和 1 128.4 亿元。

进一步扩大出口信贷中人民币的使用可以买方信贷为突破口。从国际经验和双方合作的特点看，人民币买方信贷的发展会对人民币跨境使用有更大的促进作用。境外企业接受人民币贷款，并将人民币资金用于购买中国的产品和服务，主要扮演买方的角色。但实际操作中，我国买方信贷中美元占比较高，人民币的使用较少。进出口银行的买方信贷业务中，援外优惠贷款主要为人民币，但优惠出口买方信贷则主要为美元；尽管自营贷款和混合贷款中美元和人民币均有使用，但美元的占比仍明显高于人民币。扩大出口信贷中人民币的使用，要重点推动人民币买方信贷的发展。

值得注意的是，我国多年来出口信贷实践与"君子协定"并不完全相同。我国并未按照"君子协定"规则将出口信贷严格分为一般性贷款和援助性贷款两类，而是采取较为灵活自主的出口信贷政策，常常将两者自由搭配。总体而言，我国一般性出口信贷的贷款条件较"君子协定"更为优惠，而援助类贷款优惠力度较低。正如周小川（2013）指出的，在实践中，这种做法能更好地适应和满足发展中国家多样化的需求，更好地推动发展中国家"南南合作"。

可以在不断完善出口信贷国际规则、优化出口信贷产品的同时，鼓励和引导有长期合作关系的境外企业更多地使用人民币买方信贷。一方面，可通过增强出口信贷的可选择性和灵活性，扩大捆绑性援助的适用范围，实现差异化优惠度，满足不同国家的多样性需求，提高人民币计价出口信贷产品的吸引力。另一方面，鼓励和引导有长期合作关系的境外企业更多地使用人民币买方信贷。这些企业与中国的贸易和投融资联系更紧密，接受人民币的程度更高，更容易实现贸易与融资的联动，形成贸易与融资中人民币使用相互促进的良性循环。

三、大力发展股权投资

股权融资有明显的优点：一是可以与已开展的贷款、债权融资等形成互补；二是有利于扩大私人资本的投资渠道，从而引入更多私人资本参与"一带一路"建设；三是股权融资的长期性正好契合"一带一路"项目周期长的特点，有利于为项目建设提供长期、可靠的资金支持；四是有助于降低杠杆率。一些"一带一路"沿线国家面临杠杆率高的挑战，增加债务空间有限，因此债务融资受限。股权融资可以在不增加债务负担的情况下为"一带一路"沿线国家提供所需的长期资金。

近年来，我国在"一带一路"股权投资方面取得了重要进展。一是以丝路基金、中拉产能合作投资基金、中非产能合作基金为代表的股权投资基金。此类基金在"一带一路"建设中展现了明显的优越性和活力：决策机制高效，在遇到重大投资项目时可主动快速决策、把握市场机遇；灵活开展联合融资，通过与国际开发机构、境内外金融机构等发起设立共同投资基金等方式开展合作，既扩展了融资来源，也可以更好地降低融资风险；发挥中长期投资对项目的支持作用，为一些建设和运营期限较长、私人资本进入较少的项目提供比较稳定的资金来源。

二是商业性金融机构自主开展的人民币海外基金业务。2017年5月，习近平主席在首届"一带一路"国际合作高峰论坛开幕式上对外宣布，鼓励金融机构开展人民币海外基金业务。为落实首届高峰论坛的这一成果，中国人民银行秉持"企业为主体、市场化运作、互利共赢"的原则，研究并确定了人民币海外基金业务的具体形式及制度框架，并确定了在11家金融机构先行开展试点。2018年12月又对中国人民银行海外基金业务进行了扩容，具备展业资格的银行类机构已扩展至各股份制商业银行。

人民币海外基金是近年来人民币投融资业务的重要创新。具体业务形式以项目投资为主，包括人民币股权投资、境外贷款、债权投资、跨境担保等。各金融机构既可发起成立基金实体，也可在现有框架下实行分账管理。各金融机构自筹资金，自主确定资金来源和业务规模。

人民币海外基金业务已取得了显著成绩，形成了各类金融机构分工合作、相互补充的良好格局。集圆投资、赛领基金等基金积极开展股权投资，在一些项目中充分发挥领投作用，推动人民币股权投资发展。政策性、开发性金融机构的项目主要为贷款和股权类，其中人民币境外贷款项目期限长达10~20年，与商业银行3~5年的平均期限区别明显，实现了产品差异化与互补。

未来，应从两个方面着力，在"一带一路"股权投资中扩大人民币的使用。一是继续发挥丝路基金等中长期股权投资机构的作用。目前，丝路基金、中拉产能合作投资基金、中非产能合作基金等在开展股权投资时，使用人民币的比例在增加，但外币占比仍然相对较高。2017年我国对丝路基金增资1 000亿元，鼓励扩大在对外投资中使用人民币。未来可进一步引导和支持中长期股权投资机构使用人民币开展投资。二是继续发展人民币海外基金。人民币海外基金充分体现了商业化原则，形成正向激励，有利于财务可持续。其综合多种投融资模式的特点，有利于优化融资结构，提升股权融资的比例。未来要继续推动人民币海外基金发展，促进以人民币形式开展的"一带一路"资金融通。

四、推动中资金融机构网络化布局

与"一带一路"建设相关的贸易、投融资合作快速增长，会产生大量配套的金融服务需求，包括融资支持，也包括大量的贸易结算、资金汇兑、出口保险等配套金融服务需求。随着"一带一路"基础设施互联互通的逐渐完善，人流和物流往来会更加频繁，进而拉动劳务合作、对外承包工程、设计咨询、策划开发等服务贸易，又进一步增加了资金汇兑、现金管理等跨境金融服务需求。与此同时，近年来我国企业"走出去"形式日趋多样化，包括在境外投资办厂、跨国并购、股权置换、设立海外研发中心、创办工业园区等。从金融服务需求的角度看，除了融资、支付结算、银行保函等传统金融服务之外，"走出去"企业对并购、股权投资、衍生工具交易、投资咨询等投资银行服务，以及账户管理、出口信用和海外投资保险等新型金融服务的需求也日渐上升。

推动中资金融机构网络化布局对推动人民币国际化具有重要意义。海外中资金融机构，尤其是中资银行，是向当地市场提供人民币和人民币产品的重要阵地。推进金融机构和金融服务网络化布局，充分发挥金融对"一带一路"建设的支持作用，有助于促进贸易畅通，为对外直接投资提供更好的金融服务，也有利于促进当地金融部门发展，动员更多当地储蓄参与"一带一路"建设，从而有效发挥合力，实现风险共担。此外，互设金融机构还可以起到桥梁和纽带作用，增进两国金融机构对彼此间市场环境、企业需求等方面的了解，在投融资合作中最大限度地消除信息不对称，更好地服务于"一带一路"建设。

近年来，中资金融机构与金融服务海外网络化布局取得了积极进展，影响力也不断提升。截至2020年末，共有11家中资银行在29个"一带一路"沿线国家设立了80家一级分支机构，3家中资保险公司在新加坡、马来西亚、印度尼西亚等"一带一路"沿线国家设有7家营业性机构。中资金融机构"走出去"，为海外中资企业提供了强有力的投融资服务支持，包括拓展融资渠道，对大型成套设备出口提供融资担保，对重大装备研发制造等产业链供应链提供融资服务，帮助中资企业申请境外融资，向企业提供长期外汇资金等。

但总体来看，当前中资金融机构在沿线区域的分支机构数量仍然较少，比较集中在少数国家和地区，非洲地区设点数量明显不足。此外，中资金融机构中银行业"走出去"的步伐相对较快，特别是国有大行国际化经营水平不断提升。证券公司、期货公司、保险公司等"走出去"仍有待进一步发展。没有深耕本地市场的银行网点，很难切实在当地持续推动人民币产品与服务的发展，海外人民币资金沉淀和人民币计价资产的交易也很难落实。

未来，应进一步推动中资金融机构网络化布局。一是支持金融机构互设。在经济全球化和一体化的背景下，金融机构互设不仅能服务于我国企业的海外经营，更好地满足与"一带一路"贸易相关的投融资需求，而且可以为当地引入新的金融服务和产品，有效弥补当地金融服务缺口，有助于我国金融机构与国际同行竞争与交流。二是加强金融监管当局间的交流与合作。"一带一路"沿线国家监管当局增进了解和互信，对于营造公平公正、公开透明、可预期的市场环境而言至关重要。可重点在金融市场准入方面加强沟通，深入了解和妥善处理彼此关切，共同消除各种不合理的准入壁垒与限制，提供一个更加开放、公平、有序的金融市场环境。三是加强资本市场联通。推动我国与"一带一路"沿线国家间资本市场的联通，形成层次合理、功能互补的金融市场和丰富的产品体系，有助于撬动更多国际资金投入"一带一路"建设，同时也能更好地培育人民币计价的产品。可推动更多期货公司"走出去"，逐步在新加坡、伦敦等有一定人民币业务基础的国际大宗商品交易中心设立机构，在离岸人民币市场的基础上，发展人民币计价的大宗商品衍生产品，提升中国金融机构及人民币产品的影响力。

五、提升国际组织资金运用中人民币的使用

从全球金融安全网看，人民币于 2016 年正式纳入国际货币基金组织 SDR 货币篮子，人民币成为全球主要储备货币之一，

在全球金融安全网中发挥重要作用。人民币可直接用于国际货币基金组织的份额认缴、出资和还款等财务操作，成为国际货币基金组织实行国际最后贷款人职能的货币之一。

中国积极推动SDR使用范围扩大，从而助力提升人民币的影响力。特别是新冠肺炎疫情暴发后，中国积极推动SDR增发，为低收入国家应对疫情冲击提供新的资源。2020年初新冠肺炎疫情暴发以来，国际经济面临较大冲击。通过SDR普遍分配，可以补充国际货币基金组织成员的外汇储备，提升其购买力，这是应对危机快速、务实、公平和低成本的措施。经过G20（二十国集团）成员反复磋商，2021年4月，G20各国财政部长和央行行长终于就SDR增发事宜达成一致，呼吁国际货币基金组织对6 500亿美元新增SDR的分配做出全面计划，以满足全球对补充储备资产的长期需求。2021年8月，新增SDR分配已经全部落实，其中中国按份额比例（6.4%）分得292亿SDR，折合414亿美元。此外，国际货币基金组织成员还可将自身持有的SDR通过自愿交易换为篮子货币，其中2018年5月阿尔巴尼亚首次尝试将SDR兑换为人民币，合计约2 733万元。

从区域性金融安全网看，我国通过推动清迈倡议多边化、金砖国家应急储备安排等机制中的本币出资，提升人民币在区域金融安全网中的地位。清迈倡议多边化是东盟与中日韩推动的区域金融安全网安排，总规模高达2 400亿美元。近年来，中国一直积极推动清迈倡议多边化本币出资。经过多年的努力，2020年东盟与中日韩财长和央行行长通过了《清迈倡议多边化协议》修订建议，增加本币出资条款。各成员在现有2 400亿美元的规模之内，在安排请求方和提供方自愿和需求导向的原则下，使用本币出资。这进一步提高了人民币在亚洲金融安全网中的影响力。与此同时，金砖国家应急储备安排也开始探讨本币出资计划，但相关讨论仍处于初级阶段。

从向国际开发机构出资看，人民币加入SDR货币篮子、成为储备货币后，也可用于向所有其他国际组织出资以及国家（地区）之间的贷款、赠款。近年来，我国参与非洲开发银行增资，实缴金额约合5.68亿元。同时，我国以人民币形式向非洲开发银行集团非洲开发基金、加勒比开发银行基金、泛美开发银行多边投资基金等国际开发机构捐资，总计近25亿元（见表5.2）。

表5.2 我国使用人民币对国际开发机构增资、捐资情况

时间	捐资机构	捐资金额	人民币捐资占总捐资比重
2016年	非洲开发银行集团非洲开发基金第14次捐资	8亿元	2.0%
2016年	加勒比开发银行特别发展基金第10次捐资	5 000万元	3.2%
2016年	泛美开发银行多边投资基金第3期捐资	5 872.9万元	2.8%
2020年	非洲开发银行集团非洲开发基金第15次捐资	13.2亿元	2.0%

资料来源：根据公开资料整理。

从推动国际组织开展人民币投资看，投资本币债券基金和第三方合作取得积极进展。1997年亚洲金融危机后，亚洲国家面临着拓展直接融资、均衡金融体系以及改善储备结构、增加对本地

投资的紧迫要求，发展债券市场成为亚洲各国的共识。2003年6月，为提高成员债券市场流动性和交易规模，促进区域债券市场发展，第一期亚洲债券基金成立，东亚及太平洋中央银行行长会议组织（EMEAP）成员央行出资10亿美元投资于8个成员（中国、中国香港、韩国、印度尼西亚、马来西亚、菲律宾、新加坡、泰国）债券市场的主权和准主权美元债券。2004年4月，EMEAP宣布发起第二期基金，面向公众开放，规模为20亿美元。2017年，金砖国家峰会在厦门举行，我国在会上提出建立"金砖国家本币债券基金"的倡议，希望由金砖国家联合建立规模为100亿美元的投资基金，投资于金砖国家本币债券市场，推动本币债券市场发展。当前相关合作正在稳步推进。

由于人民币是SDR篮子货币，多边开发机构在发行人民币债券筹资和使用人民币资金进行贷款方面多持欢迎态度。当前，中国人民银行已与世界银行等四家开发机构设立了联合融资基金，并与欧洲复兴开发银行签订了第三方合作备忘录，相关合作有序开展，已取得一定成效。我国可继续积极与多边开发机构的第三方投融资合作，与多边开发机构实现优势互补，推动相关投融资中人民币计价的比重不断提升。

在"一带一路"包容和可持续发展中扩大人民币的使用

"一带一路"沿线国家多为发展中国家,其经济发展阶段决定了绿色金融、普惠金融有很大的潜力,在此,扩大人民币的使用可以有所作为。

一、在绿色金融业务中扩大人民币的使用

"一带一路"沿线国家面临不断上升的环境与气候变化风险。世界银行的数据显示,"一带一路"沿线 64 国的 GDP 仅占全球的 15%,但碳排放量占全球的 24.9%。原因之一是"一带一路"沿线国家基础设施缺口普遍较大,在建基础设施项目较多,而基础设施建设碳排放量较高。世界银行(2018)指出,约 70% 的碳排放源于基础设施建设与维护。原因之二是"一带一路"沿线国家能源消费结构中煤炭、石油等化石能源占比较大,高碳排放和大气污染等问题比较突出。2018 年"一带一路"沿线 64 国化石能源消费占总能源消费比重高达 86.8%,显著高于全球水平(76.6%)。

2016 年以来,中国在构建绿色金融体系上取得了积极进展,相关经验可为"一带一路"沿线国家提供借鉴。2016 年,中国人民银行会同相关部门制定发布了《关于构建绿色金融体系的指

导意见》等，初步搭建起绿色金融的政策框架。截至2020年末，中国绿色贷款余额约1.8万亿美元，绿色债券存量约1 250亿美元，规模分别居世界第一和世界第二。

与此同时，一些"一带一路"沿线国家也积极行动起来，推动绿色金融的发展。比如，孟加拉国央行通过再贷款和信贷政策推动绿色金融发展。2009年，孟加拉国央行推出绿色循环再融资计划，初期规模为2 500万美元，覆盖太阳能、沼气和废物处理等47个项目。2014年项目覆盖范围扩大至50个，2015年绿色再融资计划规模扩大到2亿美元。印度尼西亚金融服务局2014年公布可持续融资路线图，积极探索对绿色贷款降低贷款价值比和首付比的要求。新加坡金融管理局要求银行将可持续发展的风险纳入其风险管理框架，并推动央行储备管理绿色化。

中国在与"一带一路"沿线国家携手推动绿色金融发展的过程中，也有更大的机会扩大人民币在该领域的使用。

第一，为"一带一路"绿色项目提供更多人民币资金支持。近年来，中资金融机构向"一带一路"绿色项目提供了大量贷款、股权、债权等多元化融资。截至2021年上半年，中国境内绿色债券累计发行逾1.3万亿元，碳中和债券累计发行1 378亿元。光大集团"一带一路"绿色基金已完成首轮募资30亿元。在"一带一路"银行间常态化合作机制（BRBR）下，中国工商银行发行了混合币种绿色债券（合计22亿美元）。在亚洲，2014—2018年，中国以股权投资形式在东南亚、南亚"一带一路"沿线国家参与的风电项目总装机容量为397.5兆瓦，在建或规划中的总装机容量达到1 362兆瓦①；截至2018年底，中国在孟加拉国、阿富汗、越南和巴基斯坦已投资及计划投资的光伏项目总装机容量超过了这些国家自有光伏总装机容量的30%。在非洲，赞比亚在国家开发银行贷款的支持下，在全部10个省内成功建设1 583个太阳能磨坊厂，推动当地主粮价格下降超过30%，提供了近5 000个长期稳定的就业岗位。葛洲坝集团承建的斯瓦克大坝是肯尼亚最大的在建水利项目，建成后将为肯尼亚东南部地区的供水、供电和农业灌溉带来巨大的经济收益，并大大缓解附近300多万人的生活用水和灌溉用电短缺的问题。

未来，应发挥金融的杠杆作用，向满足ESG标准的项目提供更大的人民币支持力度。继续加强绿色金融的第三方合作，通过联合融资支持更多清洁能源等绿色项目，并在联合融资中提升人民币出资和投资比重。

第二，不断推出绿色产品和创新服务，增大人民币绿色投融资工具的吸引力。中国工商银行于2017年倡导成立了BRBR，并于2019年与欧洲复兴开发银行、法国东方汇理银行和日本瑞穗银行等BRBR成员共同发布了"一带一路"绿色金融指数。2016年以来中国银行已在境外累计发行7期绿色债券，总规模约为83亿美元。未来可在完善标准的基础上，继续扩大离岸市场人民币绿色债券的发行规模与范围；也可以扩大人民币国际投融资的抵押品范围，探索碳排放权衍生品、国际碳保理融资等前沿

---

① "一带一路"绿色发展国际联盟统计数据。

产品；还可以在外汇衍生工具上推动创新，根据绿色投资项目回收期限长的特点，完善远期和掉期等相关服务。

第三，积极顺应国际组织推动绿色投资的趋势，推动更多国际资金投资人民币绿色资产。当前国际社会在推动绿色投资方面进行着多层次和多方面尝试。《"一带一路"绿色投资原则》自从2019年在"一带一路"国际合作高峰论坛上签署以来，已获得业界广泛支持，已有来自14个国家近40家金融机构签署了该协议，成员总资产超过49万亿美元。与此同时，中国人民银行与国际金融公司、欧洲复兴开发银行、非洲开发银行和泛美开发银行分别设立了联合融资基金，目前累计投资超过200个项目，覆盖70余个国家和地区，其中多个项目为清洁能源相关项目。我国可以此为契机，积极推动相关探讨与合作，吸引更多国际资金投资于人民币计价的绿色资产，推动人民币国际化发展。

二、在普惠金融业务中扩大人民币的使用

"一带一路"沿线国家多为发展中国家，金融体系发展不均衡，部分民众获得金融服务的成本较高。金融科技的发展突破了传统金融服务在物理网点和时间上的限制，使被传统金融服务所忽视的群体能获得金融服务，为普惠金融发展带来了新的契机。近年来，中国数字普惠金融快速发展，金融基础设施不断完善，降低了借贷双方之间的信息不对称；通过数字业务模式提供新的金融产品和服务，更好地满足了消费者的需求。中国在数字普惠方面积累了一定的经验，具备一定的优势，这是未来深化"一带

一路"合作的重要潜在领域。

以金融科技助力"一带一路"普惠金融发展，可同时助推"一带一路"建设更广泛地使用人民币。近年来，中国利用自身优势大力倡导发展普惠金融，并在部分"一带一路"沿线国家迈出了实质性步伐。截至2020年底，"一带一路"沿线国家中已有接近九成发行了银联卡，累计发行银联卡超过1亿张，境外87个国家和地区、超过700万家商户已落地银联手机闪付、云闪付二维码支付等移动支付产品。蚂蚁金服2015年首次入驻印度，与当地电子钱包Paytm展开战略合作。

"一带一路"沿线国家中，孟加拉国在普惠金融方面取得了显著的进展。其乡村银行（又称格莱珉银行）作为小额贷款金融机构，主要为特殊群体尤其是妇女提供小额信贷服务，规模较大、运作成功、影响力很高。孟加拉国绝对贫困率在从1972年的82%下降到2018年的11.3%的过程中，格莱珉银行发挥了重要作用。其经验也已为墨西哥、土耳其等国所借鉴。这也为中国实现共同富裕和乡村振兴提供了参考，同时中国不断发展的数字技术也能为孟加拉国等低收入国家发展普惠金融提供帮助。

未来，中国可通过金融科技先进技术更好地服务于"一带一路"沿线国家，在为沿线国家建设或完善金融基础设施、提供普惠金融服务等过程中，增大人民币计价资产和人民币支付渠道的吸引力与黏性，推动人民币在"一带一路"沿线国家的使用。

三、在推动债务可持续过程中扩大人民币的使用

新冠肺炎疫情的全球蔓延加剧了"一带一路"沿线国家的债务压力,随着抗疫支出大幅提升,财政空间显著收缩,债务风险加速暴露。部分"一带一路"沿线国家的债务问题已严重影响其经济复苏,缓解"一带一路"沿线国家的债务可持续性压力已成为当务之急。国际社会积极行动,G20 在 2020 年通过了"暂缓最贫困国家债务偿付倡议"及《缓债倡议后续债务处理共同框架》,并在此后两次延长缓债倡议至 2021 年底结束。这是 G20 历史上首次各方共同参与的多边债务处理,也是中国首次参与国际多边债务协调进程,充分展示了中方致力多边合作、积极参与国际债务行动的建设性态度。

近年来,学术界对债务可持续的认识发生了新的变化。欧洲债务危机爆发后,有观点主张债务可持续必须通过财政整顿和紧缩方式,将债务水平压降至安全范围,但事实证明一味地进行财政紧缩不能从根本上解决债务可持续的问题。此后,学术界对如何解决债务可持续问题进行了反思。有学者指出,在债务利率低于经济增速($r<g$)的情况下,存量债务可以不断展期,债务无法偿还的风险降低(Blanchard,2019)。还有学者进一步建议放弃债务存量指标,用债务利息可负担作为债务可持续的标准(Furman and Summers,2020)。

对债务可持续的新认识,也充分体现在发展中国家债务可持续问题的研究中。相关学者对发展中国家债务问题的解决措施进行了研究,将以强劲经济增长化解债务作为选项之一,并指

出历史上发达经济体和新兴市场都面临 r<g 的情况（Kose et al.，2021）。只是强劲增长不宜作为化解债务风险的唯一途径，需要与财政整顿等措施相配合。而债务重组虽然能立即减少债务存量、减轻偿债压力，但也会带来长期成本：债券持有人可通过超额回报补偿违约风险，可能会影响国内金融机构的资产负债表并破坏金融稳定，给经济增长、投资、私人信贷以及资本流入带来负面影响等。

总体来看，仅靠债务减免与重组无法实现可持续发展。要想从根本上解决发展中国家的债务可持续性危机，必须引入新的资金，提供发展融资。减债只是"止血"。如果经济恢复受限，其经济产出和财政资源大量用于还债，没有多余和持续的资源来支持新冠肺炎疫情防控和经济发展，则该国很可能错过有效的发展时间窗口，经济发展水平在低水平阶段止步不前，未来获取发展融资的能力也受到制约。提供发展融资、帮助低收入国家和受新冠肺炎疫情严重冲击的国家重回可持续发展道路是"造血"，只有"止血"和"造血"同时进行，将基础设施、生产能力搞上去，为未来长远发展奠定道路，才能帮助低收入国家真正走出债务阴影，实现可持续的经济复苏与发展。因此，国际社会越来越重视通过多种渠道满足发展中国家的巨额融资缺口，实现真正的债务可持续。

商业资本是提供发展融资的重要力量。一方面，"一带一路"建设所需资金体量大、周期长，绝非各国财政资金可以完全负担的。另一方面，资金方只有承担了资金成本，才会认真考虑如何将资金投入市场所需要的领域，才可能产生效益。因此，政府资金可在提供发展融资的过程中发挥积极的引导作用，但商业资本的作用不可或缺。考虑到"一带一路"项目需要的资金量与风险复杂程度，银团贷款是最重要的融资方式之一。银团贷款可实现参与方各金融机构间的利益共享、风险共担，可充分利用不同金融机构的比较优势，提高融资效率。巴基斯坦卡洛特水电站是"中巴经济走廊"首个水电投资项目，由国家开发银行、中国进出口银行、丝路基金和国际金融公司共同提供银团贷款，项目建成后能满足200多万个普通家庭的年度用电需求。

在这一过程中，充分发挥人民币在支持发展融资中的作用，既有利于提高"一带一路"债务可持续性，也有利于扩大人民币的国际使用。目前，发展中国家存量债务仍主要是美元债务，对发展中国家的增量融资可推动更多地使用人民币资金，加强政策性、开发性、商业性资金协同合作，形成合力，更好地满足发展中国家的发展融资需求。

在推动债务可持续发展过程中，要防止出现"冒进"与"保守"两种误区。"冒进"的观点认为，可以双边本币互换的形式，向深陷疫情危机而无法如期偿付的国家提供优惠人民币资金，置换我国现有债权，实现债务重组。这一做法会导致很强的道德风险。一方面，由央行承接金融机构海外问题债权不符合商业原则，还可能助长一些债务国故意拖欠债务以换取我国长期优惠人民币资金的风险。另一方面，以双边本币互换置换金融机构的问题债权，相当于由央行向这些国家的财政提供长期融资，与我国双边本币互换的初衷和职能背道而驰，并且易为"一带一路"合作和人民币国际化带来污名。

"保守"的观点则过度强调风险，对新增融资过于谨慎。对风险应有动态的观察，一些发展中国家虽然暂时面临困难，但经济发展潜力不小，经过适当的国内政策调整和外部援助，风险可能下降，在新增融资上不宜一刀切。同时，一些暂时面临困难的国家对人民币的接受程度上升，为扩大人民币使用提供了机会。要抓住人民币需求上升的契机，在新增融资中增加人民币的比重，既有利于债务可持续，也有利于人民币国际化。

总体来看，充分发挥人民币国际化在"一带一路"建设中的作用是一个系统工程，需要贸易和投融资两方面共同发力，并探索在新业态和新模式下扩大人民币的使用。这一过程中，市场是主要驱动力量，但政府可通过完善支持体系，为市场作用的发挥创造更好的环境和条件。

参考文献

01 新发展格局下金融业的新使命和新挑战

［1］ 安国俊.碳中和目标下的绿色金融创新路径探讨［J］.南方金融，2021（2）：3-12.

［2］ 陈雨露，马勇，徐律.老龄化、金融杠杆与系统性风险［J］.国际金融研究，2014（9）：3-14.

［3］ 邓乐平，孙从海.科技创新与资本市场——理论与经验的考察［J］.金融研究，2001（9）：74-84.

［4］ 邓小平.邓小平文选（第二卷）［M］.北京：人民出版社，1994.

［5］ 丁志杰，等.打造全球人民币金融资产配置中心［R］.中国金融四十人论坛径山报告（2021）分报告三，2021.

［6］ 陆铭，等.金融服务双循环背景下的城市群建设［R］.中国金融四十人论坛径山报告（2021）分报告四，2021.

［7］ 阮健弘，秦栋.提高金融服务实体经济效率和水平［J］.清华金融评论，2017（11）：36-38.

［8］ 石锦建，刘康一，李稻葵.中国金融发展的经验与展望［J］.中国金融，2019（7）：83-85.

［9］ 王荣钧.桑塔纳国产化的艰难历程［J］.中国汽车界，2009（15）：121-131.

［10］王文，刘锦涛."碳中和"逻辑下的中国绿色金融发展：现状与未来

［J］.当代金融研究，2021（1）：18-26.

［11］ 王勇.破题"十四五"金融服务创新模式［N］.金融时报，2021-01-25.

［12］ 项目综合报告编写组.《中国长期低碳发展战略与转型路径研究》综合报告［J］.中国人口·资源与环境，2020，30（11）：1-25.

［13］ 徐奇渊，等.推动人民币国际化的再思考［R］.中国金融四十人论坛径山报告（2021）分报告一，2021.

［14］ 徐忠.经济高质量发展阶段的中国货币调控方式转型［J］.金融研究，2018（4）：1-19.

［15］ 颜光明，钱蕾，王从军.中国汽车四十年［M］.上海：上海交通大学出版社，2018.

［16］ 张国云.警惕中美贸易战演变为金融战［J］.中国发展观察，2019（15）：30-33.

［17］ 郑联盛.美国金融制裁：框架、清单、模式与影响［J］.国际经济评论，2020（3）：123-143，7.

［18］ 中国银保监会政策研究局课题组，中国银保监会统计信息与风险监测部课题组.中国影子银行报告［J］.金融监管研究，2020（11）：1-23.

［19］ 朱镕基.朱镕基讲话实录（第一卷）［M］.北京：人民出版社，2011.

［20］ 朱隽，等.充分发挥人民币在"一带一路"建设中的作用［R］.中国金融四十人论坛径山报告（2021）分报告二，2021.

［21］ ZHANG L，BROOKS R，DING D，et al. China's High Savings：Drivers，Prospects，and Policies［R］.Washington：IMF，2018.

02 金融服务双循环背景下的城市群建设

［1］ 常晨，陆铭.新城之殇——密度、距离与债务［J］.经济学（季刊），2017，16（4）：1621-1642.

[2] 方创琳.城市群空间范围识别标准的研究进展与基本判断[J].城市规划学刊,2009(4):1-6.

[3] 韩立彬,陆铭.供需错配:解开中国房价上涨分化之谜[J].世界经济,2018(10):126-149.

[4] 陆铭.大国大城:当代中国的统一、发展与平衡[M].上海:上海人民出版社,2016.

[5] 陆铭,李鹏飞,钟辉勇.发展与平衡的新时代——新中国70年的空间政治经济学[J].管理世界,2019(10):11-23.

[6] 陆铭,向宽虎.破解效率与平衡的冲突——论中国的区域发展战略[J].经济社会体制比较,2014(4):1-16.

[7] 陆铭,张航,梁文泉.偏向中西部的土地供应如何推升了东部工资[J].中国社会科学,2015(5):59-83.

[8] 徐灏龙,陆铭.求解中国农业困局:国际视野中的农业规模经营与农业竞争力[J].学术月刊,2021(6):58-71.

[9] 钟辉勇,陆铭.中国经济的欧洲化——统一货币区、央地关系和地方政府债务[J].学术月刊,2015(10):63-71.

[10] 钟辉勇,陆铭.财政转移支付如何影响了地方政府债务[J].金融研究,2015(9):1-16.

[11] 钟辉勇,冯皓域,覃筱.中国的区域金融风险:监测与度量[R].工作论文,2021.

[12] 钟粤俊,陆铭,奚锡灿.集聚与服务业发展——基于人口空间分布的视角[J].管理世界,2020(11):35-47.

[13] 钟粤俊,奚锡灿,陆铭.空间、结构与增长:人口和土地再配置效应的空间均衡分析[R].上海:上海交通大学和复旦大学,2021.

[14] CHEN B, LU M, TIMMINS C, et cl. Spatial Misallocation: Evaluating Place-Based Policies Using a Natural Experiment in China[R]. Cambridge: NBER, 2019.

［15］ CHEN B, LU M, ZHONG N. How Urban Segregation Distorts Chinese Migrants' Consumption？［J］. World Development, 2015（70）：133-146.

［16］ FANG M, HAN L, HUANG Z, et al. Regional Convergence or Just An Illusion? Place-based Land Policy and Spatial Misallocation［R］. New York：SSRN, 2021.

［17］ HAN L, LU M. Housing Prices and Investment：An Assessment of China's Inland-Favoring Land Supply Policies［J］. Journal of the Asia Pacific Economy, 2017, 22（1）：106-121.

［18］ JIA N. Not in My Yard：Evidence of Free Riding in Intraurban Cross-Boundary Public Services［R］. Shanghai：Shanghai Jiao Tong University, 2021.

［19］ JIA N, ZHONG H. The Causes and Consequences of China's Municipal Amalgamations：Evidence from Population Redistribution［R］. Working Paper, 2021.

［20］ LI P, LU M. Urban Systems：Understanding and Predicting the Spatial Distribution of China's Population［J］. China & World Economy, 2021, 29（4）：35-62.

［21］ LU M, XI X, ZHONG Y. Urbanization and The Rise of Services：Evidence from China［R］. Shanghai：Shanghai Jiao Tong University and Fudan University, 2021.

03 打造全球人民币金融资产配置中心

［1］ 丁志杰. 中国发展与人民币国际化［N］. 光明日报, 2016-01-21.
［2］ 丁志杰. 全球金融治理改革的中国主张［J］. 中国金融, 2016（18）：

22-23.

［3］丁志杰，田园.论资本项目有管理可兑换［J］.金融研究，2016（2）：96-105.

［4］丁志杰，谢蓉蓉.建设外汇期货市场的条件［J］.中国金融，2014（24）：45-47.

［5］管涛，马昀.人民币国际化要走中国特色道路［J］.中国外汇，2017（4）：26-29.

［6］李扬.为我国财富管理提供新动力［N］.中国银行保险报，2020-01-07.

［7］李扬.深化资本市场改革助力双循环新格局［J］.中国金融，2021（1）：26-27.

［8］李扬.中国债券市场的发展与挑战（上）［N］.中国银行保险报，2021-01-27.

［9］刘旭.关于完善外汇管理法律域外适用的思考［J］.中国外汇，2021（7）：70-71.

［10］裴长洪，付彩芳.上海国际金融中心建设与自贸区金融改革［J］.国际经贸探索，2014，30（11）：4-18，65.

［11］荣蓉，王亚亚，章蔓菁.上海国际金融中心建设蓄势待发［J］.中国外汇，2020（14）：42-47.

［12］孙国峰，邓婕，栾稀.后2020时期上海国际金融中心建设的远景目标［J］.上海金融，2019（3）：1-9.

［13］谭小芬，徐慧伦，耿亚莹.中国债券市场发展与人民币国际化［J］.武汉大学学报（哲学社会科学版），2018，71（2）：130-144.

［14］王璐.全球负利率时代人民币资产的价值与配置［N］.金融时报，2020-04-20.

［15］王毅.金融开放与中国本土存款性金融机构的发展［D］.长春：吉林

大学，2020.

[16] 肖钢.把握好处置风险的节奏和力度 推动资管行业健康发展[N].第一财经日报，2019-08-26.

[17] 张明，王喆.RCEP与人民币国际化：事实、进展与策略[J].财经智库，2021，6（2）：40-63，141-142.

[18] 中国人民大学国际货币研究所.人民币国际化报告2020[M].北京：中国人民大学出版社，2020.

[19] 周诚君.人民币国际化与上海国际金融中心建设[N].第一财经日报，2020-08-17.

[20] 朱小川.以制度建设提升债券市场开放水平[J].开放导报，2021（2）：80-86.

[21] 宗良，梁宸.人民币资产在全球资产配置中的特征与前景[J].银行家，2020（4）：76-80.

04　推动人民币国际化的再思考

[1] 樊纲，黄益平.亚洲区域合作与国际储备货币体系改革[M].北京：社会科学文献出版社，2011.

[2] 冯邦彦，武艳杰.亚洲金融合作与"亚元"的前景[J].当代亚太，2003（1）：47-48.

[3] 付丽颖.日元国际化与东亚货币合作[M].北京：商务印书馆，2010.

[4] 高海红，余永定.人民币国际化的含义与条件[J].国际经济评论，2010（1）：46-64.

[5] 戈雷，宋立刚.崛起的中国：全球机遇与挑战[M].北京：社会科学文献出版社，2012.

[6] 李光泗，韩冬.竞争结构、市场势力与国际粮食市场定价权——基于

国际大豆市场的分析［J］.国际贸易问题，2020（9）：33-49.

［7］李晓.东亚货币合作为何遭遇挫折？——兼论人民币国际化及其对未来东亚货币合作的影响［J］.国际经济评论，2011（1）：110-111.

［8］沈继锋，王凡平.日本离岸金融市场对人民币国际化的启示［J］.中国货币市场，2017（6）.

［9］徐启元，陈璐.日本"黑字还流"经验［J］.中国金融，2018（5）.

［10］王安建，高芯蕊.中国能源与重要矿产资源需求展望［J］.中国科学院院刊，2020，35（3）：338-344.

［11］余永定.人民币国际化的逻辑［J］.中国投资，2014（7）：24-27.

［12］余永定.走向再平衡：终结出口导向型创汇政策［J］.中国市场，2010（29）：35-38.

［13］曾刚，何勇，李丹.德国马克国际化发展的经验与启示［R］.上海：上海证券交易所，2017.

［14］张欣，孙刚.中国出口企业议价能力测度——基于中国工业品出口的双边随机边界分析［J］.中南财经政法大学学报，2013（3）：51-58.

［15］郑国栋，王琨，陈其慎，等.世界稀土产业格局变化与中国稀土产业面临的问题［J］.地球学报，2021，42（2）：265-272.

［16］朱隽，等.新形势下的人民币国际化与国际货币体系改革［M］.北京：中国金融出版社，2021.

［17］BARAJAS A, DEGHI A, RADDATZ C, et al. Global Banks' Dollar Funding：A Source of Financial Vulnerability［R］. Washington：IMF, 2020.

［18］CHINN M, FRANKEI J. Will the Euro Eventually Surpass the Dollar as Leading International Reserve Currency?［R］. Cambridge：NBER, 2005.

［19］DAVIES S, KENT C. US dollar funding an international perspective［R］.

参考文献

Basel：Bank for International Settlements，2020.

［20］ FRANKEL J. Internationalization of the RMB and Historical Precedents［J］. Journal of Economic Integration，2012，27（3）：329-365.

05 充分发挥人民币在"一带一路"建设中的作用

［1］ 陈四清.贸易金融［M］.北京：中信出版社，2014.

［2］ 范一飞.关于央行数字货币的几点考虑［N］.第一财经日报，2018-01-25.

［3］ 高蓓.跨境清算体系国际比较及中国进展［J］.上海金融，2016（8）.

［4］《径山报告》课题组.中国金融创新再出发［M］.北京：中信出版社，2019.

［5］ 金中夏，赵岳，王浩斌.外部环境恶化条件下的汇率政策选择及外汇衍生品市场建设［R］.中国金融四十人论坛内部课题，2020.

［6］ 马骏，徐剑刚.人民币走出国门之路——离岸市场发展与资本项目开放［M］.北京：中国经济出版社，2012.

［7］ 潘功胜.中国外汇市场的政策框架及管理取向［J］.当代金融家，2017（5）.

［8］ 苏昌蕾.从国际经验看人民币跨境支付［J］.银行家，2016（4）：98-102.

［9］ 特里芬.黄金与美元危机自由兑换的未来［M］.北京：商务印书馆，1997.

［10］ 易纲.人民银行行长易纲在第十二届陆家嘴论坛上的发言［EB/OL］.［2020-06-18］.http://www.pbc.gov.cn/goutongjiaoliu/113456/113469/4041941/index.html.

［11］ 易纲.人民银行行长易纲在第十一届陆家嘴论坛上的演讲［EB/OL］.

［2019-06-13］. http://www.pbc.gov.cn/goutongjiaoliu/113456/113469/3843030/index.html.

［12］易纲. 易纲行长在2018年金融街论坛年会上的讲话［EB/OL］.［2018-05-29］. http://www.pbc.gov.cn/goutongjiaoliu/113456/113469/3548100/index.html.

［13］张明. 穿越周期：人民币汇率改革与人民币国际化［M］. 北京：东方出版社，2020.

［14］张明，高卓琼. 原油期货交易计价与人民币国际化［J］. 上海金融，2019（6）：44-49.

［15］中国人民银行. 国际货币体系改革与人民币正式加入SDR——人民币加入SDR系列文章之一［EB/OL］.［2016-09-21］. http://www.pbc.gov.cn/goutongjiaoliu/113456/113469/3145762/index.html.

［16］中国人民银行. SDR的诞生与发展——人民币加入SDR系列文章之二［EB/OL］.［2016-09-22］. http://www.pbc.gov.cn/goutongjiaoliu/113456/ 113469/3146416/index.html.

［17］中国人民银行. 人民币走向SDR篮子货币——人民币加入SDR系列文章之三［EB/OL］.［2016-09-23］. http://www.pbc.gov.cn/goutongjiaoliu/113456/113469/3147603/index.html.

［18］中国人民银行. 人民币加入SDR过程中的中国金融改革和开放——人民币加入SDR系列文章之四［EB/OL］.［2016-09-26］. http://www.pbc.gov.cn/goutongjiaoliu/113456/113469/3149490/index.html.

［19］中国人民银行. 人民币加入SDR的影响和意义——人民币加入SDR系列文章之五［EB/OL］.［2016-09-27］. http://www.pbc.gov.cn/goutongjiaoliu/113456/113469/3150428/index.html.

［20］中国人民银行. 金融稳定报告［R］. 北京：中国人民银行，2020.

［21］中国人民银行. 人民币国际化报告［R］. 北京：中国人民银行，2015-2020.

[22] 中国人民银行国际司."一带一路"倡议与对外投融资合作框架[M]. 北京：中国金融出版社，2017.

[23] 中国人民银行国际司.人民币加入SDR之路[M].北京：中国金融出版社，2017.

[24] 周小川.完善相关机制建设使金融体系更好地服务于克服疫情[J]. 清华金融评论，2020（6）：14-15.

[25] 周小川.推进资本项目可兑换的概念与内容——在2012年12月三亚财经国际论坛上的讲话[J].中国外汇，2018（1）：6-13.

[26] 周小川.共商共建"一带一路"投融资合作体系[J].中国金融. 2017（9）：6-8.

[27] 周小川.开发性金融可在"一带一路"建设中发挥积极作用[N].证券时报网，2017-06-20.

[28] 周小川.专访周小川——央行行长周小川谈人民币汇率改革、宏观审慎政策框架和数字货币[J].财新周刊，2016（6）：52-61.

[29] 周小川.周小川在2015发展高层论坛发言[EB/OL].[2019-06-13]. https://economy.caixin.com/2015-03-22/100793545.html.

[30] 周小川.国际金融危机：观察、分析与应对[M].北京：中国金融出版社．2012.

[31] 周小川.关于改革国际货币体系的思考[J].中国金融.2009（7）：8-9.

[32] 周小川.数字化时代货币与支付的演进原则[R].北京：北京大学国家发展研究院，2020.

[33] 朱隽.金融业开放和参与全球治理[M].北京：中国金融出版社，2018.

[34] 朱隽.积极参与全球经济金融治理[J].中国金融，2018（23）73-75.

[35] 朱隽.巩固和加强人民币的国际储备货币地位[N].上海证券报，

2017-04-13.

[36] 朱隽,等.新形势下的人民币国际化与国际货币体系改革[M].北京:中国金融出版社,2021.

[37] 朱隽,郭凯,艾明,等.进一步扩大我国金融业对外开放[R].北京:中国金融四十人论坛,2017.

[38] 朱隽,郭凯,艾明,等.构建中国对外投融资合作框架[R].北京:中国金融四十人论坛,2017.

[39] AGRIPPINO S, REY H. The Global Financial Cycle after Lehman [J]. AEA Papers and Proceedings, 2020, 5(110): 523-528.

[40] AUER R, BOHME R. The Technology of Retail Central Bank Digital Currency [J]. BIS Quarterly Review, 2020.

[41] AUER R, CORNELLI G, FROST J. Rise of the Central Bank Digital Currencies: Drivers, Approaches and Technologies [R]. Washington: BIS, 2020.

[42] BABA N, MCCAULEY R, RAMASWAMY S. US Dollar Money Market Funds and Non-US Banks [R]. Basel: Bank for International Settlements, 2009.

[43] Banque de France. The International Role of the Euro [R]. Paris: Banque de France, 2020.

[44] BIS. US dollar funding: an international perspective [R]. Washington: BIS, 2020.

[45] BIS. Payment, Clearing and Settlement Systems in Japan [R]. Washington: BIS, 2012.

[46] BIS. Payment, Clearing and Settlement Systems in the Unite States [R]. Washington: BIS, 2012.

[47] BLANCHARD O. Public Debt and Low Interest Rates [J]. American

Economic Review, 2019, 109 (4), 1197-1229.

［48］ BOAR C, HOLDEN H, WADSWORTH A. Impending Arrival—A Sequel to the Survey on Central Bank Digital Currency ［R］. Washington： BIS, 2020.

［49］ BOAR C, WEHRIL A. Ready, steady, go？—Results of the Third BIS Survey on Central Bank Digital Currency ［R］. Washington： BIS, 2021.

［50］ CAMDESSUS M, SINGH A. Reforming the International Monetary System—A sequenced agenda ［R］. Washington： Emerging Markets Forum, 2016.

［51］ CAMILO E, TANIA N. Reserve Currency Blocs： A Changing International Monetary System? ［R］. Washington： IMF, 2018.

［52］ CARSTENS A. The Future of Money and Payments ［R］. Dublin： Central Bank of Ireland, 2019.

［53］ CARSTENS A, SHIN H. Emerging Markets aren't Out of the Woods Yet ［R］. Washington： BIS, 2019.

［54］ CARSTENS A. Digital Currencies and the Future of the Monetary System ［R］. Washington： BIS, 2021.

［55］ CHEUNG Y. The Role of Offshore Financial Centers in the Process of Renminbi Internationalization ［R］. Manila： ADBI, 2014.

［56］ CHI L. The Renminbi Rises ［R］. London： Palgrave Macmillan, 2013.

［57］ CHEY H K, HSU M. The Impacts of Policy Infrastructures on the International Use of the Chinese Renminbi： A Cross-Country Analysis ［J］. Asian Survey, 2020.

［58］ CPMI. Enhancing Cross-Border Payments： Building Blocks of a Global Roadmap-Technical Background Report ［R］. Washington： BIS, 2020.

[59] CUKIERMAN A. Welfare and Political Economy Aspects of a Central Bank Digital Currency [R]. London: CEPR, 2019.

[60] DOBSON W, MASSON P. Will the Renminbi Become a World Currency? [J]. China Economic Review, 2009, 20 (1): 124-135.

[61] EICHENGREEN B, MEHL A, CHITU L. How Global Currencies Work: Past, Present, and Future [M]. New Jersey: Princeton University Press, 2017.

[62] EICHENGREEN B, MASAHIRO K. Renminbi Internationalization: Achievements, Prospects and Challenges [M]. Washington: Brookings Institution Press, 2015.

[63] EICHENGREEN B, CHITU L, MEHL A. Stability or Upheaval? The Currency Composition of International Reserves in the Long Run [J]. IMF Economic Review, 2015.

[64] EICHENGREEN B, KAWAI M. Issues for Renminbi Internationalization: An Overview [R]. Manila: ADBI, 2014.

[65] European Commission. Towards a Stronger International Role of the Euro [R]. Brussels: European Commission, 2018.

[66] FAUDOT A. The US Dollar and Its Payment System: Architecture and Political Implications [J]. Review of Keynesian Economics, 2018, 6 (1): 83-95.

[67] FRANKE S. (Ir) rationale Politik? Grundzüge und politische Anwendungen der Ökonomischen Theorie der Politik. 2nd revised and expanded edition [M]. London: Metropolis, 2000.

[68] FRANKEL J. Historical Precedents for Internationalization of the RMB [R]. New York: Council on Foreign Relations, 2011.

[69] FRANKEL J. Internationalization of the RMB and Historical Precedents

[J]. Journal of Economic Integration, 2012.

[70] FRIEDMAN M. The Eurodollar Market: Some First Principles [J].The Morgan Guaranty Survey, 1969.

[71] FSB. Regulation, Supervision and Oversight of "Global Stablecoin" Arrangements [EB/OL].[2020-10-13]. https://www.fsb.org/2020/10/regulation-supervision-and-oversight-of-global-stablecoin-arrangements/.

[72] FURMAN J, SUMMERS L. A Reconsideration of Fiscal Policy in the Eraof Low Interest Rates [R]. Cambridge: Mossavar-Rahmani Center for Business & Government Harvard Kennedy School, 2020.

[73] GAGNON J. Combating Widespread Currency Manipulation [R]. Washington: Policy Brief, 2012.

[74] GAO H. Currency Internationalization: International Experiences and Implications for the Renminbi [M]. London: Palgrave Macmillan, 2010.

[75] GOLDBERG L, KENNEDY C, MIU J. Central Bank Dollar Swap Lines and Overseas Dollar Funding Costs [J]. Economic Policy Review, 2011.

[76] GOLDBERG L, TILLE C. Vehicle Currency Use in International Trade [J]. Journal of International Economics, 2008.

[77] GOPINATH G. International Price System [R]. Jackson Hole: Jackson Hole Economic Symposium, 2015.

[78] GOPINATH G, STEIN J. Banking, Trade, and the making of a Dominant Currency [R]. Cambridge: NBER, 2018.

[79] HE D, MCCAULEY R. Eurodollar Banking and Currency Internationalization [R]. Washington: BIS, 2012.

[80] HE D, MCCAULEY R. Offshore Markets for the Domestic Currency:

Monetary and Financial Stability Issues [R]. Washington: BIS, 2010.

[81] HESTER D. Federal Reserve System [M]. London: New Palgrave Dictionary of Economics, 2017.

[82] HUANG Y, WANG D, FAN G. Paths to a Reserve Currency: Internationalization of the Renminbi and Its Implications [R]. Manila: ADBI, 2014.

[83] IMF. Digital Money Across Borders: Macro-Financial Implications [R]. Washington: IMF, 2020.

[84] IMF. China Aritcle IV [R]. Washington: IMF, 2017-2020.

[85] IMF. Reserve Currencies in an Evolving International Monetary System [R]. Washington: IMF, 2020.

[86] IMF. Annual Report On Exchange Arrangements and Exchange Restrictions [R]. Washington: IMF, 2019.

[87] IMF. External Sector Report [R]. Washington: IMF, 2019.

[88] IMF. Staff Note for the G20: The Role of the SDR—Initial Consideration [R]. Washington: IMF, 2016.

[89] IMF. Review of the Method of the Valuation of the SDR—Initial Considerations [R]. Washington: IMF, 2015.

[90] IMF. SDR Currency Basket Proposed Extension of the Valuation of the SDR [R]. Washington: IMF, 2015.

[91] IMF. Criteria for Broadening the SDR Currency Basket [R]. Washington: IMF, 2011.

[92] IMF. Internationalization of Emerging Market Currencies: A Balance between Risks and Rewards [R]. Washington: IMF, 2011.

[93] IMF. Enhancing International Monetary Stability—A Role for the SDR? [R]. Washington: IMF, 2011.

[94] IMF. Review of the method of the valuation of the SDR [R]. Washington：IMF，2010.

[95] IMF. Reserve Accumulation and International Monetary Stability [R]. Washington：IMF，2010.

[96] IMF. Review of the method of the valuation of the SDR[R]. Washington: IMF，2005.

[97] IMF. Offshore Financial Centers, IMF Background Paper [R]. Washington: IMF，2000.

[98] IMF. Review of the method of the valuation of the SDR[R]. Washington: IMF，2000.

[99] International Monetary Fund. Articles of Agreement [EB/OL]. [2020-03]. https://www.imf.org/external/pubs/ft/aa/index.htm.

[100] ITO T, KOIBUCHI S, SATO K, et al. Choice of Invoice Currency and Exchange Rate Risk Management：2017 Questionnaire Survey with Japanese headquarters [R]. Washington：IMF，2018.

[101] ITO H, MASAHIRO K. Trade Invoicing in Major Currencies in the 1970s-1990s：Lessons for Renminbi Internationalization [R]. Tokyo：RIETI，2016.

[102] JAYARAMAN T, CHOONG C. Offshore Financial Center Institutions in Small Jurisdictions in a Globalised World：An Empirical Study of Vanuatu, International Journal of Economic Policy in Emerging Economies [J]. International Journal of Economic Policy in Emerging Economies，2010，3（2）：129-146.

[103] KIFF J, ALWAZIR J, DAVIDOVIC S, et al. A Survey of Research on Retail Central Bank Digital Currency [R]. New York：SSRN，2020.

[104] KIM C S, KIM S, WANG Y. RMB Bloc in East Asia: Too Early to Talk About It? [J]. Asian Economic Papers, 2018, 17 (3): 31–48.

[105] KIYOTAKI N, WRIGHT R. On money as a medium of exchange [J]. Journal of Political Economy, 1989, 97 (4).

[106] KLOPSTOCK F. Money Creation in the Euro-dollar Market [R]. New York: Federal Reserve Bank of New York, 1970.

[107] KOSE M A, OHNSORGE C M, REINHART C M, et al. The Aftermath of Debt Surges [R]. Geneva: World Bank, 2021.

[108] LAPUKEIN A F, SATO K. Invoice Currency Choice in Malawi's Imports from Asia: Is there any evidence of Renminbi Internationalization? [R]. Tokyo: RIETI, 2019.

[109] LAU K, MINIKIN R. The Offshore Renminbi: The Rise of the Chinese Currency and Its Global Future [M]. Singapore: John Wiley & Sons Singapore Pte. Ltd., 2013.

[110] LIAO G. Credit Migration and Covered Interest Rate Parity [J]. Journal of Financial Economics, 2020, 138 (2), 504–525.

[111] MAGGIORI M, NEIMAN B, SCHREGER J. The Rise of the Dollar and Fall of the Euro as International Currencies [R]. Nashville: American Economic Association, 2019.

[112] MAZIAD S, KANG J S. RMB Internationalization: Onshore/Offshore Links [R]. Washington: IMF, 2012.

[113] MCCAULEY R. Renminbi Internationalisation and China's Financial Development [R]. Basel: Bank for International Settlements, 2011.

[114] MERSCH Y. Virtual or Virtueless? The Evolution of Money in the Digital age [R]. Frankfurt: European Central Bank, 2018.

[115] MURASE T. The Internationalization of the Yen: Essential Issues

Overlooked [R]. Canberra: Australia National University, 2000.

[116] NABAR M S, TOVAR CAMILO. Renminbi Internationalization [R]. Washington: IMF, 2016.

[117] OCAMPO J A. Building an SDR-based global reserve system [J]. Journal of Globalization and Development, 2010, 1 (2).

[118] POTINES V, MASAHIRO K. The Renminbi and Exchange Rate Regimes in East Asia [R]. Manila: ADBI, 2014.

[119] PRASAD E. China's Efforts to Expand the International Use of the Renminbi [R]. Washington: U.S.-China Economic AND Security Review Commission, 2016.

[120] PRASAD E. Gaining Currency: The Rise of the Renminbi [M]. Oxford: Oxford University Press, 2016.

[121] PRASAD E, YE L. The Renmibi's Role in the Global Monetary System [R]. Bonn: IZA, 2011.

[122] RAFFELINI A. The New Gateway of DLT Technologies (blockchain) for Tech Companies to Invade the Banking and Financial Market: What is the Future of Financial Intermediaries? [J]. Journal of Digital Banking, 2019, 4 (3): 206-212.

[123] REY H. Dilemma not Trilemma: The Global Financial Cycle and Monetary Policy Independence. Cambridge: NBER, 2015.

[124] RHEE C, SUMULONG L. Regional Settlement Infrastructure and Currency Internationalization: The Case of Asia and the Renminbi [R]. Tokyo: ADB Institute, 2015.

[125] SCHENK C R. Central Bank Cooperation and US Dollar Liquidity: What Can We Learn From the Past? [R]. Basel: Bank for International Settlements, 2020.

[126] SCHENK C. How Have Multiple Reserve Currencies Functioned in the Past? Why were Rules Based Adjustment Indicators Abandoned? [R]. Glasgow：University of Glasgow, 2010.

[127] SCHIPKE A, RODLAUER M, ZHANG L. The Future of China's Bond Market [M]. Washington：IMF, 2019.

[128] SCHRIMPF A,SUSHKO V. Sizing up Global Foreign Exchange Markets [R]. Basel：Bank for International Settlements, 2019.

[129] TAKAGI S. Internationalising the Yen,1984–2003：Unfinished Agenda or Mission impossible？[R]. Washington：BIS, 2009.

[130] TAVLAS G, OZEKI G. The Internationalization of Currencies：An Appraisal of the Japanese Yen [R]. Washington：IMF, 1992.

[131] TAVLAS G. On the International Use of Currencies：The Case of the Deutsche Mark [R]. New York：SSRN, 1991.

[132] The Bank of Canada. European Central Bank, Bank of Japan, et al. Central bank digital currencies: foundational principles and core features [R]. Ottawa：The Bank of Canada, 2020.

[133] The Clearing House. Clearing House Interbank Payments System, Public Disclosure of Legal, Governance, Risk Management and Operating Framework [R]. New York：The Clearing House, 2018.

[134] U.S. Department of the Treasury Office of International Affairs. Macroeconomic and Foreign Exchange Policies of Major Trading Partners of the United States [R]. Washington：U.S. Department of the Treasury, 2020.

[135] WONG M, CHAN W. Investing in Asian Offshore Currency Markets, The Shift from Dollars to Renminbi [M.]. New York：Palgrave Macmillan, 2013.